Rainer Bölling

KLEINE GESCHICHTE
DES ABITURS

Ferdinand Schöningh
Paderborn · München · Wien · Zürich

Der Autor:
Rainer Bölling, Dr. phil., 1944 geb., seit 1976 im höheren Schuldienst in Nordrhein-
Westfalen; 1977-1982 Lehrtätigkeit an der Universität Düsseldorf, 1984-1988 an der
Universität Essen (Neuere Geschichte und Geschichtsdidaktik), bis 2007 am Gymnasium
Hochdahl in Erkrath bei Düsseldorf.

Umschlagabbildung:
Heinz Rühmann in »Die Feuerzangenbowle« (1944)
© akg-images

Bibliografische Information der Deutschen Nationalbibliothek

Die Deutsche Nationalbibliothek verzeichnet diese Publikation in der Deutschen
Nationalbibliografie; detaillierte bibliografische Daten sind im Internet über
http://dnb.d-nb.de abrufbar.

© 2010 Ferdinand Schöningh, Paderborn
(Verlag Ferdinand Schöningh GmbH & Co. KG, Jühenplatz 1, D-33098 Paderborn)

Internet: www.schoeningh.de

Einbandgestaltung: Evelyn Ziegler, München
Printed in Germany.
Herstellung: Ferdinand Schöningh GmbH & Co. KG, Paderborn

ISBN 978-3-506-76904-6

Rainer Bölling

KLEINE GESCHICHTE DES ABITURS

INHALTSVERZEICHNIS

EINLEITUNG

»Haben Sie Abitur?« Diese Frage ist durch den bayerischen Ministerpräsidenten Franz Josef Strauß berühmt geworden, der sie gern kritischen Journalisten stellte. Damit wollte der Einserabiturient des Jahres 1935[1] offenbar seinen Gesprächspartnern deutlich machen, dass er sie ohne dieses Gütezeichen höherer Bildung nicht ernst nehmen könne. Hätte man dieselbe Frage Geistesgrößen wie Goethe, Schiller oder den Humboldt-Brüdern gestellt, sie hätten sie verneinen müssen, denn zu ihrer Jugendzeit gab es das Abitur noch gar nicht. Es entstand erst am Ende des 18. Jahrhunderts aus dem Bedürfnis des sich herausbildenden modernen Staates, den Hochschulzugang nach einem funktionaleren Kriterium als Standeszugehörigkeit bzw. Besitz zu regeln. Im 19. Jahrhundert wurde das Abitur zum Inbegriff bürgerlicher Bildungs- und Leistungsvorstellungen schlechthin. In ihm verkörpert sich seitdem »der Kern eines als für die Nachwelt erhaltenswert betrachteten Kulturwissens«.[2] An den Veränderungen der Inhalte und Anforderungen dieser Prüfung lässt sich daher ablesen, wie sich das kulturelle Selbstverständnis in Deutschland im Laufe des 19. und 20. Jahrhunderts gewandelt hat.

Wurde und wird das Abitur von den einen als Zeichen der Zugehörigkeit zum Kreis der Gebildeten geschätzt, so ist es andererseits oft »als scharfes Ausleseinstrument kritisiert worden, das eine kleine Bildungselite von der großen Mehrheit der Bevölkerung trennt«.[3] Vor allem im 19. Jahrhundert hob das Abiturzeugnis seinen Inhaber aus der Masse des Volkes heraus. Mit dem starken Anstieg der Abiturientenzahlen seit den 1960er Jahren hat aber die durch das Abitur geschaffene soziale Trennlinie viel von ihrer früheren Bedeutung verloren. Doch wenn auch die Kopplung von Bildung und Besitz nicht mehr so eng ist wie früher, so gilt weiterhin: wer mit dem Abitur die Voraussetzung für einen akademischen Abschluss erwirbt, darf auch heute noch auf ein höheres Einkommen hoffen als Erwerbstätige mit bloßer Berufsausbildung.

In diesem Buch wird erstmals die Entwicklung des Abiturs von seinen Anfängen im Jahre 1788 bis in die Gegenwart nachgezeichnet. Ein solcher Überblick steht wie alle bildungshistorischen Untersuchungen vor dem Problem, dass sich das Schulwesen in den kulturautonomen deutschen Bundesstaaten im 19. Jahrhundert unterschiedlich entwickelt hat. Daher konzentriert sich die Darstellung für das 19. und frühe 20. Jahrhundert auf Preußen, das den übrigen Staaten oft als Vorbild gedient hat. Daneben geht sie aber auch auf einige andere deutsche Staaten ein, um Unterschiede und Gemeinsamkeiten mit dem preußischen Modell wenigstens andeuten zu können. Für die Zeit nach 1945 liegt dann der Schwerpunkt auf den grundlegenden Entwicklungen auf Bundesebene.

Der Überblick über den Wandel des Abiturs und die damit verbundenen bildungspolitischen Auseinandersetzungen in zwei Jahrhunderten wird ergänzt durch Untersuchungen zu zwei zentralen Abiturfächern: Lateinisch und Deutsch. Sie sollen an konkreten Beispielen einen Eindruck von Aufgabenstellungen, Lösungen und Bewertungsmaßstäben vermitteln und deren Wandel verdeutlichen.

Als Quellengrundlage dienen zum einen amtliche Verordnungen und Erlasse, besonders die verschiedenen Abiturordnungen, die teilweise in neueren Quelleneditionen greifbar sind. Um auch einen Einblick in die Schulwirklichkeit zu ermöglichen, bedurfte es aber der Auswertung von Prüfungsakten und -arbeiten, die in der Regel nicht in staatlichen Archiven, sondern in den Schulen selbst aufbewahrt werden. Sie unterliegen heute einer meist zehnjährigen Aufbewahrungspflicht. Während manche Schulen sie danach abgeben oder vernichten, sind andere mit den wertvollen Quellen sorgsamer umgegangen und haben sie archiviert. Trotz nicht geringer Verluste im Zweiten Weltkrieg verfügen daher viele Gymnasien noch heute über einen reichen Bestand an Abiturarbeiten, die zumeist aus dem 20. Jahrhundert stammen, während solche Dokumente aus dem vorhergehenden Jahrhundert etwas Besonderes darstellen.

Für dieses Buch konnten Abiturakten aus drei Gymnasien in Nordrhein-Westfalen ausgewertet werden. Das älteste von ihnen ist das Friedrichs-Gymnasium im ostwestfälischen Herford, das auf eine über 450jährige Tradition zurückblicken kann und über ein besonders reichhaltiges Archiv verfügt.[4] In ihm sind die Abiturarbeiten des 19. und 20. Jahrhunderts mit geringen Lücken erhalten. Des weiteren konnten einschlägige Unterlagen des Leibniz-Gymnasiums in Remscheid ausgewertet werden, das 1915 als Oberrealschule die ersten Abiturienten entließ. Schließlich wurde auch auf die Abiturakten des 1969 gegründeten Gymnasiums Hochdahl in Erkrath bei Düsseldorf zurückgegriffen, an dem 1978 das erste Abitur stattfand. Den Leitern dieser Schulen gebührt mein Dank für die Erlaubnis zur Nutzung der Archivbestände.

Den Anstoß, eine erste Skizze zur Geschichte des Abiturs[5] zu diesem Buch auszubauen, gab seitens des Verlages Herr Michael Werner, dem dafür herzlich gedankt sei. Für die kritische Durchsicht des Manuskripts danke ich Hans Henseler, mit dem ich so manche Abiturprüfung abgenommen habe. Mein besonderer Dank aber gilt meiner Frau Gisela, die meine bildungshistorischen Arbeiten seit fast vier Jahrzehnten begleitet und mich zur Beschäftigung mit der Thematik des Abiturs ermuntert hat. Ihr sei daher dieses Buch gewidmet.

I. ABITUR – DAS TOR ZUR UNIVERSITÄT

Abiturprüfung 1835 – ein prominentes Beispiel

Der Siebzehnjährige, der sich im Spätsommer 1835 der Reifeprüfung stellte, hatte hohe Anforderungen zu erfüllen. Im Jahr zuvor war in Preußen eine neue Ordnung in Kraft getreten, die das Bestehen dieser Prüfung zur Voraussetzung für ein Hochschulstudium mit abschließender Staatsprüfung machte. Vorbei waren die Zeiten, als man selbst mit einem Zeugnis der »Untüchtigkeit« ein Studium aufnehmen konnte. Das war nach den ersten preußischen Abiturreglements von 1788 und 1812 durchaus noch möglich gewesen. Wie Preußen forderten auch die übrigen Staaten des Deutschen Bundes seit 1834 ein Zeugnis der wissenschaftlichen Vorbereitung zum Studium als Voraussetzung für die Immatrikulation an einer Universität.

So musste unser Kandidat in einer Augustwoche sieben schriftliche Arbeiten unter Aufsicht abliefern. Jeweils fünf Stunden standen für einen deutschen und einen lateinischen Aufsatz sowie eine mathematische Arbeit zur Verfügung. Das Thema des ersten Aufsatzes lautete »Betrachtung eines Jünglings bei der Wahl eines Berufes«; im zweiten behandelte der Abiturient die Frage, ob die Regierungszeit des Kaisers Augustus mit Recht zu den glücklicheren Epochen des Römischen Reiches gezählt werden könne. Je zwei bis drei Stunden dauerte die Übersetzung kürzerer deutscher Texte ins Lateinische und Französische und eines griechischen Textes (37 Verse Sophokles) ins Deutsche. Auf Grund einer Sonderregelung für die Rheinprovinz musste der Kandidat auch noch einen fünfstündigen Religionsaufsatz über »Die Vereinigung der Gläubigen mit Christo nach Johannes 15, 1-14« schreiben.

Die mündliche Prüfung fand einen Monat später an drei Tagen in einer Gruppe von 14 Schülern statt. Lateinisch und Griechisch, Französisch, Mathematik, Physik, Geschichte und Religion standen auf dem Plan. Aus verschiedenen Gründen konnten die eigentlich vorgeschriebenen Prüfungen in Deutsch, philosophischer Propädeutik und Naturbeschreibung nicht stattfinden. Am 24. September 1835 stellte die Prüfungskommission dem »Zögling des Gymnasiums zu Trier« das Reifezeugnis aus in der Hoffnung, »dass er den günstigen Erwartungen, wozu seine Anlagen berechtigen, entsprechen werde«.

ZEUGNIS DER REIFE FÜR DEN ZÖGLING DES GYMNASIUMS ZU TRIER

Karl Marx,

aus Trier, 17 Jahre alt, evangelischer Konfession, Sohn des Advokat-Anwaldes, H-en Justizrats Marx zu Trier, war 5 Jahre auf dem Gymnasium zu Trier, und 2 Jahre in der ersten Klasse

I. Sittliche Aufführung gegen Vorgesetzte und Mitschüler war gut.

II. Anlagen und Fleiß. Er hat gute Anlagen; und zeigte in den alten Sprachen, im Deutschen u. in der Geschichte einen sehr befriedigenden, in der Mathematik befriedigenden, und im Französischen nur geringen Fleiß.

III. Kenntnisse und Fertigkeiten

  1. Sprachen:

    a, in der deutschen sind seine grammat. Kenntnisse, wie sein Aufsatz, recht gut.

    b, in der lateinischen übersetzt und erklärt er die leichteren Stellen der im Gymnasium gelesenen Klassiker auch ohne Vorbereitung mit Fertigkeit und Umsicht; und nach gehöriger Präparation oder vermittels einiger Nachhilfe auch häufig die schwierigeren, besonders solche, wo die Schwierigkeit nicht so sehr in der Eigentümlichkeit der Sprache, als in der Sache und dem Gedankenzusammenhange besteht. Sein Aufsatz zeigt in sachlicher Hinsicht Reichtum an Gedanken und tieferes Eindringen in den Gegenstand, ist aber häufig mit Ungehörigem überladen; in linguistischer Hinsicht beweist er viele Übung und Streben nach ächter Latinität, obgleich er noch nicht frei von grammatischen Fehlern ist. In Lateinsprechen hat er sich ziemlich befriedigende Fertigkeit erworben.

    c, in der griechischen sind seine Kenntnisse und Fähigkeiten hinsichtlich des Verständnisses der im Gymnasium gelesenen Klassiker beinahe so wie in der Lateinischen.

    d, in der französischen sind seine grammatischen Kenntnisse ziemlich gut; er liest mit einiger Nachhilfe auch Schwierigeres, und hat einige Fertigkeit im mündlichen Ausdrucke.

  2. Wissenschaften

    a, Religions-Kenntnisse. Seine Kenntnis der christlichen Glaubens- und Sittenlehre ist ziemlich deutlich und begründet; auch kennt er einigermaßen die Geschichte der christlichen Kirche.

    b, Mathematik. In der Mathematik hat er gute Kenntnisse.

    c, In der Geschichte und Geographie ist er im allgemeinen ziemlich bewandert.

    d, Physik. In der Physik sind seine Kenntnisse mittelmäßig.

Die unterzeichnete Prüfungs-Kommission hat ihm demnach, da er jetzt das hiesige Gymnasium verläßt, um Jurisprudenz zu studieren, das Zeugnis der Reife erteilt und entläßt ihn, indem sie die Hoffnung hegt, dass er den günstigen Erwartungen, wozu seine Anlagen berechtigen, entsprechen werde.

  Trier, den 24. September 1835

  Königliche Prüfungs-Commission[1]

Abb. 1: Erste Seite des Abiturzeugnisses von Karl Marx (1835)

Ob diese Hoffnung berechtigt war, ist bis heute umstritten. Der Abiturient war nämlich niemand anderes als Karl Marx. Wohl keine Reifeprüfung ist bis heute von Wissenschaftlern so genau unter die Lupe genommen worden wie seine.[2] Vor allem im deutschen Aufsatz sahen einige einen Vorboten des künftigen Werkes. Der junge Marx war in seiner Betrachtung über die Berufswahl von dem aufklärerischen Gedanken ausgegangen, dass »die Gottheit« es dem Menschen überlassen habe, »den Standpunkt in der Gesellschaft zu wählen, der ihm am angemessensten ist, von welchem aus er sich und die Gesellschaft am besten erheben kann«. Nach einigen recht pathetischen Ausführungen folgt dann der vielzitierte Satz: »Aber wir können nicht immer den Stand ergreifen, zu dem wir uns berufen glauben; unsere Verhältnisse in der Gesellschaft haben einigermaßen schon begonnen, ehe wir sie zu bestimmen im Stande sind.« Franz Mehring, der Geschichtsschreiber der deutschen Sozialdemokratie, hat darin den »ersten Keim der materialistischen Geschichtsauffassung in unbewußter Vorahnung« gesehen[3], während andere Autoren diesen Satz zurückhaltender interpretieren.

Das Abitur von Karl Marx ist nicht nur für seine persönliche Biographie von Bedeutung. Es lässt auch deutlich werden, wie sehr sich das damalige höhere Schulwesen vom heutigen unterscheidet. So wurde der neunjährige Besuch des Gymnasiums bis zum Abitur in Preußen erst um 1840, in anderen Ländern wie Bayern noch später zur Regel. Marx ging nur fünf Jahre auf das Gymnasium, war beim Abitur mit 17 Jahren einer der jüngsten und gehörte doch zu den zehn besten Abiturienten. Die 32 ausnahmslos männlichen Schüler seiner Klasse waren zwischen 16 und 27 Jahre alt bei einem Durchschnittsalter von 20 Jahren. Und von diesen 32 Schülern fielen nicht weniger als zehn durch die Prüfung. (Immerhin bestanden sie im nächsten Jahr bis auf einen die Wiederholungsprüfung.) Ein solches Ergebnis hätte heutzutage massive Elternproteste und eine Intervention der Schulbehörde zur Folge. Überhaupt wäre ein derartiger Prüfungsmarathon im Abitur heute nicht mehr denkbar.

Abiturienten – ein staatsgefährliches Proletariat Gebildeter?

Mit ihrem Schulabschluss gehörten Marx und seine Mitschüler zu einer verschwindend kleinen Bildungselite. Im selben Jahr erwarben nämlich in ganz Preußen nur 956 Schüler das Zeugnis der Reife, was im Jahrzehnt zuvor schon deutlich über 1000 Schülern pro Jahr gelungen war.[4] Solche Abiturientenzahlen ließen in den höheren Gesellschaftskreisen die Furcht vor einem »Überfluß an studierenden Individuen« wachsen, wie es ein

Zeitgenosse 1828 formulierte.[5] Die neue Prüfungsordnung sollte nicht zuletzt dazu dienen, diese Gefahr zu bannen. Dabei sorgte das an höheren Schulen erhobene Schulgeld ohnehin dafür, dass nur entsprechend Begüterte ihren Söhnen den Weg zu akademischer Bildung finanzieren konnten – von wenigen Befreiungen und Stipendien einmal abgesehen. Daher stellten die Abiturienten bis über die Mitte des 19. Jahrhunderts hinaus weniger als ein Prozent eines Altersjahrgangs.

Man darf die niedrige Abiturientenquote allerdings nicht mit der Gymnasiastenquote verwechseln und daraus den Schluss ziehen, das Gymnasium des 19. Jahrhunderts sei eine Standesschule der Oberschicht gewesen. Tatsächlich überwogen unter seinen Schülern stets die Jungen aus der städtischen Mittelschicht, von denen viele dort nur ihre Schulpflicht erfüllten oder auch Berechtigungen unterhalb des Abiturs anstrebten. Als anfangs oft einzige Stätte höherer Bildung am Ort musste das Gymnasium unterschiedlichen Bildungserwartungen und Abschlusswünschen seiner zumeist bürgerlichen Klientel Rechnung tragen, wogegen die Unterschichten und die Landbevölkerung fast völlig ausgeschlossen blieben. Die entscheidende Funktion des Gymnasiums lag aber zunehmend in der Rekrutierung einer staatstragenden Elite über die Regelung des Zugangs zur Hochschule und in den höheren Staatsdienst.

Mit dem Durchbruch der industriellen Revolution kam es nach 1850 zu einer vorher nicht erlebten Expansion des höheren Bildungswesens, in deren Folge sich die preußische Abiturientenquote gegen Ende des Jahrhunderts der Zwei-Prozent-Marke näherte. Dieses Wachstum führte in Verbindung mit der von 1873 bis 1895 währenden wirtschaftlichen Stagnation zu einem Überangebot an Akademikern, dessen sozialpolitische Sprengkraft eine ausgedehnte öffentliche Diskussion hervorrief. Auf einer im Dezember 1890 abgehaltenen Konferenz über die Zukunft des höheren Schulwesens kritisierte der preußische König und deutsche Kaiser Wilhelm II. »eine allzu starke Überproduktion der Gebildeten« und fügte hinzu: »Da ist das Wort, das vom Fürsten Bismarck herrührt, richtig, das Wort von dem Abiturientenproletariat, welches wir haben. Die sämtlichen sogen. Hungerkandidaten, namentlich die Herren Journalisten, das sind vielfach verkommene Gymnasiasten, das ist eine Gefahr für uns.«[6]

Tatsächlich hat wohl Bismarck in einer Reichstagsrede von 1884 das Schlagwort vom »Abiturientenproletariat« aufgebracht, damals allerdings auf die Ursprünge des Nihilismus in Russland bezogen.[7] Noch unmittelbar vor seinem Rücktritt im März 1890 schrieb der Kanzler an den Kaiser:

»Ein Hauptübel unseres höheren Schulwesens liegt in der Überzahl gelehrter Schulen und in der künstlichen Verleitung zum Besuch derselben, welche unsere Einrichtungen üben, so daß wir gelehrte junge Männer weit über den Bedarf und über die Möglichkeit ihrer entsprechenden Unterbringung hinaus züchten. Unsere höheren Schulen werden von zu vielen jungen Leuten besucht, welche weder durch Begabung, noch durch die Vergangenheit ihrer Eltern auf einen gelehrten Beruf hingewiesen werden. ... Die Folge ist die Überfüllung aller gelehrten Fächer und die Züchtung eines staatsgefährlichen Proletariats Gebildeter. ... Um dem vorzubeugen, würde es sich in erster Linie empfehlen, die Zahl der gelehrten Schulen und deren Besuch zu beschränken, soweit es gesetzlich zulässig ist, jedenfalls deren Vermehrung zu untersagen. ... Eine Erhöhung des Schulgeldes auf den Gymnasien und der Studiengelder auf den Universitäten würde ich für nützlich halten.«[8]

In Bismarcks Schreiben sind zwei Lösungsvorschläge enthalten, von denen Wilhelm II. einen gleich übernahm: »Ich werde kein Gymnasium mehr genehmigen«, erklärte er auf der Konferenz, »das nicht absolut seine Existenzberechtigung und Notwendigkeit nachweisen kann.« Die Erhöhung des Schulgeldes an höheren Schulen folgte im März 1892.[9] Was der Schulgeldsatz von 120 Mark im Jahr bedeutete, zeigt ein Vergleich mit dem Durchschnittseinkommen eines Arbeiters, das zu der Zeit bei 665 Mark jährlich lag. Für einen preußischen Regierungsrat mit Bezügen von 4200 bis 6000 Mark plus Wohnungsgeldzuschuss dagegen war das Schulgeld durchaus erschwinglich.[10]

Als dritter Lösungsvorschlag neben der Verknappung des Angebots an höherer Bildung und ihrer Verteuerung wurde in der zeitgenössischen Diskussion eine Verschärfung der Auslese gefordert.[11] Ein markantes Beispiel dafür bietet eine statistische Untersuchung im ersten Jahrgang der *Monatsschrift für höhere Schulen* (1902). Der Anstieg der Abiturientenzahl von 3600 auf 4600 in den 1890er Jahren bewies in den Augen des Autors, dass das Gymnasium seiner »Aufgabe, eine Ausscheidung der zum Studium ungeeigneten Elemente herbeizuführen«, nicht mehr gerecht geworden sei. Die Ursache des Übels sah er allein in der Lehrplanreform von 1892, die eine Herabsetzung der Anforderungen, vor allem in den alten Sprachen, mit sich gebracht hatte. Er beklagte eine »Tendenz, die Schwachen und Zurückgebliebenen immer wieder zum Ausgangspunkt des Unterrichts zu nehmen und ihnen den bei weitem größten Teil der Pflege und Sorgfalt zu widmen«. Da sei es nicht verwunderlich, dass »zahlreiche Elemente, die früher von unteren oder mittleren Klassen aus die Schule verlassen haben würden, durch diese sorgsame Pflege dem Gymnasium bis in die oberen und obersten Klassen erhalten bleiben. Dies durch die

Abb. 2: Abiturienten 1888 (Friedrichs-Gymnasium Herford)

Abb. 3: Abiturientinnen und Abiturienten 2008 (Leibniz-Gymnasium Remscheid)

Humanität unserer Lehrmethode immer weiter geförderte Schülermaterial wird, je weiter es vorrückt, desto mehr ein schweres Hemmnis jedes Fortschritts.«[12]

Den Einfluss des allgemeinen Bevölkerungswachstums und der Wirtschaftslage zog der einem statischen Begabungsbegriff verhaftete Autor nicht in Betracht und erwartete eine Abschwächung des Andrangs zum Abitur infolge der Lehrplanreform von 1901. Tatsächlich aber kam es nach der Jahrhundertwende zu einer bis dahin nicht gekannten Expansion des höheren Schulwesens im Zeichen wirtschaftlicher Hochkonjunktur, die die Abiturientenquote in Preußen bis zum Vorabend des Weltkrieges auf über zwei Prozent eines männlichen Altersjahrgangs steigen ließ.

Zudem erhielten Mädchen 1900 in Baden und bald darauf auch in den anderen deutschen Staaten die Zulassung zu Abitur und Studium, womit ein Ausbau des höheren Mädchenschulwesens einherging. In der Weimarer Republik nahm es einen rasanten Aufschwung. Bot 1920 nicht einmal jede zehnte höhere Mädchenschule in Preußen ihren Schülerinnen die Möglichkeit, das Abitur abzulegen, so lag der Anteil der Schulen mit Abiturberechtigung 1924 schon bei einem Drittel und auf dem vorläufigen Höhepunkt 1932 bei fast 60 Prozent. Die Zahl der Abiturientinnen verzehnfachte sich zwischen 1915 und 1931 auf 6.474.[13]

»Abiturienteninflation« und Bildungsbegrenzung in der Zwischenkriegszeit

In der zweiten Hälfte der 1920er Jahre kam es zu einer explosionsartigen Steigerung der Abiturientenzahl in Deutschland. Zwischen 1925 und 1933 schnellte sie fast auf das Zweieinhalbfache hoch, von 17.883 auf 43.599.[14] Einen entsprechenden Sprung machte auch die in Tabelle 1 dargestellte Abiturientenquote. Zu dieser Entwicklung trug zum einen der Ausbau des höheren Mädchenschulwesens bei, der den Anteil der Abiturientinnen von 10,2 auf 27,2 Prozent anwachsen ließ. Vor allem aber war sie das Resultat einer Bildungspolitik, die bisher unterprivilegierten Bevölkerungsgruppen den Weg zur höheren Bildung zu ebnen suchte. Sie führte zu einem starken Anstieg der Übergangsquote zum Gymnasium, die sich in Preußen zwischen 1910 und 1928 von 8,9 auf 17,6 Prozent verdoppelte. In Städten mit über 50.000 Einwohnern wechselten 1928 nach einer Erhebung des Deutschen Städtetages sogar 22,9 Prozent der Jungen und 17 Prozent der Mädchen auf eine höhere Schule. Der Schwund bis zur Reifeprüfung war zwar beträchtlich, nahm aber in den zwanziger Jahren deutlich ab, so dass auch deshalb die Abiturientenquote stieg.[15]

Die starken Abiturientenjahrgänge fanden um 1930 die Situation vor, dass infolge der Weltwirtschaftkrise die Berufsaussichten für Akademiker immer düsterer wurden. Es kam zu einer ausgedehnten öffentlichen Diskussion, in der manche Experten von einer anhaltenden Schrumpfung des Arbeitsmarktes für Akademiker ausgingen, ohne über gesichertes Zahlenmaterial zu verfügen. Schon bei der Zahl der vorhandenen Akademiker, mehr noch beim Nachwuchsbedarf und dem künftigen Angebot an Akademikern sowie der Arbeitslosenquote gingen die Schätzungen auseinander und erwiesen sich später als überzogen.[16] Der davon ausgehende Abschreckungseffekt führte zu einer sinkenden Studierwilligkeit. Wollten 1928 noch knapp 80 Prozent der männlichen Abiturienten in Preußen ein Hochschulstudium aufnehmen, so waren es 1932 nur noch 53,7 Prozent. Bei den Frauen war die Studierwilligkeit noch stärker gesunken.[17]

Tabelle 1: Schulabgänger mit Hochschulreife in Prozent der gleichaltrigen Bevölkerung 1922-2008[18]

Jahr	Allgemeine Hochschulreife	*davon Mädchen (in %)*	Fachhoch- schulreife	*davon Mädchen (in %)*	insge- samt
1922	1,6				
1925	1,4	*10,2*			
1930	3,2	*20,2*			
1933	3,6	*27,2*			
1936	4,0	*21,9*			
1939	3,8	*19,8*			
1950	4,2	*33,9*			
1955	3,7	*32,8*			
1960	5,5	*36,0*			
1966	7,5	*36,5*			
1971	10,7	*39,4*	0,5		11,3
1976	14,6	*45,9*	5,6	*23,5*	20,2
1981	16,5	*48,5*	5,2	*38,5*	21,7
1985	21,6	*49,6*	6,9	*38,4*	28,5
1990	23,5	*48,8*	8,5	*38,1*	32,0
1995	27,4	*53,4*	8,5	*43,4*	35,9
2000	27,1	*55,2*	9,5	*49,2*	36,6
2005	28,8	*55,8*	13,7	*45,6*	42,5
2008	31,6	*55,3*	13,5	*49,4*	45,1

Deutsches Reich und Bundesrepublik Deutschland

Da seit 1931 die Zahl der Studienanfänger schnell zurückging und ab 1935 die geburtenschwachen Kriegsjahrgänge anstanden, war eine Entspannung der Situation an den Hochschulen abzusehen. Dennoch erließ die nationalsozialistische Reichsregierung am 25. April 1933 das »Gesetz gegen die Überfüllung deutscher Schulen und Hochschulen«, das die Landesregierungen ermächtigte, die Zahl der Schüler und Studenten entsprechend dem »Bedarf der Berufe« zu begrenzen.[19] In Ausführung dieses Gesetzes legte der Reichsminister des Inneren für 1934 die Zahl der Abiturienten mit Studienvermerk auf 15.000 fest, von denen nur 10 Prozent Frauen sein sollten. Doch in diesem Jahr nahmen überhaupt nur noch 10.538 männliche und 1.503 weibliche Abiturienten ein Hochschulstudium auf.[20] Die schlechte wirtschaftliche Lage, die hohe Arbeitslosigkeit unter Akademikern sowie der Eintritt der Kriegsjahrgänge ins studierfähige Alter bewirkten, dass die Studentenzahlen zwischen 1932 und 1939 auf weniger als die Hälfte sanken. Daher hob Reichserziehungsminister Bernhard Rust schon im Februar 1935 die NC-Regelung wieder auf, da sie angeblich »den erwarteten Erfolg gezeitigt« hatte. Somit galt die Trennung von Abitur und Hochschulzugangsberechtigung nur für den Abiturjahrgang 1934. Von der Maßnahme waren Frauen stärker betroffen als Männer, denn ihr Anteil an den Immatrikulationen sank in diesem Jahr auf 12,5 Prozent.

Die eigentliche Wirkung des Gesetzes bestand in der radikalen Verdrängung jüdischer Studentinnen und Studenten. Eine gleichzeitig mit dem Gesetz erlassene Ausführungsverordnung hatte nämlich festgelegt, dass pro Fakultät höchstens 1,5 Prozent der Neuimmatrikulierten und 5 Prozent der Studierenden insgesamt »Nichtarier« sein dürften. Da viele Universitäten über diese Bestimmungen noch hinausgingen, sank die Zahl jüdischer Studierender zwischen 1932 und 1934 von 2.698 auf 486 bei den Männern und von 1.252 auf 170 bei den Frauen.[21] Die antisemitische Stoßrichtung des Gesetzes zeigte demnach die beabsichtigte Wirkung. Im Hinblick auf den Übergang von der Schule zur Hochschule erwies es sich dagegen als untauglicher Steuerungsversuch. Zehn Jahre später war nämlich von über 50.000 Studierenden fast die Hälfte weiblich. Die frauenfeindliche Ideologie des Nationalsozialismus hatte gegenüber den gesellschaftlichen Realitäten in Kriegszeiten den Kürzeren gezogen.

Abiturienten und Hochschulzugang in der Bundesrepublik

Nach dem Zweiten Weltkrieg stand in den westlichen Besatzungszonen bzw. der Bundesrepublik zunächst die Wiederherstellung des Bildungssystems aus vornationalsozialistischer Zeit im Vordergrund. Eine Erhöhung der Abiturientenquote wurde politisch nicht gefördert, von bildungsbürgerlichen Kreisen mehr oder weniger entschieden abgelehnt. So war sie 1960 mit 5,5 Prozent zwar höher als vor dem Kriege, aber im internationalen Vergleich niedrig. Erst die Abschaffung des Schulgeldes in den späten 1950er Jahren trug dazu bei, breiteren Schichten den Zugang zu höherer Bildung zu ermöglichen.

Da veröffentlichte im Februar 1964 der Religionsphilosoph und Pädagoge Georg Picht in der Wochenzeitschrift *Christ und Welt* eine Artikelserie über *Die deutsche Bildungskatastrophe*, die bald auch als Buch erschien. Picht attestierte der Bundesrepublik enorme Defizite in der Bildungsplanung und sah sie »in der vergleichenden Schulstatistik am untersten Ende der europäischen Länder«. Alarmierend klang seine Warnung: »Bildungsnotstand heißt wirtschaftlicher Notstand. Der bisherige wirtschaftliche Aufschwung wird ein rasches Ende nehmen, wenn uns die qualifizierten Nachwuchskräfte fehlen, ohne die im technischen Zeitalter kein Produktionssystem etwas leisten kann. Wenn das Bildungswesen versagt, ist die ganze Gesellschaft in ihrem Bestand bedroht.«[22] Entsprechend forderte er einen Ausbau des höheren Schulwesens und eine Verdoppelung der Abiturientenzahlen innerhalb von zehn Jahren. Hierfür schien ihm vor allem der Ausbau neuer Wege zur Hochschulreife geboten.

Pichts Plädoyer für eine Bildungsoffensive fand enormen öffentlichen Widerhall, zumal es mit den individuellen Aufstiegswünschen breiter Bevölkerungsschichten korrespondierte. Verstärkt wurde diese Stimmung im Jahr darauf durch ein Buch des Soziologen Ralf Dahrendorf, in dem er Bildung als Bürgerrecht reklamierte.[23] Dass Deutschland mehr Abiturienten brauchte, war zwar schon 1958 im Hochschulausschuss der Kultusministerkonferenz und andernorts erkannt worden. Auch stieg bereits seit 1962 die Übergangsquote zum Gymnasium an.[24] Doch für die öffentliche Wahrnehmung des Problems war Pichts Mahnruf von nicht zu unterschätzender Bedeutung.

Der Bildungsboom der sechziger Jahre war so stürmisch, dass sich die Zahl der Abiturienten von 1965 bis 1975 nicht nur verdoppelte, sondern auf das Zweieinhalbfache wuchs (von 50.500 auf 126.200).[25] Dass ihr Anteil am Altersjahrgang nicht ganz so rapide zunahm, lag an den starken Geburtsjahrgängen der frühen Bundesrepublik. Zu den Absolventen mit Allgemeiner Hochschulreife kamen noch die mit Fachhochschulreife hinzu, die seit 1970 in den Statistiken erscheinen (Tabelle 1). Sie müssen vor allem bei internationalen Vergleichen berücksichtigt werden, in denen es um die Quote der Absolventen mit Hochschulzugangsberechtigung geht.

Trotz eines verstärkten Ausbaus der Hochschulen konnten bei weitem nicht alle Abiturienten einen Studienplatz erhalten. Daher wurde der schon vorher bestehende Numerus clausus für das Medizinstudium auf zahlreiche weitere Fächer ausgeweitet. Im Oktober 1972 schlossen die Länder erstmals einen Staatsvertrag über die Vergabe von Studienplätzen, der das Bewerbungs- und Zulassungsverfahren zum Hochschulstudium einheitlich regelte. Sie kamen damit einer Auflage des Bundes-verfassungsgerichts nach, das am 18. Juli 1972 entschieden hatte, in zulassungsbeschränkten Studiengängen müsse zentral und nach einheit-lichen Kriterien über die Zulassung entschieden sowie für eine volle Nut-zung der Ausbildungskapazitäten an den Hochschulen gesorgt werden.[26] In Ausführung des Staatsvertrages schufen die Länder 1973 die Zentral-stelle für die Vergabe von Studienplätzen (ZVS) in Dortmund. Sie erhielt den Auftrag, die verfügbaren Studienplätze zu 60 Prozent nach der Durch-schnittsnote des Abiturs und zu 40 Prozent nach Wartezeit zu vergeben. Das betraf 1976 nicht weniger als 56 Studiengänge.[27]

Der Numerus clausus führte allerdings nicht dazu, dass die Zahl der *Studienanfänger* abnahm. Im Gegenteil: Trotz überfüllter Hochschulen und eines prekärer werdenden akademischen Arbeitsmarktes stieg sie bis 1990 auf mehr als das Doppelte des Jahres 1970 – und das, obwohl in diesem Zeitraum der Anteil der Abiturientinnen und Abiturienten, die direkt ein Studium aufnahmen, von 90 auf ca. 54 Prozent sank.[28] Die ab-solute Zahl der *Schulabgänger* mit Allgemeiner oder Fachhochschulreife dagegen erreichte 1983/84 mit 305.000 pro Jahr in der alten Bundesre-publik ihren Höhepunkt, um dann infolge der seit 1965 gesunkenen Geburtenziffern (»Pillenknick«) wieder zurückzugehen.[29] Doch der Bei-tritt der neuen Bundesländer leitete einen neuen Anstieg ein, der sich bis heute fortgesetzt hat. Im Jahre 2008 erreichten 309.000 Absolventen die Allgemeine Hochschulreife und 132.000 die Fachhochschulreife.[30]

Der relative Anteil der Hochschulzugangsberechtigten ist beständig gestiegen und hat 2004 erstmals die 40-Prozent-Marke überschritten. Ein Ende dieser Entwicklung ist nicht abzusehen, da eine Steigerung der Abiturientenquote von der Organisation für wirtschaftliche Zusammen-arbeit und Entwicklung (OECD) immer wieder angemahnt wird und heute allgemein als wichtiges bildungspolitisches Ziel gilt. Das trifft auch auf Bayern zu, das bislang die niedrigste Abiturientenquote der Bundes-republik aufweist und diese früher gern mit dem hohen Anspruch seines Gymnasiums begründete.[31] Erklärtes Ziel Bayerns ist es jetzt, die 2007 bei 35,7 Prozent liegende bayerische Quote der Absolventen mit Allgemeiner oder Fachhochschulreife bis 2011 auf über 40 Prozent zu steigern.[32]

II. DAS ABITUR VON DEN ANFÄNGEN
BIS ZUM BEGINN DES 20. JAHRHUNDERTS

(1) DAS GYMNASIALABITUR IN PREUSSEN

*Gegen das frühzeitige Eilen auf die Universität – das erste Abiturreglement von
1788*

»Es ist bisher vielfältig bemerkt worden, daß so viele zum Studieren
bestimmte Jünglinge ohne gründliche Vorbereitung unreif und unwissend zur Universität eilen, wodurch selbige nicht nur sich selbst
schaden, und sich selbst die gehörige Benutzung des academischen
Unterrichts schwer, ja oft unmöglich machen, ... sondern auch zugleich verursachen, daß viele Aemter, zu denen gründliche Kenntnisse erforderlich sind, wo nicht mit unwissenden doch mit seichten und
unzweckmäßigen Subjecten besetzt werden. Um nun diesem, für die
einzelnen Subjecte eben so sehr, als für das Ganze höchst nachtheili-
gen frühzeitigen Eilen auf die Universität ohne Abwartung der gehö-
rigen Reife, wenigstens in etwas zu steuern, und den studierenden
Jünglingen neue Bewegungsgründe zur gewissenhaften Benutzung
des Schulunterrichts zu geben: so haben Wir für nöthig gefunden, in
Ansehung der Prüfung der zur Universität abgehenden Jünglinge
eine neue Einrichtung zu machen, indem das bisher nach alten Verordnungen übliche Examen der neuen Ankömmlinge auf der Universität wegen ihrer zu großen Menge nicht mit der erforderlichen
Strenge und Gründlichkeit geschehen können. ... Es ist daher beschlossen worden, daß künftig alle von öffentlichen Schulen zur Universität abgehende Jünglinge schon vorher auf der von ihnen besuchten Schule in der weiter unten zu bestimmenden Form öffentlich
geprüft werden, und nachher ein detaillirtes Zeugniß über ihre bey
der Prüfung befundene Reife oder Unreife zur Universität erhalten
sollen.«

So beginnt das preußische »Reglement für die Prüfung an den Gelehrten
Schulen«, das am 23. Dezember 1788 als königliches Edikt erging.[1] Es war
die erste allgemeine und zugleich bedeutendste Anordnung des Oberschulkollegiums, das im Februar 1787 vom Justizminister Freiherr von
Zedlitz als oberste Unterrichtsbehörde Preußens eingerichtet wurde. Ob
der Andrang zu den Universitäten wirklich den damaligen Bedarf an

Akademikern überstieg, lässt sich schwer noch ermitteln. Unstrittig ist jedoch, dass die Zulassungspraxis zu jener Zeit chaotisch war. Jeder junge Mann, der sich durch eine Lateinschule oder Privatlehrer hinreichend vorbereitet fühlte und die Unterstützung seiner Eltern hatte, konnte zur Universität ziehen. Darunter befanden sich auch eben Sechzehnjährige wie Johann Wolfgang von Goethe, der 1765 ein Jurastudium in Leipzig begonnen hatte. Beim Dekan der gewählten Fakultät mussten sie sich zur Prüfung *pro immatriculatione* vorstellen, die jedoch keine ernsthafte Hürde darstellte, weil der Dekan oft schon durch die Zahl der Prüflinge überfordert war. Zudem standen die Professoren selbst unter gesellschaftlichem Druck, weil jede Abweisung wegen der Abhängigkeit von Hörergeldern auch ihr schmales Einkommen verringerte und ebenso den Interessen der Bürger ihrer Stadt zuwiderlief.

Um diesen Missständen abzuhelfen, regte der Kanzler der Universität Halle, der zugleich Mitglied des Oberschulkollegiums war, im Dezember 1787 die Einführung einer allgemeinen Aufnahmeprüfung an den Universitäten an. Sie sollte verhindern, dass die unvorbereitet Gekommenen »von der Universität eben so unwissend, ja mit noch verworreneren Begriffen wieder weggehen, als sie dahingekommen, und am Ende sich und dem Staat lästig, und, wenn sie eine Versorgung finden, letzterem sogar nachtheilig werden müssen«.[2] Das Kollegium beschloss, vor einer Entscheidung Gutachten einzuholen. Mit ihnen wurden die Rektoren von drei Universitäten und sechs Gelehrtenschulen beauftragt, die innerhalb von vier Wochen Vorschläge machen sollten. Beide Seiten plädierten dafür, den Zugang zur Universität durch eine einheitliche strenge Prüfung am Ende der Schulzeit zu regeln, also im Gegensatz zum ursprünglichen Vorschlag keine Eingangsprüfungen vorzusehen.

Seit Februar 1788 beriet das Kollegium auf schriftlichem Wege über die eingegangenen Gutachten.[3] Zum Kernpunkt der Verhandlungen wurde bald die Frage, ob bzw. wieweit der Staat die Freiheit der Wahl des Bildungsweges beschränken dürfe. Für den Berliner Gymnasialdirektor Friedrich Gedike, der als Mitglied des Oberschulkollegiums die Vorlage des Reglements ausarbeitete, stand außer Zweifel, dass allein das Prüfungsergebnis für die Zulassung zur Universität maßgebend sein sollte. Dagegen machte der Jurist von Irwing Bedenken geltend: »Man hat es hier nicht blos mit gemeinen Leuten oder vernünftigen Eltern zu thun; sondern oft mit angesehenen und reichen Eltern, die ein solches Gesetz als einen unrechtmäßigen Eingriff des Staats in die Rechte ihrer Kinder ausschreyen würden. Das Publicum will auch das Recht behalten, aus seinen reichen Kindern Taugenichtse werden zu laßen.«[4] Die Rücksicht auf die gesellschaftlichen Kräfteverhältnisse führte zu einer wesentlichen Modifizierung des Edikts. Es legte zwar fest, dass Schüler von öffentlichen Schulen bei der Einschreibung an der Universität das Zeugnis über ihre bei der Prüfung befundene Reife oder Unreifc vorlegen mussten, auf dass es zu den Akten genommen wurde. Es folgte jedoch die entscheidende Einschränkung, es sei nicht beabsichtigt, »die bürgerliche Freyheit in so fern zu beschränken, daß es nicht ferner jedem Vater und Vormund frey stehen sollte, auch einen unreifen und unwissenden Jüngling zur Universität zu schicken«. Nur für die Vergabe öffentlicher Stipendien und anderer Vergünstigungen an der Universität sollte das Zeugnis der Reife zwingende Voraussetzung sein.

Ansonsten enthielt das Reglement Vorschriften für die Durchführung der Prüfung, die aus einem schriftlichen und einem mündlichen Teil bestehen sollte und vor den Lehrern der Schule sowie einem schulfachlichen Dezernenten der Behörde abzulegen war. Ausdrücklich gefordert wurden Kenntnisse in den alten Sprachen, den neueren Sprachen, besonders der Muttersprache, sowie wissenschaftliche, vornehmlich historische Kenntnisse. Weitergehende inhaltliche Vorgaben sucht man in dem Reglement vergebens. Daher fielen Aufgabenstellungen, Anforderungen und Bewertungen von Schule zu Schule sehr unterschiedlich aus, wie eine Durchsicht der schriftlichen Prüfungsarbeiten ergab.[5] Ganz offensichtlich ging es in diesem Edikt weniger um Bildungsziele und -inhalte als um formale Abschlüsse und Berechtigungen. Ergänzend erschien am selben Tag für Studienbewerber, die sich durch Privatunterricht oder auf andere Weise vorgebildet hatten, ein »Reglement für die Prüfung an den Universitäten«, das dem Modell der schulischen Reifeprüfung folgte.[6]

Ob diese erste Abiturordnung die Entwicklung der Studienanfängerzahlen an den damaligen preußischen Universitäten (Halle, Frankfurt/ Oder, Königsberg und Duisburg) nennenswert beeinflusst hat, lässt sich wegen der unzureichenden Datenbasis nicht sicher sagen; es spricht aber wenig dafür. Aufschlussreicher ist das vorhandene Zahlenmaterial hinsichtlich der Zusammensetzung der Studienanfänger nach der Art ihrer Studienberechtigung. Von den gut 9.000 zwischen 1789 und 1806 neu immatrikulierten Studenten wiesen 53 Prozent ein schulisches Reifezeugnis auf, 3 Prozent eines der Unreife. 11 Prozent wurden nach bestandener Eingangsprüfung an der Universität zum Studium zugelassen, weitere 8 Prozent nach nicht bestandener Prüfung. Das verbleibende Viertel war an die preußischen Bestimmungen nicht gebunden (ausländische Studierende, Studienortwechsler usw.).[7] Von einem spürbaren Steuerungseffekt des Abiturreglements kann also kaum die Rede sein.

Wichtig war hingegen, dass mit der neuen Ordnung ein Prozess in Gang kam, der zur Herausbebung der zum Abitur führenden Gelehrtenschulen aus der Masse der städtischen Lateinschulen ganz unterschiedlichen Niveaus führte. Als 1806 das alte Preußen im Konflikt mit der napoleonischen Hegemonialpolitik militärisch und politisch zusammenbrach, galten nur noch 89 dieser Anstalten als gelehrte Schulen.[8] Aus ihrem Kreis entstand im Zuge der neuhumanistischen Bildungsreform das Gymnasium, wie es seit 1813 offiziell genannt wurde.

Die neuhumanistische Bildungsreform und die Abiturordnung von 1812

Nach der Niederlage gegen Napoleon wurden in Preußen 1807 Reformen eingeleitet, die eine grundlegende Erneuerung von Staat und Gesellschaft zum Ziel hatten. Sie führten einerseits Reformansätze aus der Zeit vor 1806 weiter, banden sie aber nun in eine umfassende Konzeption ein, die freilich wegen der nach dem Wiener Kongress 1815 einsetzenden Restauration nicht vollständig umgesetzt werden konnte. In diesem Rahmen wurde auch eine Reorganisation des gesamten Bildungswesens in Angriff genommen. Als neue Behörde war dafür die Sektion für Kultus und Unterricht im Innenministerium zuständig. Ihre Leitung übernahm im März 1809 Wilhelm von Humboldt, der jedoch schon in der Jahresmitte 1810 wieder ausschied, weil ihm kein Ministerrang zugebilligt wurde. (Ein eigenständiges Ministerium der geistlichen und Unterrichtsangelegenheiten entstand in Preußen erst 1817.) Trotz seiner kurzen Amtszeit gab Humboldt entscheidende Impulse für die Arbeit der Sektion, die nach seinem Ausscheiden von seinen Mitarbeitern, besonders Johann Wilhelm Süvern, fortgesetzt wurde.

Wilhelm von Humboldt trat sein Amt ohne spezielle Qualifikation und Erfahrung im Bildungswesen an. Er war zusammen mit seinem jüngeren Bruder Alexander von hochqualifizierten Privatlehrern ausgebildet worden, hatte in Göttingen Jura studiert und war vor seiner Berufung im diplomatischen Dienst in Rom tätig. Seine 1792 verfasste Abhandlung *Ideen zu einem Versuch, die Grenzen der Wirksamkeit des Staates zu bestimmen* wies ihn als überzeugten Liberalen aus. Besonders prägend wirkte seine jahrelange intensive Beschäftigung mit der Literatur und Geschichte der antiken Griechen. Ihre zum monumentalen Vorbild stilisierte Kultur wurde zum Fixpunkt von Humboldts Bildungsideal, das die Entwicklung aller im Menschen angelegten Fähigkeiten ins Zentrum stellte. Eine solche allgemeine Menschenbildung, die sich nicht an speziellen gesellschaftlichen (beruflichen oder standesbezogenen) Bedürfnissen orientierte, sollte Richtschnur für die einheitliche Erziehung der gesamten Nation werden.[9]

Die erste grundlegende Maßnahme der Sektion war die Einführung einer allgemeinen wissenschaftlichen Staatsprüfung für die Lehrer der zum Abitur führenden Schulen. Zwar gab es für die Stellen an diesen Schulen schon vorher Prüfungen, doch wurden die Anforderungen vom jeweiligen Schulträger festgelegt und waren daher recht unterschiedlich. Erst das »Examen pro facultate docendi« vom 12. Juli 1810 war »eine generelle Prüfung für einen bestimmten Beruf ohne Rücksicht auf eine bestimmte Stelle oder den Ort der Ausübung dieses Berufes«.[10] Ihr musste sich jeder unterziehen, der an einem staatlichen Gymnasium oder einer auf die Oberklassen des Gymnasiums vorbereitenden höheren Schule als Lehrer unterrichten wollte, es sei denn, er hatte an einer preußischen Universität den Doktor- oder Magistergrad erworben. Ziel dieser Prüfung war es, »dem Eindringen untüchtiger Subjekte in das Erziehungs- und Unterrichtswesen des Staates vorzubeugen« (Präambel) und über eine qualifizierte Lehrerbildung das Niveau der gelehrten Schulen zu heben. In der Prüfung mussten alle Kandidaten philologische, historische und mathematische Kenntnisse in schriftlicher und mündlicher Form nachweisen und außerdem eine Lehrprobe abhalten.

Wie aus den Prüfungsprotokollen hervorgeht, waren die Anforderungen in den alten Sprachen außerordentlich hoch. So mussten etwa Vers 1 bis 50 der Odyssee ins Lateinische übersetzt und interpretiert oder eine mathematische Abhandlung über Kugel und Zylinder in lateinischer Sprache geschrieben werden. Da erscheint es nicht verwunderlich, dass von den insgesamt 39 Kandidaten, die bis 1815 von den Wissenschaftlichen Deputationen in Berlin, Breslau und Königsberg geprüft wurden, nur sieben als unbeschränkt tauglich befunden wurden.[11] Die anfangs geringe Zahl an Kandidaten und die rigide Prüfungspraxis hatten die Konsequenz, dass neue oder freiwerdende Stellen an höheren Schulen noch nicht durchweg mit geprüften Lehrern besetzt werden konnten, wie es seit 1813 eigentlich hätte geschehen sollen. Stattdessen wurden vielerorts ungeprüfte Kandidaten mit der Auflage angestellt, die Prüfung nachzuholen. Dennoch beschleunigte sich durch diese Prüfung die Herauslösung der gelehrten Schulen mit Abiturberechtigung aus den übrigen Unterrichtsanstalten.

Nach Fertigstellung der Prüfungsordnung für das höhere Lehramt machte sich die Sektion für Kultus und Unterricht an die Neufassung des Abiturreglements. Dabei konnte sie auf Entwürfe zurückgreifen, die bereits 1805/06 im Oberschulkollegium diskutiert wurden, aber wegen der Katastrophe des preußischen Staates nicht mehr zur Ausführung kamen.[12] Am 25. Juni 1812 erlangte das Edikt über die Abiturientenprüfungen als einzige Maßnahme der Bildungsreform neben der Lehramtsprüfung Gesetzeskraft.[13] Grundsätzlich blieb es dabei, dass das Bestehen der Prüfung zwar Voraussetzung für den Zugang zu Stipendien, nicht jedoch für die Aufnahme eines Studiums war. Allerdings musste die Prüfung jetzt in jedem Falle abgelegt und bei der Immatrikulation an der Universität gegebenenfalls das Zeugnis der »Untüchtigkeit« vorgelegt werden. Die 1788 als Alternative vorgesehene Prüfung an den Universitäten wurde abgeschafft. Ihre Aufgabe übernahmen gemischte Prüfungskommissionen aus Direktoren der gelehrten Schulen und Universitätsprofessoren, die nach denselben Vorschriften verfahren sollten wie die Kommissionen an den Schulen.

Die inhaltlichen Anforderungen des neuen Reglements gingen weit über das bis dahin Übliche hinaus. Sechs schriftliche Prüfungsarbeiten wurden jetzt gefordert: drei Aufsätze in deutscher, lateinischer und französischer Sprache, je eine Übersetzung aus dem und in das Griechische – das war die spezifisch neuhumanistische Neuerung – sowie eine mathematische Arbeit. Für die fremdsprachigen Aufsätze galten historische Gegenstände aus der alten und der neueren Geschichte als besonders geeignet. »Indessen«, so hieß es, »darf auch hier keine trockene Hererzählung von Thatsachen das Ganze ausmachen, sondern vielmehr die Beziehung mehrerer wichtiger Begebenheiten auf einander und die Darstellung und Beurteilung ganzer Zustände der Völker sind es, woran die Combinationsgabe der Jünglinge zu prüfen seyn wird.« Zur Übersetzung *aus* dem Griechischen war ein in der Schule nicht gelesener Autor vorgesehen, und in der kurzen Übersetzung *ins* Griechische sollte »etymologische und syntactische und überhaupt grammatische Richtigkeit in jeder Hinsicht in Betracht kommen«.

Die mündliche Prüfung bezog sich über die schriftlichen Fächer hinaus auch auf Geschichte und Geographie sowie Naturlehre. Religion dagegen gehörte nicht zu den Prüfungsfächern, was den geringen Stellenwert dieses Faches im neuhumanistischen Denken zeigt. Ein Jahr später wurde das damit begründet, dass die Religionskenntnisse »von den weltlichen Wissenschaften zu verschieden sind, als daß sie zur Begründung eines Urtheils über wissenschaftliche Reife oder Unreife, auf welche allein die Entlassungs-Prüfung gerichtet sein soll, mit jenen zusammengestellt werden« können.[14] Für die nach dem Wiener Kongress zu Preußen gekommenen, überwiegend katholischen Provinzen Rheinland und Westfalen wurde jedoch 1829/30 eine schriftliche Prüfung in Religion genehmigt.[15]

Für die Reifezeugnisse galten drei Stufen: unbedingte Tüchtigkeit, bedingte Tüchtigkeit und Untüchtigkeit. Die Anforderungen für den höchsten Zeugnisgrad waren genau definiert, wobei den alten Sprachen, historischen Kenntnissen und der Mathematik zentrale Bedeutung zukam. Wer nur in einem oder zweien dieser Bereiche den hohen Anforderungen genügte, bekam das Zeugnis der bedingten Tüchtigkeit. Zu diesen gehörte auch Otto von Bismarck, der im April 1832 als gerade Siebzehnjähriger am Berliner Gymnasium zum Grauen Kloster sein Abiturzeugnis erhielt. Ihm wurden zwar gute bis ziemlich gute Kenntnisse in den Sprachen (auch im Englischen) bescheinigt, doch nur befriedigende in Mathematik, Geschichte und Geographie. Ungeachtet des Zeugnisgrades der bedingten Tüchtigkeit bezeichneten seine Lehrer ihn als »fähigen und wohlvorbereiteten Jüngling«.[16]

Gegen die Überspitzung der Anforderungen hatte sich bei den Beratungen über die Prüfungsordnung der bedeutende Altphilologe Friedrich August Wolf gewandt: »in dem volkreichen Berlin« gebe es »nicht ein Dutzend« Leute, die sie erfüllen könnten. Das Edikt bringe Überhäufung mit schriftlichen Arbeiten für die Schüler, »Schreib-Plackerei« für die Lehrer. Vor allem aber stieß sich Wolf an der Verbindung des Neuhumanismus mit der staatlichen Autorität und der daraus resultierenden Gefahr für die Freiheit der Bürger.[17] In der Tat lag in der Tendenz zur Bürokratisierung die Kehrseite der Reform. Andererseits war die Prüfungsordnung von 1812 »ein weiterer Schritt auf dem Wege zur Durchsetzung bürgerlicher Bildungs- und Leistungsvorstellungen und zur Förderung bürgerlichen Aufstiegs auf dem Wege über Bildung«.[18]

Zu den Vorhaben der neuhumanistischen Bildungsreform gehörte auch ein Gesamtplan für das öffentliche Bildungswesen, der aber nicht mehr umgesetzt werden konnte. Ein Teil davon war der 1816 intern mitgeteilte Lehrplan der Gymnasien und Stadtschulen, der im Wesentlichen die Handschrift Süverns trug. Er skizzierte einen einheitlichen Weg zu allgemeiner Bildung des Menschen von der obersten Stufe her und machte die Studierfähigkeit zur Norm des ganzen Lehrgangs. Auf zehn Schuljahre angelegt, sah er jeweils 32 Wochenstunden vor, insgesamt demnach 320. Davon entfielen 76 Wochenstunden auf Latein und 50 auf Griechisch, zusammen also rund 40 Prozent auf die alten Sprachen. Stark vertreten waren aber auch Mathematik mit 60 und Deutsch mit 44 Wochenstunden.[19] Doch dieser Plan erlangte nie Gesetzeskraft, und es sollte noch über zwei Jahrzehnte dauern, bis ein neunjähriger Gymnasialkurs die Regel wurde. Überdies gab es 1832 im ganzen preußischen Staat wenig mehr als hundert Gymnasien (siehe Karte). Es fehlte auch noch an Lehrern, die den hohen Anforderungen besonders in den alten Sprachen gewachsen waren. Vom Griechischen, das erst durch das Abituredikt seine starke Stellung erhielt, hatten sich vorher viele Schüler befreien lassen. Nur gegen Widerstände aus dem Adel und den Kreisen bürgerlicher Gewerbetreibender konnte es als verbindliches Fach durchgesetzt werden.

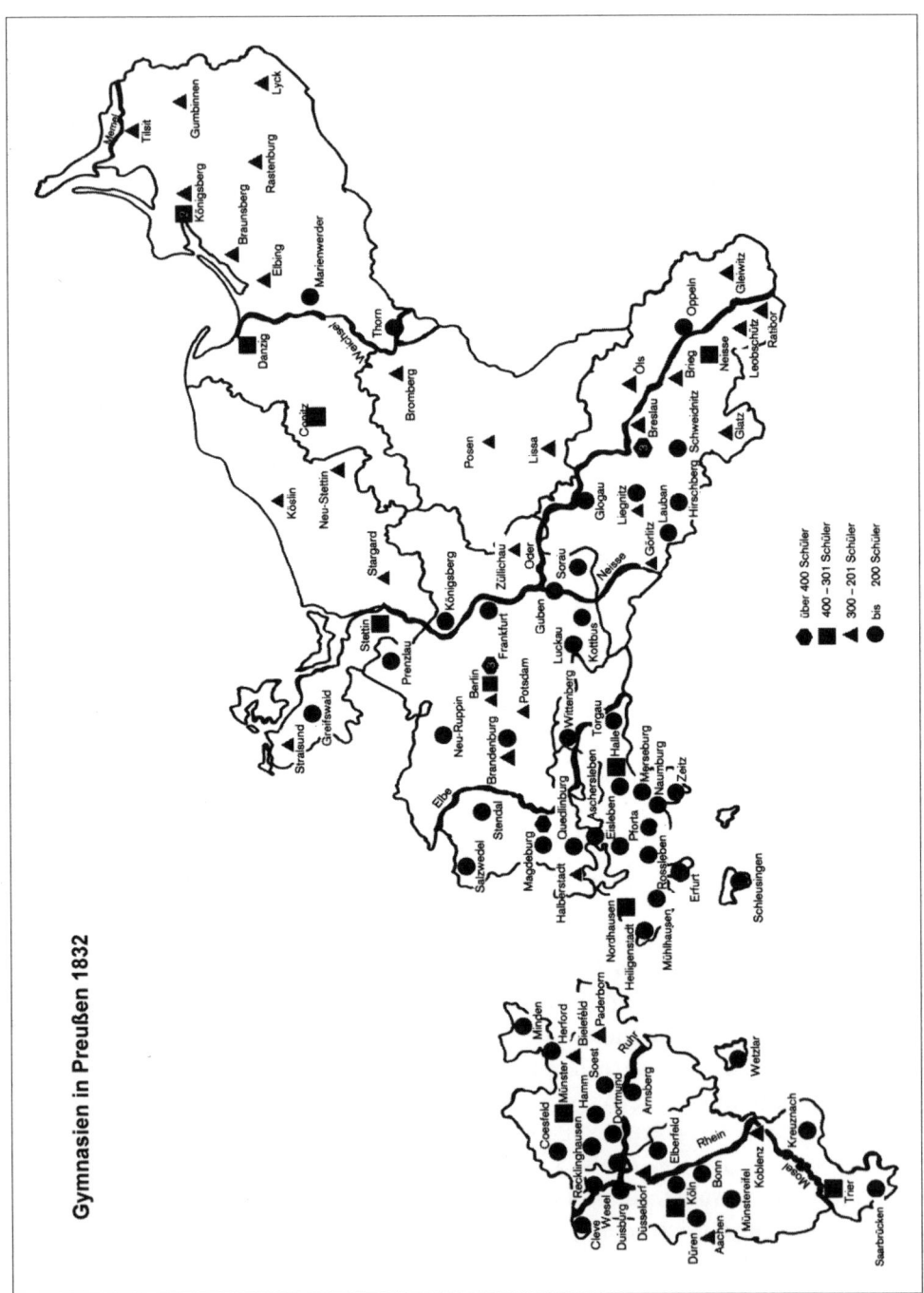

Abb. 4: Die Gymnasien in Preußen 1832

Die intensive Beschäftigung mit den republikanisch gesinnten Völkern der Antike blieb nicht ohne Wirkung auf die Einstellungen der Schüler, wie aus Bismarcks Erinnerungen hervorgeht. Demnach verließ er »als normales Produkt unseres staatlichen Unterrichts« die Schule »als Pantheist, und wenn nicht als Republikaner, doch mit der Überzeugung, daß die Republik die vernünftigste Staatsform sei, und mit Nachdenken über die Ursachen, welche Millionen von Menschen bestimmen könnten, Einem dauernd zu gehorchen«. Allerdings – so Bismarck – blieben diese Eindrücke »im Stadium theoretischer Betrachtungen und waren nicht stark genug, um angeborene preußisch-monarchische Gefühle auszutilgen«.[20] Zwei Jahre nach Bismarcks Abitur übte der konservative Innenminister von Kamptz deutliche Kritik an der Betonung der alten Sprachen und insbesondere der alten Geschichte. Sein Argwohn richtete sich gegen den »fast ausschließlichen Vortrag über die blühenden Zeiten der alten Republiken, über die Tyrannen, welche letztere zerstörten und verjagt oder ermordet wurden, über die freigesinnten Männer, welche hierzu aufforderten oder mitwirkten«.[21] Der Verdacht der politischen Unzuverlässigkeit hing dem Gymnasium noch länger an, wenngleich er immer weniger begründet war.

Abiturordnung von 1834 und Lehrplan von 1837 als Fundamente des preußischen Gymnasiums im 19. Jahrhundert

Von Kamptz formulierte seine Kritik am Fächerkanon des Gymnasiums in einer Stellungnahme zum Entwurf der neuen Abiturordnung, die am 4. Juni 1834 erging. Eine Neufassung des Abiturreglements war schon in den späten 20er Jahren von Universitäten, Schulen und Provinzialbehörden angeregt worden. Mit Sorge verfolgten sie den Anstieg der Abiturientenzahlen, der eine Überfüllung der Universitäten und des höheren Staatsdienstes befürchten ließ. Schon 1831/32 wurde daher verfügt, dass zur Prüfung für das höhere Lehramt bzw. zur juristischen Staatsprüfung nur zugelassen werden durfte, wer ein Zeugnis der unbedingten oder bedingten Tüchtigkeit vorweisen konnte.[22] Die Kopplung von Abitur und Amt wurde in der neuen Prüfungsordnung grundsätzlich festgeschrieben, deren § 1 besagte:

> »Jeder Schüler, welcher sich einem Berufe widmen will, für den ein drei- oder vierjähriges Universitäts-Studium vorgeschrieben ist, muß sich vor seinem Abgange zur Universität, er mag eine inländische oder ausländische Universität besuchen wollen, einer Maturitäts-Prüfung unterwerfen, und zwar ohne Unterschied, ob er seine Vor-

bereitung auf einer öffentlichen inländischen oder auswärtigen Schule, oder durch Privatlehrer erhalten hat.«[23]

Diese Prüfung konnte nur noch am Gymnasium abgelegt werden, und zwar nach mindestens zweijährigem Besuch der Prima. Sie fand zu Ostern und im Herbst statt. Die gemischten Kommissionen an den Universitäten, die sich in den 1820er Jahren recht nachsichtig gezeigt hatten, wurden abgeschafft. Das bedeutete eine enorme »Stärkung der sozialen Position des Gymnasiums als der einzigen Institution, die über den Zugang zum Studium und damit zur Berufskarriere entschied«.[24]

Die 1812 vorgenommene Differenzierung der »Tüchtigkeit« entfiel wieder. Für das Bestehen der Prüfung waren nun nicht in allen Hauptgegenständen uneingeschränkte Leistungen erforderlich. Vielmehr konnten den Anforderungen nicht völlig genügende Leistungen in einzelnen Fächern außer in der Muttersprache und Latein durch überdurchschnittliche in den alten Sprachen und der Mathematik ausgeglichen werden. Der Maßstab für die Bewertung sollte derselbe sein, »welcher dem Unterricht in der obersten Klasse der Gymnasien und dem Urtheile der Lehrer über die wissenschaftlichen Leistungen der Schüler dieser Klasse zum Grunde liegt«.

Die Zahl der schriftlichen Prüfungsarbeiten blieb dieselbe wie 1812, jedoch mit einer Verschiebung des Schwerpunktes in den alten Sprachen, die den Bedeutungsverlust neuhumanistischer Ideen signalisierte. An die Stelle der Übersetzung ins Griechische trat jetzt eine ins Lateinische, in dem ohnehin schon ein fünfstündiger Aufsatz zu schreiben war. Das Französische, das 1818 infolge der feindlichen Einstellung zu Frankreich nach den Befreiungskriegen als Prüfungsfach entfallen war, erschien jetzt wieder mit einer Übersetzung aus dem Deutschen. In der mathematischen Arbeit sollten zwei geometrische und zwei arithmetische Aufgaben »aus den verschiedenen in den Kreis des Schulunterrichts fallenden Teilen der Mathematik« gelöst werden. Zukünftige Theologen und Philologen mussten darüber hinaus einen einfacheren hebräischen Text aus dem Alten Testament ins Lateinische (!) übersetzen. Schließlich kam in der Rheinprovinz und Westfalen noch die mittlerweile eingeführte Prüfungsarbeit in Religion hinzu. Den Abschluss dieses Prüfungsmarathons bildete die in Gruppen durchgeführte mündliche Prüfung, die sich neben den schriftlichen Fächern auf Geschichte und Geographie, Naturbeschreibung, philosophische Propädeutik und Religion bezog.

Die hohen Anforderungen führten zu Klagen über die »Überbürdung« der Gymnasiasten, die bis heute nicht verstummen sollten. Im Jahre 1836 kritisierte der katholisch-konservative Medizinalrat Dr. Karl Lorinser in einer Fachzeitschrift, die Gesundheit und Lebenstüchtigkeit der Gymnasiasten nehme durch die Vielzahl der Unterrichtsgegenstände und die umfangreichen Hausaufgaben massiv Schaden. Seine Attacke, die sich in erster Linie gegen die neuhumanistische Bildungskonzeption richtete, entfaltete eine nachhaltige öffentliche Wirkung, anders als die gegen Ende der 1820er Jahre innerhalb der Schulverwaltung geführten Diskussionen. In ihnen war deutlich geworden, dass Berliner Gymnasiasten zwischen 34 und 38 Unterrichtsstunden pro Woche und dazu täglich fünf Stunden Hausaufgaben bestreiten mussten, um die Anforderungen erfüllen zu können.[25] Noch der spätere Kaiser Wilhelm II., der 1877 am Gymnasium in Kassel sein Abitur ablegte, berichtet von zehn- bis elfstündigen Arbeitstagen.[26]

Nicht weniger scharf als Lorinser, aber von einer anderen Grundposition aus kritisierte der Neuhumanist Friedrich Wilhelm Thiersch das preußische Konzept höherer Schulbildung. Er hatte 1829 für das bayerische Gymnasialwesen einen Lehrplan von kühner Einseitigkeit vorgelegt, in dem Griechisch und Latein etwa zwei Drittel der verfügbaren Wochenstunden belegten. Im preußischen Gymnasium mit seiner Kombination von klassischen und modernen Fächern sah er ein »dampfmaschinenähnliches Getriebe unermüdet tätiger Allseitigkeitsbeförderer«, das Überspannung der Kräfte und schließlich Gleichgültigkeit zur Folge haben werde.[27] Dieser Kritik begegnete das preußische Kultusministerium mit der Beteuerung, die Absicht des neuen Reglements sei es, »eine gleichmäßige und intensiv gründliche Durchbildung der Schüler herbeizuführen und die einzelnen Anforderungen an die Abiturienten so zu ermäßigen, dass jeder Schüler von hinreichenden Anlagen und von gehörigem Fleiße der letzten Prüfung mit Ruhe und ohne ängstliche ... Vorbereitungsarbeit entgegensehen könnte«.

Diese Versicherung findet sich in der als »blaues Buch« bekannt gewordenen Ministerialverfügung vom 24. Oktober 1837.[28] Sie enthielt erstmals einen offiziellen, auf neun Jahre konzipierten Lehrplan des Gymnasiums, in dem den einzelnen Fächern feste Wochenstundenzahlen zugewiesen waren. Gegenüber dem Süvernschen Plan von 1816 war die Dominanz des Lateinischen gegenüber dem Griechischen, die seiner aus dem Mittelalter herrührenden Bedeutung als europäische Wissenschafts- und Verkehrssprache entsprang, noch verstärkt (Tabelle 2). Indem jetzt die Richtung der Bildung weg von den Inhalten oder Werten der Antike ganz auf formale Ziele hin festgelegt wurde, bedeutete der neue Lehrplan »den staatlich verfügten Abfall von der neuhumanistischen Bildungskonzeption«.[29] Zusammen mit der Abiturordnung von 1834 bildete er für Jahrzehnte das Fundament des preußischen Gymnasiums.

1718 bis 1821

1821 bis 1876

1876 bis 1893

Gymnasium der Stadt Elberfeld; Schulgebäude der Anstalt

Abb. 5: Die Schulbauten des Gymnasiums in Elberfeld im 18. und 19. Jahrhundert

Tabelle 2: Der Normallehrplan des Gymnasiums von 1837[30]

	VI	V	IV	U III	O III	U II	O II	U I	O I	Ge-samt
Lateinisch	10	10	10	10	10	10	10	8	8	86
Griechisch	-	-	6	6	6	6	6	6	6	42
Deutsch	4	4	2	2	2	2	2	2	2	22
Französisch	-	-	-	2	2	2	2	2	2	12
Religion	2	2	2	2	2	2	2	2	2	18
Mathematik	-	-	3	3	3	4	4	4	4	25
Rechnen und geometrische Anschauungslehre	4	4	-	-	-	-	-	-	-	8
Physik	-	-	-	-	-	1	1	2	2	6
Philosophische Propädeutik	-	-	-	-	-	-	-	2	2	4
Geschichte und Geographie	3	3	2	3	3	3	3	2	2	24
Naturbeschreibung	2	2	2	2	2	-	-	-	-	10
Zeichnen	2	2	2	-	-	-	-	-	-	6
Schönschreiben	3	3	1	-	-	-	-	-	-	7
Gesang	2	2	2	2	2	-	-	-	-	10
										280

Neben der Hochschulreife konnten am Gymnasium noch weitere Berechtigungen erworben werden, die nicht den vollen neunjährigen Lehrgang voraussetzten. Zunächst im öffentlichen Dienst, dann aber auch in der privaten Wirtschaft wurde der Zugang zu mittleren Laufbahnen vom Erreichen oder erfolgreichen Abschluss bestimmter Gymnasialklassen abhängig gemacht. Die Anforderungen änderten sich je nach Lage auf dem Arbeitsmarkt, wiesen aber steigende Tendenz auf. Reichte beispielsweise für den Eintritt in die Apothekerlaufbahn 1864 noch der mindestens halbjährige Besuch der Untersekunda aus, so war dafür nach 1900 die Versetzung in die Unterprima erforderlich.[31] Angehende Apotheker mussten jetzt also anderthalb Jahre länger die Schulbank drücken.

Zur begehrtesten Berechtigung aber wurde die zum einjährig-freiwilligen Militärdienst. Nachdem die preußische Heeresreform 1814 die allgemeine Wehrpflicht mit zwei bzw. drei Dienstjahren gebracht hatte, wurde den vorher vom Wehrdienst befreiten Angehörigen des Besitz- und Bildungsbürgertums die Möglichkeit geboten, schon nach einem Jahr zur

Reserve beurlaubt zu werden. Voraussetzung dafür war, dass sie während ihrer Dienstzeit die Kosten für Bekleidung, Ausrüstung, Unterbringung und Verpflegung selbst bestreiten konnten sowie über ein bestimmtes Maß an Allgemeinbildung verfügten. Hierfür diente 1818 zunächst das Abitur als Messlatte, doch wurde diese schon bald wesentlich tiefer gehängt, dann jedoch in mehreren Schritten wieder angehoben. Genügte bis 1859 noch der Besuch der Untertertia, so war ab 1877 die Versetzung in die Obersekunda erforderlich.[32] Diese Definition des »Einjährigen« galt bis zum Ende der Monarchie in Deutschland, und im allgemeinen Sprachgebrauch war der Begriff noch lange darüber hinaus als Äquivalent für die mittlere Reife verbreitet. Das Bildungsprivileg war in bürgerlichen Kreisen so begehrt, weil es die Voraussetzung für die Ernennung zum Reserveoffizier bildete, die im Kaiserreich den Schlüssel zur »besseren Gesellschaft« darstellte. Über die Militärverfassung waren also Bildung und Sozialprestige eng miteinander verkoppelt.

Das Abitur in der zweiten Hälfte des 19. Jahrhunderts – Kontinuität und Wandel

Die preußische Abiturordnung von 1834 war hinsichtlich der Verfahrensregeln bereits »so ausgereift, dass in allen späteren Bearbeitungen bis über die Mitte des 20. Jahrhunderts hinaus ihre wesentlichen Bestimmungen erkennbar blieben«.[33] Dazu gehörte die Berücksichtigung der in der obersten Klasse (Prima) erbrachten Leistungen in einer Art »Vorzensur«, die Festlegung der Dauer der schriftlichen Arbeiten und die einheitliche Themenstellung für alle Abiturienten einer Schule. 1856 wurde auch die Möglichkeit geschaffen, von Zeit zu Zeit sämtlichen Gymnasien einer Provinz dieselben Aufgaben für die schriftlichen Prüfungsarbeiten zu geben und sie an demselben Tag bearbeiten zu lassen.[34] Das scheint aber kaum geschehen zu sein, und in späteren Prüfungsordnungen ist davon nicht mehr die Rede. Es blieb also dabei, dass die Fachlehrer mehrere (zumeist drei) Vorschläge einreichten und die Schulaufsichtsbehörde einen daraus auswählte. Für alle an der Prüfung Beteiligten galt das Geheimhaltungsgebot; auch war – so hieß es 1892 – »jede vorherige Andeutung ... auf das strengste zu vermeiden«.[35]

Diese Vorschrift wurde längst nicht immer eingehalten, sei es weil Lehrer Mitleid mit ihren Schülern zeigten oder von deren schlechten Leistungen Rückschlüsse auf ihre eigenen Fähigkeiten befürchteten. Dafür gibt es aber selten so handfeste Beweise wie beim Abitur des ersten Bundeskanzlers. Konrad Adenauer, der Ostern 1894 am Apostel-Gymnasium in Köln diese Prüfung ablegte, kannte schon vorab die Aufgaben in Deutsch und Latein. Folgendes hatte sich zugetragen: Einige Wochen vor der schriftlichen Prüfung erlitt der Deutsch- und Lateinlehrer der Klasse einen Schlaganfall und fiel für Monate aus. Sein junger Vertreter mit harter Kommandostimme schockte die Schüler mit Sätzen wie diesem: »Sie bilden sich doch hoffentlich nicht ein, dass Sie mit solchen Kenntnissen Ostern das Abitur machen?« In ihrer Not schickte die Klasse einen Abgesandten zu ihrem alten Lehrer, der an dessen Mitleid appellierte und nach drei Stunden mit den Themen für den deutschen Aufsatz und dem deutschen Text für die Übersetzung ins Lateinische zurückkam. Auf einer Klassenversammlung wurden Kommissionen zur Vorbereitung der Lösungen gebildet. Da meldete sich Adenauer zu Wort und gab zu bedenken: »Es wäre völlig falsch, wenn wir alle fehlerlose Arbeiten abliefern würden. Ich bin dafür, dass wir uns im Rahmen des Wahrscheinlichen halten und dass jeder einzelne in seiner Arbeit so viele Fehler anbringt, wie es annähernd seinen bisherigen Leistungen entspricht.« Das überzeugte die anderen, und durch Mehrheitsbeschluss wurden die Fehlerzahlen für die Übersetzung ins Lateinische festgelegt. So bestanden alle 21 Prüflinge, und Adenauers Klasse galt noch lange als die genialste Oberprima, die das Apostelgymnasium je besucht hatte. Allerdings hat das Abitur den »alten Fuchs« noch jahrelang in Albträumen verfolgt, wie er gegen Ende seines Lebens berichtete.[36]

Einige Erleichterungen brachte die Überarbeitung der Prüfungsordnung von 1856, mit der die mündlichen Prüfungen in Deutsch (!), Französisch, philosophischer Propädeutik, Naturbeschreibung und Physik entfielen.[37] Zudem konnte nun ein als reif befundener Abiturient von der gesamten mündlichen Prüfung befreit werden, wie andererseits ein Kandidat, dessen schriftliche Arbeiten mehrheitlich nicht ausreichten, von der weiteren Prüfung auszuschließen war. Die bis ins 20. Jahrhundert mögliche Befreiung von der mündlichen Prüfung galt als Auszeichnung, und die Gymnasien wiesen die Zahl der Befreiten in ihren Jahresberichten gern als Beleg für ihre gute Arbeit aus. Auf der anderen Seite hatte die Befreiung der guten Schüler den Nachteil, dass der die Prüfungskommission leitende Schulaufsichtsbeamte nur die schwächeren Kandidaten zu Gesicht bekam.

Nachdem noch 1834 die Kenntnisse der Abiturienten konkret beschrieben und nicht durch einzelne Wörter bezeichnet werden sollten, wurden 1856 vier zusammenfassende Prädikate vorgegeben »Vorzüglich – Gut – Befriedigend – Nicht befriedigend«. Von 1882 bis in die Mitte des 20. Jahrhunderts lauteten diese Notenstufen dann »Sehr gut – Gut – Genügend – Nicht genügend«.[38]

Das Überbürdungsproblem blieb auch nach der Überarbeitung der Prüfungsordnung ungelöst. Schon im folgenden Jahr befasste sich ein Runderlass erneut damit. Angesichts wiederholter Fälle von Betrug in der Abiturprüfung wurden die Direktoren und Lehrer zu erhöhter Wachsamkeit aufgerufen – vor allem aber dazu, alles zu vermeiden, was »die Abiturientenprüfung ängstlichen Gemütern zu einem Gegenstande ratloser Furcht« machen könne. Deshalb sollten »für die deutschen und lateinischen Aufsätze keine fern liegenden, dem Gedächtnis der Schüler entrückten Gegenstände, sondern nur solche zu Aufgaben gewählt werden dürfen, von denen mit Sicherheit vorausgesetzt werden kann, dass sie den Examinanden aus dem Unterricht geläufig sein müssen«.[39]

Die Krise der alten Sprachen

Nachdem die Prüfungsordnung von 1834 mit der Modifikation von 1856 fast ein halbes Jahrhundert in Kraft gewesen war, erschienen zwischen 1882 und 1901 etwa im Zehnjahresrhythmus neue Prüfungsordnungen.[40] Sie bezogen auch die mittlerweile entstandenen höheren Realschulen ein, die mit dem humanistischen Gymnasien in einen Kampf um Berechtigungen eingetreten waren. Dieser Wandel betraf inhaltlich vor allem die alten Sprachen als Kern des Gymnasiums. War 1856 auf Drängen der Altphilologen wieder eine Übersetzung ins Griechische eingeführt worden, um »die Sicherheit des Abiturienten in der griechischen Formenlehre und Syntax zu ermitteln«, so trat 1882 an ihre Stelle wieder die Übersetzung eines griechischen Textes ins Deutsche. Als Ersatz wurde jetzt bei der Versetzung in die Prima ein griechisches Scriptum verlangt.

Das Hauptproblem aber stellte der lateinische Aufsatz dar. Die Prüfungsordnung von 1834 forderte »die freie lateinische Bearbeitung eines dem Examinanden durch den Unterricht hinreichend bekannten Gegenstandes, wobei außer dem allgemeinen Geschick in der Behandlung vorzüglich die erworbene stilistische Korrektheit und Fertigkeit im Gebrauche der lateinischen Sprache in Betracht kommen« sollte. Diese Zielsetzung schlug auf den gesamten Unterricht durch. Nur allzu oft wurden die lateinischen Schriftsteller, vor allem Cicero, nicht so sehr wegen des Inhalts gelesen, sondern dienten als Fundgrube für stilistisch vorbildliche Wendungen, die dann ihrer Verwertung im Aufsatz harrten. Daher prangerte der sächsische Altphilologe Hermann Köchly, Begründer eines Vereins für Gymnasialreform, es schon 1847 als weitverbreiteten Irrtum an, »die altklassische Bildung mit Lateinreden und Lateinschreiben zu verwechseln, da doch viele dies vollkommen handhaben, ohne von jener eine Spur zu besitzen«.[41]

Wer so etwas äußerte, setzte sich schnell dem Vorwurf aus, er habe selbst Probleme mit dem Lateinschreiben und -sprechen. Doch auch Ludwig Wiese, von 1852 bis 1875 Referent für höhere Schulen im preußischen Kultusministerium, plädierte 1854 auf einer Philologenversammlung dafür, auf den lateinischen Aufsatz wenigstens im Abitur zu verzichten, weil er für den Durchschnitt der Schüler zu schwer sei. Die Mehrzahl der Aufsätze sei unbedeutend und biete nur ein Flickwerk aus Phrasen und historischen Notizen, meinte Wiese. Von den maßlosen Betrügereien, die dabei vorkämen, habe man gar keinen Begriff. Manch einer lasse sich den Prüfungsaufsatz sogar von anderen fertigen und zahle nicht selten dafür. Aber die Versammlung sprach sich mit großer Mehrheit für die Beibehaltung des lateinischen Aufsatzes als Prüfungsleistung aus. [42]

Sein Ende brachte nach jahrzehntelangen Diskussionen erst ein Machtwort des neuen Monarchen. Auf der Konferenz, die im Dezember 1890 über die Reform des höheren Schulwesens beriet, hielt Wilhelm II. eine seiner von manchen Zeitgenossen gefürchteten Reden. »Wer selber auf dem Gymnasium gewesen ist und hinter die Kulissen gesehen hat, der weiß, wo es da fehlt«, hielt er den anwesenden Schulfachleuten vor. »Da fehlt es vor Allem an der nationalen Basis. Wir müssen als Grundlage für das Gymnasium das Deutsche nehmen; wir sollen junge nationale Deutsche erziehen und nicht junge Griechen und Römer.« In seiner Schulzeit seien die meisten lateinischen Aufsätze nicht mit regulären Mitteln zu Stande gekommen, behauptete der junge Kaiser und forderte: »Weg mit dem lateinischen Aufsatz, er stört uns, und wir verlieren unsere Zeit für das Deutsche darüber.«[43·] Folgsam beschloss die Konferenz mit großer Mehrheit den Fortfall des Aufsatzes, und das Kultusministerium setzte diese Vorgabe noch im selben Monat mit sofortiger Wirkung um. Auch das griechische Scriptum bei der Versetzung in die Prima entfiel nun. Im Berliner Provinzial-Schulkollegium mochte man das offenbar gar nicht glauben, so dass der Minister sich im Februar 1891 zu dem Hinweis veranlasst sah, in dem Erlass seien doch seine »Absichten bezüglich der Aufhebung des lateinischen Aufsatzes und des griechischen Versetzungsskriptums ... klar und bestimmt zum Ausdrucke gelangt«.[44] An die Stelle des Aufsatzes trat in der Abiturordnung von 1892 eine Übersetzung aus dem Französischen ins Deutsche, die aber schon 1901 wieder wegfiel. Seitdem waren im preußischen Gymnasialabitur nur noch vier schriftliche Prüfungsleistungen zu erbringen.

Die Krise der alten Sprachen, die im Lehrplan des Gymnasiums von 1892 nicht weniger als 15 (Latein) bzw. 4 Wochenstunden einbüßten, brachte 1892 der renommierte Gräzist Ulrich von Wilamowitz-Moellendorff in einer aufsehenerregenden Rede auf den Punkt:

»Welche Kenntnisse im Griechischen und Lateinischen bringen die Studenten noch von der Schule mit? Sie bringen das Reifezeugnis mit; offiziell sind ihnen also die Kenntnisse verbrieft, welche reglementarisch für die Reife gefordert sind. Aber sie besitzen diese Kenntnisse in Wirklichkeit durchaus nicht mehr. Die Fähigkeit des Verständnisses beider Sprachen ist seit Jahren stetig heruntergegangen. ... Wenn sich die Forderungen, die auf dem geduldigen Papiere stehen, wirklich nicht mehr erfüllen lassen, dann muß man sich wohl oder übel mit einer Fiktion behelfen. Gewiß gibt es noch besonders bevorzugte Schulen, besonders begabte Lehrer und Schüler: aber im allgemeinen werden bereits jetzt die Ziele des Unterrichts im Lateinischen und Griechischen nur noch durch eine Fiktion erreicht. Die Lehrpläne ... haben die Forderungen nicht wesentlich herabgesetzt: es sollen noch immer ziemlich dieselben Schriftsteller gelesen werden. Was zu deren Verständnis nötig ist, das ist einmal nötig: keine Macht der Welt kann davon etwas abdingen. Folglich wird auch keine Macht der Welt das mit stark verkürzter Arbeitszeit schaffen, was jetzt schon nicht geschafft wird.«[45]

Wenn Altphilologen hundert Jahre später ähnliche Klagen anstimmten, so geschah das auf einem noch einmal wesentlich veränderten Niveau. Das wird in Kapitel VII noch näher ausgeführt.

(2) Die Realschulen im Kampf um Gleichberechtigung

Realschulen – Anstalten für Nützlichkeitskram und Umsturz?

Nach der Abgrenzung bevorrechtigter Gymnasien durch die Bildungsreform zu Beginn des 19. Jahrhunderts blieben in manchen Städten Lateinschulen zurück, die nicht den Lehrplananforderungen des Gymnasiums entsprachen. Zudem betrieb das an Selbstbewusstsein gewinnende Bürgertum die Neugründung höherer Schulen, die sich nicht am neuhumanistischen Bildungsideal orientierten, sondern an »realen« Bildungsgütern wie neueren Fremdsprachen und Naturwissenschaften. Diese Schulen, an deren Finanzierung sich der Staat zunächst nicht beteiligte, trugen Bezeichnungen wie Realschule, Bürger- oder Stadtschule. Als etliche von ihnen Anträge auf Verleihung von Berechtigungen stellten, sah sich die Unterrichtsverwaltung veranlasst, die Anforderungen zu normieren. Das geschah 1832 durch die »Vorläufige Instruction für die an den höheren Bürger- und Realschulen anzuordnenden Entlassungsprüfungen«.[46] Sie war »für die Entwicklung dieser Schulart so bedeutsam wie das Abituredikt von 1812 für die Gymnasien«.[47] Mit bestandener Prüfung erhielten die Absolventen des mindestens sechsjährigen Realschulkurses die Berechtigung zum einjährig-freiwilligen Militärdienst sowie zum Eintritt in mittlere Beamtenlaufbahnen im Post-, Forst- und Baufach und den Büros der Provinzialbehörden.

Die Prüfungsanforderungen waren alles andere als gering. Im Deutschen glichen sie den Ansprüchen für die Sekunda des Gymnasiums, in Naturwissenschaften, Geschichte und Geographie entsprachen sie sogar denen der gymnasialen Abiturprüfung. In Mathematik waren zwei arithmetische und zwei geometrische Aufgaben zu lösen. Französische bzw. englische oder italienische Sprachkenntnisse sollten durch einen Aufsatz über ein Thema der neueren Geschichte nachgewiesen werden. Eine besondere Stellung erhielt das Lateinische, wo Caesar, Ovid und Vergil auf dem Lektüreplan standen und in der Prüfung eine Übersetzung in die Fremdsprache verlangt wurde. Bot eine Realschule kein Latein an, so konnte sie zwar ihren Schülern ein Abschlusszeugnis ausstellen, doch berechtigte dies nicht zum Eintritt in die Beamtenlaufbahnen. Angesichts dieser Anforderungen konnten zunächst nur acht höhere Bürger- oder Realschulen in Preußen ihren Abgängern die begehrten Berechtigungen verleihen, doch 1836 waren es schon 29.[48] Von den Städten wurde die Prüfungsordnung weniger als Barriere denn als Zielvorgabe verstanden, die ihrem Bemühen um Ausbau der höheren Bürgerschulen die Richtung wies.

Trotz dieser beachtlichen Anforderungen blickten die klassischen Philologen voller Verachtung auf die Realschulen herab, die sie als »Nützlichkeitsanstalten« abqualifizierten. Ihre Geisteshaltung brachte Friedrich Thiersch, der Reformator des bayerischen Gymnasialwesens, 1838 in krasser Weise zum Ausdruck:

> »Es ist lächerlich, wenn die Realschulen glauben, Mathematik, deutsche Sprache und Französisch ersetze den Gymnasialunterricht. ... Ein gebildeter Mensch, der diesen Namen verdient, der eine höhere ideale Geistesrichtung nimmt und über das Nützlichkeitsprinzip hinausdenkt, wird nie aus ihnen hervorgehen können; wohl aber zieht man heran wahre Kinder der Zeit, Umwälzungsmenschen, die alles bessern wollen, nur nicht sich selbst.«[49]

Normierung der Realschulen 1859

Dass diese Kritik jeglicher Grundlage entbehre, zeigt ein Blick auf das Unterrichtsangebot einer Realschule. Hierfür eignet sich besonders die höhere Schule im westfälischen Minden, an der in den 1840er Jahren Gymnasiasten und Realschüler in den ersten drei Jahren durchgängig und später noch in Deutsch, Religion und Geschichte gemeinsam unterrichtet wurden. Der wesentliche Unterschied im Lehrplan bestand darin, dass die Realschule anstelle der alten Sprachen den Schwerpunkt auf neuere Sprachen und Naturwissenschaften legte.[50] Doch in den 1850er Jahren wurden der Realschule die Berechtigungen, die sie 1832 erhalten hatte, teilweise wieder entzogen und allein Gymnasialabsolventen vorbehalten. Dagegen erhob sich Widerspruch der städtischen Magistrate, in denen der Einfluss des Wirtschaftsbürgertums stieg. Daher sah sich die Ministerialbürokratie 1859 veranlasst, die Realschulen zu normieren und ihnen erstmals einen festen Lehrplan zu geben.[51]

Der Zweck der Realschulen bestand nach der neuen Ordnung darin, »eine allgemein wissenschaftliche Vorbildung zu denjenigen Berufsarten zu gewähren, für welche Universitätsstudien nicht erforderlich sind«. Die bestehenden Schulen wurden unterteilt in neunjährige Realschulen I. Ordnung mit Latein als Pflichtfach und entsprechenden Berechtigungen sowie sieben- bis neunjährige Realschulen II. Ordnung ohne Berechtigungen, in denen Latein fakultativ unterrichtet wurde. Kurzformen, die nicht über die oberen Klassen verfügten, trugen die Bezeichnung Höhere Bürgerschule. Im Lehrplan der Realschule I. Ordnung kam der Mathematik mit 47 Wochenstunden der größte Anteil zu. An zweiter Stelle rangierte das Lateinische mit 44 Wochenstunden vor Französisch und Naturwissenschaften mit je 34.

Die schriftliche Abschlussprüfung, die ebenfalls als Abiturientenprüfung bezeichnet wurde, bestand aus fünf Arbeiten: einem deutschen Aufsatz, einem französischen oder englischen Aufsatz, einer Übersetzung in die andere der beiden neueren Sprachen, vier mathematischen Aufgaben sowie der Lösung einer Aufgabe aus der angewandten Mathematik, der Physik und der Chemie. Eine Übersetzung aus dem Lateinischen ins Deutsche wurde nicht gefordert, doch konnte der die Prüfung leitende königliche Kommissar sie zusätzlich ansetzen. Für die meisten Arbeiten waren fünf Vormittagsstunden vorgesehen, für die Übersetzung in eine Fremdsprache nur drei. Die mündliche Prüfung bezog sich auf folgende Fächer: Religion, Geschichte und Geographie, Latein, Französisch und Englisch, Mathematik, Physik und Chemie, aber nicht auf die Muttersprache. Bei guten Schülern war eine Befreiung von der gesamten mündlichen Prüfung möglich.

Die Berechtigungen, die mit dieser anspruchsvollen Prüfung erworben werden konnten, blieben die gleichen wie 1832 und ermöglichten einen Zugang zur Universität nur als Gasthörer an der philosophischen Fakultät. Daher nahmen nun die Realschulvertreter den Kampf um eine Gleichberechtigung ihrer Schulform mit dem Gymnasium auf. Einen ersten Erfolg erreichten sie 1870, als in einer Zeit des Lehrermangels den Abiturienten der Realschulen I. Ordnung der Zugang zum Lehramtsstudium in Mathematik, Naturwissenschaften und neueren Sprachen geöffnet wurde.[52] Allerdings konnten sie mit ihrem Zeugnis nur an Real- und höheren Bürgerschulen angestellt werden.

Die Systembildung im höheren Schulwesen am Ende des 19. Jahrhunderts

Nun setzte eine heftige öffentliche Diskussion zwischen den Anhängern der verschiedenen Schulformen, zwischen »Humanisten« und »Realisten« ein, die Friedrich Paulsen als »Schulkrieg« bezeichnet hat.[53] Als Interessenvertretung der Realschulen entstand 1876 der Deutsche Realschulmännerverein, dessen Mitglieder nicht nur aus der Lehrerschaft stammten, sondern vor allem aus dem städtischen Wirtschaftsbürgertum. Das Engagement der Städte erklärt sich daraus, dass diese als Schulträger an einer vollen Auslastung ihrer Realschulen interessiert waren, der das Fehlen von Berechtigungen im Wege stand. Die Realschullobby erhielt Unterstützung vom 1856 gegründeten Verein deutscher Ingenieure (VDI), der über die Zulassung von Realschulabsolventen zum Hochschulstudium eine gesellschaftliche Aufwertung von Technik und Naturwissenschaften zu erreichen hoffte. Dagegen hielten die Technischen Hochschulen trotz gewisser Sympathien für dieses Ziel letztlich am klassischen Abitur für ihre Studenten fest, um ihre Gleichstellung mit den Universitäten durchzusetzen.

Andererseits rief die Forderung, den Realschulabsolventen die Berechtigung zum Universitätsstudium zu verleihen, Gegner auf den Plan, zu deren Wortführern die Altphilologen wurden. Sie fanden Unterstützung bei den Medizinern, die zwar oft die ungenügende Vorbereitung der Medizinstudenten durch das Gymnasium beklagten und sich den Realschulen in Bezug auf deren Curriculum gewogen zeigten, aus Gründen des Sozialprestiges der Berufsgruppe jedoch am Abiturmonopol des Gymnasiums festhielten. Kaum umstritten war dieses zudem bei den Juristen, die als staatstragende Elite und normative Bezugsgruppe für andere höhere Beamte am wenigsten unter Rechtfertigungsdruck standen.

Der Kampf der Realschulen um Berechtigungen stieß in den 1880er Jahren auf ein weiteres Hindernis: die nun einsetzende Überfüllung der akademischen Berufe, die bis in die späten 1890er Jahre andauern sollte. Als 1882 erstmals für alle höheren Schulen gleichzeitig neue Lehrpläne und Prüfungsordnungen erschienen, blieben daher die von den Realschulanhängern erwünschten Berechtigungen zum Studium aus. Die Lehrpläne des altsprachlichen Gymnasiums und der jetzt auch amtlich als Realgymnasium bezeichneten Realschule I. Ordnung wurden einander angeglichen. Am Gymnasium verlor das Lateinische neun von 86 Wochenstunden zugunsten des Französischen und der Naturwissenschaften. Umgekehrt erhielt der Lateinunterricht am Realgymnasium jetzt 54 statt 44 Wochenstunden, vor allem auf Kosten von Mathematik und Naturwissenschaften. Den wesentlichen Unterschied zwischen beiden Gymnasialtypen machte somit nur noch das Griechische aus. Als dritter Schultyp trat noch die Oberrealschule hinzu, die aus den ursprünglich berufsbildenden Provinzialgewerbeschulen und den größeren lateinlosen Realschulen II. Ordnung hervorgegangen war. Ihr Schwerpunkt lag auf den modernen Fremdsprachen (Französisch mit 56, Englisch mit 26 Wochenstunden), Mathematik (49) und Naturwissenschaften (36). Latein stand nicht auf dem Stundenplan.

Im Abitur mussten die Schüler von Realgymnasium und Realschule jetzt sieben schriftliche Prüfungsleistungen erbringen, während es bei den Gymnasien nur fünf waren (Tabelle 3). Dass die Absolventen der Realschulen trotz dieser hohen Anforderungen nicht die allgemeine Berechtigung zum Universitätsstudium erhielten, ist sachlich nicht nachvollziehbar. So blieb es bei dem fach- und schultypgebundenen Zugang zum Lehramtsstudium und der Berechtigung zum Studium an einer Technischen Hochschule.

Doch jetzt ging der »Schulkrieg« erst richtig los. Als Gegenstück zum Realschulmännerverein trat ein Verein für lateinlose höhere Schulen auf den Plan, der sich in seiner gleichnamigen Zeitschrift auf Kosten des Realgymnasiums für die Oberrealschule stark machte. Er fand Unterstützung bei den Anhängern des klassischen Gymnasiums, die das Realgymnasium als gefährlichen Konkurrenten betrachteten und sich 1890 im Gymnasialverein zusammenschlossen. Eine Aufhebung des Realgymnasiums strebte auch der 1886 gegründete Deutsche Einheitsschulverein an, der für eine Anpassung des Gymnasiums an die Bedürfnisse der Moderne eintrat und dadurch das Realgymnasium überflüssig machen wollte. Die Gegner trafen sich auf der Schulkonferenz im Dezember1890, zu der das preußische Kultusministerium 44 Vertreter der verschiedenen Richtungen eingeladen hatte. Die Mehrheit gehörte zur Gymnasialpartei, während das Realgymnasium nur durch wenige Teilnehmer vertreten wurde. Damit war schon die Richtung vorgezeichnet, der Wilhelm II. dann in

Tabelle 3: Schriftliche Prüfungsleistungen in den preußischen Abiturordnungen 1882-1926[54]

Prüfungs-leistung	Gymnasium				Realgymnasium				Oberrealschule			
	1882	1892	1901	1926	1882	1892	1901	1926	1882	1892	1901	1926
Deutscher Aufsatz	X	X	X	X	X	X	X	X	X	X	X	X
Lateinischer Aufsatz	X											
Übersetzung Deutsch-Lateinisch	X	X	X									
Übersetzung Lateinisch-Deutsch				X	X	X	X	ggf. statt 2. NF				
Übersetzung Griechisch-Deutsch	X	X	X	X								
Übersetzung Französisch-Deutsch		X										
Franz. oder engl. Aufsatz					F	X			F	X	X	
Französische Arbeit bzw. Übers.					X	X	X	X	X	X	X	X
Englische Arbeit bzw. Übers.					X				X			
Mathematische Arbeit	X	X	X	X	X	X	X	X	X	X	X	X
Physik					X		X		X	X	X	
Chemie						X			X			X
Biologie												
Schriftliche Arbeiten insgesamt	5	5	4	4	7	6	5	4	7	5	5	4

NF: Neuere Fremdsprache

seiner Eröffnungsrede Ausdruck gab: »Ich halte dafür, ... daß man sagt: Klassische Gymnasien mit klassischer Bildung, eine zweite Gattung Schulen mit Realbildung, aber keine Realgymnasien. Die Realgymnasien sind eine Halbheit, man erreicht mit ihnen nur Halbheit der Bildung, und das Ganze giebt Halbheit für das Leben nachher.«[55] So votierte die Konferenz schließlich mit 35 gegen 8 Stimmen für die Abschaffung des Realgymnasiums. Dagegen sollte das Reifezeugnis der Oberrealschule nicht nur den Zugang zur Technischen Hochschule ermöglichen, sondern auch zum Studium von Mathematik und Naturwissenschaften auf der Universität berechtigen.

Tabelle 4: Voll ausgebaute höhere Schulen und ihre Schüler in Preußen 1850-1931[56]

Jahr	Gymnasien			Realgymnasien			Lateinlose höhere Schulen		
	Schulen	Schüler		Schulen	Schüler		Schulen	Schüler	
		absolut	in %		absolut	in %		absolut	in %
1850	117	29474							
1860	135	37746	69,0	57	16913	31,0			
1870	201	59391	73,1	72	21898	26,9			
1880	246	72984	71,8	84	26990	26,6	3	1705	1,7
1890	267	76537	71,7	88	25582	24,0	10	4587	4,3
1900	291	85939	71,4	77	20682	17,2	35	13688	11,4
1910	342	103643	55,7	152	44885	24,1	92	37677	20,2
1919	335	93980	44,4	210	65306	30,8	125	52491	24,8
1926	308	91762	35,2	289	91460	35,1	250	77660	29,8
1931	280	86304	30,7	368	118476	42,1	311	76718	27,3

Die Auswirkungen des »Schulkriegs« der 1880er Jahre und der Dezemberkonferenz auf das Schulwahlverhalten lassen sich in Tabelle 4 ablesen. Zwischen 1880 und 1900 ging der Anteil des Realgymnasiums an der Gesamtzahl der höheren Schüler absolut und relativ deutlich zurück. Dagegen konnte die Oberrealschule zwischen 1890 und 1900 ihre Schülerzahl verdreifachen. Die beschlossene Abschaffung des Realgymnasiums stieß aber auf massiven Protest vor allem der Städte als Schulträger. Im Mai 1891 kritisierte im preußischen Abgeordnetenhaus ein liberaler Abgeordneter die Schulkonferenz als eine »eigenartige Komödie der Irrungen« und betonte: »Unsere Kaufleute, Industriellen und sonst im wirtschaftlichen Leben stehenden Berufe befürchten, daß mit dem Fall des Realgymnasiums die gesamte reale Bildung einen tödlichen Streich erhalten wird.«[57] Die Anhänger des Realgymnasiums erreichten, dass 1892 auch ihre Schulform mit neuen Lehrplänen bedacht wurde.

In Verbindung mit weiteren Anhängern einer an den Erfordernissen des Industriezeitalters orientierten Schulreform setzten sie sich nunmehr für gleiche Berechtigungen aller neunklassigen höheren Schulen ein. Auch die Gesellschaft Deutscher Naturforscher sprach sich dafür aus, und selbst der eher konservative Preußische Ärzteverein erklärte sich mit der Zulassung von Realschulabiturienten zum Medizinstudium einverstanden, wenn gleiches für das Jurastudium gelten würde. Schließlich war auch der König und Kaiser dafür, der den Absolventen seiner Kadettenanstalten dieselben Berechtigungen verleihen wollte, die bisher allein das humanistische Gymnasium besaß. Die Kadettenanstalten aber unterrichteten nach dem Lehrplan des Realgymnasiums. Wenn man ihm die allgemeine Studienberechtigung zugestand, konnte man sie auch der Oberrealschule nicht verweigern.

Unter diesen Vorzeichen fand im Juni 1900 eine weitere Schulkonferenz statt, die den neuen Kurs abzusegnen hatte. Nun wurden die Abschlüsse der drei Schultypen für alle Studiengänge als gleichberechtigt anerkannt. Nur für bestimmte Fächer mussten Realgymnasiasten und Oberrealschüler noch Ergänzungsprüfungen in fehlenden alten Sprachen ablegen. Das Ergebnis wurde durch Allerhöchsten Erlass vom 26. November 1900 verkündet[58], und im Jahr darauf erschienen neue Lehrpläne und Abiturordnungen, mit denen die jahrzehntelange Auseinandersetzung zum Abschluss kam. Nach dem Vorbild Preußens setzte sich die grundsätzliche Gleichberechtigung der höheren Schultypen auch in den übrigen Bundesstaaten schnell durch.

Die Lehrpläne von 1901 brachten eine leichte Anhebung der Wochenstundenzahl für die höheren Schulen, die 1892 unter dem Eindruck der erneut aufgeflammten Überbürdungsdiskussion um fast sieben Prozent gekürzt worden war. Diese Kürzung hatte an Gymnasien und Realgymnasien vor allem das Lateinische, an der Oberrealschule das Französische getroffen. Jetzt erhielt das Lateinische einen Teil der verlorenen Stunden zurück (vgl. Tabelle 6 in Kapitel VII). Die 1892 erfolgte Reduzierung der schriftlichen Prüfungsfächer im Abitur wurde dagegen 1901 fortgesetzt (Tabelle 3). Bemerkenswert ist, dass den Schülern des altsprachlichen Gymnasiums etwas weniger Wochenstunden und schriftliche Prüfungsleistungen abverlangt wurden als denen der höheren Realschulen. In dieser Hinsicht ließ die Gleichstellung der Schultypen bis in die Weimarer Republik auf sich warten.

Die Erleichterungen um die Jahrhundertwende vermochten eine verbreitete Ablehnung des Abiturientenexamens nicht zu beseitigen. »Es wird, trotz aller Verbesserungen, als ein Folterverfahren angefochten, das ebenso verwerflich und unsittlich ist wie das Folterverfahren, dessen sich ehedem die Justiz bediente, um die Wahrheit an den Tag zu bringen«, resümierte 1910 ein Bildungshistoriker. Seinen ursprünglichen Charakter habe das Examen im Laufe der Zeit verloren, fuhr er fort. Es sei zu einer »peinlichen Revision des Schülers« geworden: »nicht ob er reif war, sondern ob er voll war, voll von alledem, was seit neun und oft mehr Jahren in seinen Kopf getrichtert, geschöpft und auf andere Weise hineingefüllt worden war.«[59]

Nachdem das Gymnasialmonopol für die allgemeine Hochschulreife gefallen war, begann der Siegeszug des zuvor schon zum Aussterben verurteilten Realgymnasiums. Mit seiner schnell wachsenden Schülerzahl verdrängte es gegen Ende der zwanziger Jahre das humanistische Gymnasium vom Spitzenplatz (Tabelle 4) und zog nach dem Zweiten Weltkrieg bis zur Oberstufenreform von 1972 die Mehrheit aller höheren Schüler auf sich.

(3) Zwischenstaatliche Vereinbarungen und andere deutsche Staaten

Zwischenstaatliche Vereinbarungen

Wie schon erwähnt, beschloss der Deutsche Bund 1834, künftig als Voraussetzung für die Immatrikulation an einer Universität ein Zeugnis der wissenschaftlichen Vorbereitung zum Studium zu fordern. Die Vorgeschichte dieser Maßnahme bedarf der Erläuterung.

Der 1815 auf dem Wiener Kongress gegründete Deutsche Bund war ein Staatenbund aus anfangs 39 Fürstenstaaten und freien Städten, der als »eine Art fürstlicher Versicherungsverein auf Gegenseitigkeit zur Erhaltung des politischen und gesellschaftlichen status quo« diente.[60] Unter Vorsitz des österreichischen Staatskanzlers Fürst Metternich hatte er schon 1819 die Karlsbader Beschlüsse zur Unterdrückung liberaler und nationaler Bestrebungen hervorgebracht. Nach der Juli-Revolution von 1830, der ersten nationalen Massendemonstration auf dem Hambacher Fest im Mai 1832 und dem Frankfurter Wachensturm 1833 ergriff der Deutsche Bund erneut eine Vielzahl repressiver politischer Maßnahmen. Am 12. Juni 1834 beschloss er auf der Wiener Ministerkonferenz die sog. Sechzig Artikel, von denen ein Teil im November des Jahre zu formellen Bundesgesetzen erhoben wurde.[61]

Zu ihnen gehörten auch die Artikel, in denen die Überwachung der Universitäten, des vermeintlichen Herdes revolutionärer Unruhen, vorgeschrieben wurde, obwohl der Bund verfassungsrechtlich für die Hochschulpolitik gar nicht zuständig war. Das »Zeugnis der wissenschaftlichen Vorbereitung zum Studium«, das bei der Immatrikulation nun vorzulegen war, musste auch eine Beurteilung des »sittlichen Betragens« enthalten. Bundesstaaten, die noch keine Abiturordnung besaßen, verpflichteten sich zur Einführung einer solchen. Inhaltliche Vorgaben gab es dafür aber nicht, so dass jeder Staat in der Gestaltung seiner Abiturordnung frei blieb. Die verbindliche Einführung des Abiturs im Deutschen Bund war demnach keineswegs bildungspolitisch motiviert, sondern entsprang »einem polizei- und obrigkeitsstaatlichen Kontrollinteresse«.[62]

Auch im 1871 gegründeten Deutschen Reich wurde die Schulhoheit der Bundesstaaten nicht angetastet. Eine lose Zusammenarbeit im Schulbereich kam bezeichnenderweise aus militärischen Gründen in Gang und führte 1868 zur Gründung einer Bundesschulkommission, die 1873 in Reichsschulkommission umbenannt wurde. Ihre einzige Aufgabe war es festzustellen, welche höheren Schulen berechtigt waren, Zeugnisse für den einjährig-freiwilligen Militärdienst auszustellen. Den Vorsitz der Kommission führte seit 1888 ein Verwaltungsbeamter des Reiches, dem sechs Landesbeamte zur Seite standen.[63]

Im Zusammenhang mit der Arbeit der Reichsschulkommission fanden 1868 und 1872 zwischenstaatliche Konferenzen über die Gestaltung des höheren Schulwesens statt. Das wichtigste Ergebnis dieser Zusammenarbeit war das im April 1874 geschlossene Abkommen über die gegenseitige Anerkennung der Maturitätszeugnisse, das folgende Grundsätze enthielt:

1. »Die gesammte Cursusdauer des vollständigen Gymnasiums beträgt mindestens 9 Jahre. Die Aufnahme in die unterste Classe erfolgt dabei in der Regel nicht vor dem vollendeten 9. Lebensjahre. ...
5. Gegenstände der Maturitätsprüfung sind auf allen Gymnasien die deutsche, lateinische, griechische, französische Sprache, Mathematik und Geschichte. Die übrigen Lehrobjecte sind nicht nothwendig auch Gegenstände der Prüfung.
Schriftliche Clausurarbeiten sind überall ein deutscher Aufsatz, eine lateinische Arbeit (Aufsatz oder Extemporale oder beides) und die Lösung mathematischer Aufgaben. Darüber hinaus auch eine Uebersetzung ins Deutsche, Griechische, Französische u. a. zu verlangen, bleibt der Anordnung jedes Staats überlassen.
6. Als Maßstab für die Ertheilung des Zeugnisses der Reife gelten im allgemeinen diejenigen Anforderungen, welche das preußische Prüfungsreglement dafür aufstellt. Dabei ist ausnahmsweise die Compensation zulässig, nach welcher das Zurückbleiben in einem Gegenstan-

de durch desto befriedigendere Leistungen in einem anderen gedeckt wird. ...

9. Die Zuerkennung eines Zeugnisses der Reife darf nicht durch den gewählten Beruf des Schülers motivirt werden.«[64]

Die Neufassung dieser Vereinbarung von 1889 bezog die Realgymnasien mit ein, die von 1909 auch die Oberrealschulen.[65]

Königreich Bayern

Die Vereinbarung von 1874 bedeutete für einige Staaten schulpolitischen Handlungsbedarf. Zu ihnen gehörte Bayern, wo erst jetzt das neunjährige Gymnasium etabliert wurde. Nach der Schulordnung von 1808 wurde die höhere Bildung an einer vierjährigen Lateinschule und dem daran anschließenden vierjährigen Gymnasium erworben. 1829 erregte der von Thiersch redigierte Schulplan Aufsehen, der einseitig auf den altsprachlichen Unterricht setzte. Innerhalb weniger Jahre erfuhr er mehrere Veränderungen, was dazu führte, »dass sich selbst bedeutende Schulmänner in dem Wirrwarr nicht mehr zurechtfinden konnten«[66] Mit der viel geordneteren Entwicklung des preußischen Gymnasiums hatte das bayerische in dieser Zeit nur die Überbürdungsdiskussion gemeinsam.

Bestand hatte dagegen die Abschlussprüfung, das sogenannte »Absolutorium«. Es wurde 1809 unter der Regierung des Grafen Montgelas eingeführt, der als leitender Minister im Bündnis mit Napoleon I. den bayerischen Staat modernisierte, territorial erweiterte und 1806 zum Königreich machte. Hiernach fand der schriftliche Teil der Prüfung jeweils Anfang Juni nach einem genau festgelegten Zeitplan statt, der in der Schulordnung von 1854 folgende Elemente vorsah:

»Am ersten Prüfungstage:
a) eine Aufgabe aus der Religionslehre, zu welcher die Morgenstunden von 8 bis 11 Uhr zu verwenden sind,
b) eine Übersetzung aus dem Deutschen in das Lateinische (Nachmittag von 2 bis 5 Uhr);
am zweiten Prüfungstage:
a) eine Uebersetzung aus dem Deutschen in das Griechische (Vormittag von 8 bis 11 Uhr),
b) eine Aufgabe aus der Mathematik nebst Physik (Nachmittag von 2 bis 5 Uhr);
am dritten Prüfungstage:
a) einen deutschen Aufsatz (Vormittag von 7 bis 11 Uhr),

b) eine Aufgabe aus der allgemeinen Geschichte (Nachmittag von 2 bis 4 Uhr).«[67]

Dem zentralistischen Geist der Ära Montgelas entsprach es, dass sich das Kultus-Ministerium die Stellung der Aufgaben vorbehielt. Sie wurden »vor jeder Prüfung dem Vorstande der Prüfungs-Commission verschlossen zugesendet, welche die Eröffnung nicht früher als an dem zur Beantwortung bestimmten Tage und zwar in Gegenwart der Examinanden vorzunehmen« hatte.

Diese Ordnung wurde 1874 nach dem Abkommen über die gegenseitige Anerkennung der Abiturzeugnisse revidiert. Die schriftliche Prüfung in Geschichte entfiel, während eine deutsch-französische Übersetzung schon 1861 hinzugekommen war. Damit war das bayerische Gymnasialabitur bis auf die zentrale Aufgabenstellung dem preußischen mit seinen damals sechs schriftlichen Prüfungselementen vorübergehend sehr ähnlich. Doch während Preußen 1882 die Übersetzung ins Französische und 1890 den lateinischen Aufsatz abschaffte, hielt Bayern in der Prüfungsordnung von 1891 an sechs schriftlichen Prüfungsfächern (einschließlich Religion) fest. Immerhin wurden die Anforderungen in den alten Sprachen ermäßigt. Im Griechischen war – wie schon seit 1882 in Preußen – nur noch eine Übersetzung ins Deutsche zu liefern, und die Übersetzung ins Lateinische sollte künftig »nicht zu schwierig und aus dem Ideenkreise der alten Welt« gewählt sein.[68] Einen lateinischen Aufsatz hatte Bayern ohnehin nie im Programm. Die sechs schriftlichen Prüfungsfächer (Deutsch, Lateinisch, Griechisch, Französisch, Mathematik mit Physik und Religion) blieben auch in der Schulordnung von 1914 erhalten, die im folgenden Jahr in Kraft trat und die Anforderungen noch erhöhte. Am humanistischen Gymnasium wurde jetzt im Lateinischen und Französischen sowohl eine Hin- als auch eine Herübersetzung verlangt.[69]

Noch breiter waren die Anforderungen an den im 19. Jahrhundert auch in Bayern entstandenen Realgymnasien und Oberrealschulen. Hier kamen zwar Griechisch bzw. beide alte Sprachen nicht als Prüfungsfächer in Betracht, doch die schriftliche Abiturprüfung war umfangreicher als an Gymnasien. Nach der Schulordnung von 1874 hatte der Abiturient eines Realgymnasiums an vier Tagen insgesamt 24 Stunden mit schriftlichen Prüfungen in sieben Fächern zu überstehen. Bei einem Gymnasiasten waren es dagegen nur 16 Stunden an drei Tagen in fünf Fächern, zu denen später wieder Religion kam.[70] Bis 1914 fand allerdings eine Annäherung im Stundenvolumen statt, während die Zahl der Prüfungsfächer unverändert blieb. Immerhin konnten auch in Bayern Schüler mit durchweg genügenden schriftlichen Leistungen von der mündlichen Prüfung befreit werden, die ansonsten nicht länger als 1½ Stunden dauern durfte.

Königreich Sachsen

In Sachsen wurde die Abiturientenprüfung 1829 durch das »Mandat, die Vorbereitung junger Leute zur Universität betreffend« eingeführt. Es sah nur zwei schriftliche Arbeiten vor, nämlich einen deutschen und einen lateinischen Aufsatz. Hinzu kam eine mündliche Prüfung in den alten Sprachen (für Theologiestudenten auch in Hebräisch) sowie in Geschichte, Philosophie, Mathematik und Physik. Schon ein Jahr später wurden allerdings eine schriftliche Prüfung in Mathematik sowie mündliche Prüfungen in Französisch und evangelischer Religion hinzugefügt.[71]

Eine Verdoppelung erfuhr die Zahl der schriftlichen Prüfungsfächer durch die Abiturordnung von 1870, die unverkennbar dem preußischen Vorbild folgte. Jetzt waren folgende Arbeiten anzufertigen: ein deutscher und ein lateinischer Aufsatz, Übersetzungen deutscher Diktate ins Lateinische und Griechische, eine Übersetzung oder ein kurzer freier Aufsatz in französischer Sprache sowie die Lösung von drei Aufgaben aus den verschiedenen Gebieten der Mathematik, ggf. auch der Physik.

Nachdem der lateinische Aufsatz 1890 in Preußen gefallen war, wurde er in der sächsischen Prüfungsordnung von 1893 durch ein lateinisches Skriptum ersetzt, ferner im Griechischen die Herübersetzung eingeführt – wie schon 1882 im Nachbarland. Doch während dieses seit 1901 am humanistischen Gymnasium nur noch vier schriftliche Arbeiten verlangte, blieb Sachsen auch in der Prüfungsordnung von 1913 bei sechs schriftlichen Prüfungsfächern. Im Lateinischen wurde jetzt sowohl eine Hin- als auch eine Herübersetzung verlangt, was seit dieser Zeit auch in Bayern und Baden der Fall war. Preußen büßte also seine frühere Vorbildfunktion für Sachsen allmählich ein.

Beim sächsischen Realschulabitur stand ebenfalls zunächst Preußen Pate. Die erste Prüfungsordnung von 1860 folgte weitgehend der preußischen vom Jahr zuvor, nur dass der fremdsprachige Aufsatz im Französischen geschrieben werden musste und eine Übersetzung ins Lateinische obligatorisch war. Die Prüfungsordnung von 1884 hielt für die Realgymnasien an sechs schriftlichen Arbeiten fest und verzichtete gegenüber der preußischen Ordnung von 1882 (Tab. 3) auf eine Arbeit in den neueren Fremdsprachen. Doch während Preußen 1901 die schriftlichen Prüfungsfächer am Realgymnasium auf fünf reduzierte, blieb es in der sächsischen Ordnung von 1902 bei sechs Arbeiten.[72]

Großherzogtum Baden

Eine Anpassung der höheren Schulen an das preußische Modell erfolgte nach der Reichsgründung auch in Baden, das wie Bayern am Anfang des Jahrhunderts unter Protektion Napoleons I. seine bis 1945 nicht veränderte äußere Gestalt erhielt. Hier wurden bis 1872 die Gelehrtenschulen in Lyzeen (neun Jahresklassen), Gymnasien (sieben Jahresklassen) und Pädagogien (fünf Jahresklassen) eingeteilt. Erst in diesem Jahr erhielten die voll ausgebauten Gelehrtenschulen den Namen Gymnasien, die bisherigen Träger dieses Namens wurden zu Progymnasien.

Die erste Prüfungsordnung für die Gymnasien und Lyzeen stammt aus dem Jahre 1823. Sie setzte noch nicht zwingend einen neunjährigen Schulbesuch voraus. Vielmehr eröffnete auch eine Prüfung nach sieben Jahren in Verbindung mit einem viersemestrigen Lehrkursus an der Universität Freiburg den Weg zum Studium.[73] Die Schul- und Prüfungsordnung für die Gelehrtenschulen von 1869 dagegen orientierte sich schon weitgehend an Preußen. Sie sah sieben schriftliche Prüfungen vor: einen deutschen Aufsatz, Übersetzungen aus einem lateinischen und einem griechischen Autor, Übersetzungen ins Lateinische und Griechische, eine französische Arbeit sowie die Lösung von je zwei mathematischen Aufgaben aus der allgemeinen Mathematik und Algebra und aus der Geometrie beziehungsweise Trigonometrie. Über die konkreten Anforderungen in den Sprachen hieß es:

>»Im Lateinischen wird verlangt, daß der Abiturient aus einem Schulschriftsteller früher nicht gelesene Stellen, die in sprachlicher und sachlicher Hinsicht keine besonderen Schwierigkeiten haben, grammatisch zu durchschauen und in präciser Uebersetzung wiederzugeben im Stande sei.
>Eine Uebersetzung aus dem Deutschen (ein sogenannter Stil) soll den Nachweis über die Gründlichkeit der sprachlichen Bildung des Abiturienten geben. ... Die Uebersetzung soll von gröberen grammatischen Fehlern frei sein und von einer wenigstens so weit reichenden stilistischen Gewandtheit zeugen, daß dabei grobe Germanismen nicht zu Tage treten.
>Im Griechischen muß der Abiturient im Stande sein, vorher nicht gelesene leichtere Stellen aus Schulschriftstellern zu verstehen, wobei indessen die Kenntnis seltener Wörter nicht zu verlangen ist. Die Gründlichkeit seiner grammatischen Bildung hat er an einer schriftlichen Uebersetzung ins Griechische nachzuweisen, welche übrigens von Umfang mäßig sein soll. ...

Im Französischen wird grammatische Sicherheit, einige stilistische
Gewandtheit und die Fertigkeit im Verständnis solcher Stücke ver-
langt, welche auf der Schule gelesen werden und keine besonderen
Schwierigkeiten enthalten.«[74]

1868/69 waren in Baden Realgymnasien in Karlsruhe und Mannheim mit
zunächst acht Jahrgangsklassen entstanden, die ein Jahrzehnt später auf
neun ausgebaut wurden. Auch ihre Prüfungsordnung von 1887 umfasste
sieben schriftliche Prüfungen: einen deutschen und einen französischen
Aufsatz, Übersetzungen aus dem Deutschen ins Französische, Englische
und Lateinische sowie die Lösung von vier mathematischen und zwei
physikalischen Aufgaben.

1891 strich Baden in der Prüfungsordnung für die Gymnasien die Übersetzung ins Griechische und die französische Arbeit.[75] Die verbleibenden
fünf Prüfungsleistungen forderte auch die neue Ordnung von 1913, die
die Weimarer Republik überdauerte und noch 1949 im amerikanisch
besetzten Teil Badens zur Anwendung kam – nun um eine Übersetzung
aus dem Englischen ins Deutsche erweitert.[76] Insgesamt weist somit das
badische Abitur über 80 Jahre eine hohe Kontnuität auf.

III. DER WEG DER MÄDCHEN ZUM ABITUR

Höhere Mädchenschulen im 19. Jahrhundert – ohne Berechtigungen

Wenn bisher von Abiturienten die Rede war, so bezog sich das ausschließlich auf Jungen. Für Mädchen gab es im 19. Jahrhundert in Deutschland keine Schulen, die zum Abitur führten. Selbst die neuhumanistischen Bildungsreformer wollten mit ihrem Konzept allgemeiner Menschenbildung zwar Ständegrenzen überwinden, nicht aber Geschlechtergrenzen. Daher entstanden in der ersten Hälfte des Jahrhunderts relativ wenige über die Elementarschule hinausgehende Mädchenschulen, die überwiegend privater Initiative entsprangen und ein nicht geringes Schulgeld erhoben. Die gängige Bezeichnung »Höhere Töchterschulen« beruhte darauf, dass sie für die Töchter der höheren Gesellschaftsschichten geschaffen waren; ihr Niveau war mit dem höherer Schulen für Jungen nicht vergleichbar. Eine Unterstützung oder gar Finanzierung solcher Schulen aus dem kommunalen Haushalt lehnten viele Stadtväter ab, selbst wenn die staatliche Schulverwaltung sie befürwortete.[1] Erst nach der Mitte des Jahrhunderts nahm die Zahl öffentlicher höherer Mädchenschulen zu, wofür die steigenden Steuereinnahmen infolge der nun schnell voranschreitenden Industrialisierung eine wichtige Voraussetzung bildeten.

Die höheren Mädchenschulen kannten bis ins späte 19. Jahrhundert noch keine Normierung hinsichtlich der Zahl der Klassen und der Lehrpläne. Neben Schulen, die Schülerinnen im Alter von sechs Jahren aufnahmen und spätestens mit 15 oder 16 Jahren entließen, standen solche, die eine dreijährige Elementarbildung voraussetzten, selbst aber nicht über sechs Jahrgangsklassen hinausgingen. Will man eine grobe Vorstellung vom Unterrichtsangebot zu Beginn des Kaiserreichs gewinnen, kann man auf eine zeitgenössische Statistik zurückgreifen, die auf den Lehrplänen von 33 Schulen beruht. An ihnen entfielen auf deutsche Sprache und Literatur durchschnittlich 20 Prozent des Unterrichts, gefolgt von Französisch mit 13, Handarbeit und Rechnen mit je 11 und Religion mit 9 Prozent. Englisch, Geschichte, Geographie, Naturwissenschaften, Zeichnen, Schreiben, Singen und Gymnastik mussten sich mit je 4 bis 6 Prozent begnügen.[2]

Der steigende Bedarf an Lehrkräften schuf eine neue Berufsperspektive für Töchter aus bürgerlichen Familien, deren materielle Versorgung zu einem größeren Problem wurde, da die Heiratschancen wegen eines jahrzehntelangen Frauenüberschusses zusehends sanken. Ihre Anstel-

lungschancen waren im Elementarschulbereich und im Mädchenschulwesen recht gut, weil dort der Bedarf mit männlichen Bewerbern allein
nie gedeckt werden konnte. Ausgebildet wurden die Lehrerinnen an besonderen Seminaren, die an eine Mädchenschule angegliedert waren.
Angesichts des zunehmenden Andrangs von Frauen zum Lehrberuf sahen
sich die Unterrichtsverwaltungen um die Mitte des 19. Jahrhunderts veranlasst, die Zugangsvoraussetzungen zu regeln. So erschienen die ersten
für ganz Preußen gültigen Erlasse zur Prüfung und Zulassung von Lehrerinnen und Schulvorsteherinnen, in denen noch kein Unterschied zwischen solchen für Volksschulen und höhere Mädchenschulen gemacht
wurde.

Die Lehrerinnen an höheren Mädchenschulen hatten einen schweren
Stand gegenüber ihren zumeist akademisch gebildeten männlichen Kollegen, die die Schulleitung und den wissenschaftlichen Unterricht in den
mittleren und höheren Klassen für sich beanspruchten und den Lehrerinnen im wesentlichen den schlechter bezahlten Elementarunterricht
und den technischen Unterricht (Zeichnen, Handarbeit) zuweisen wollten. Da die männlichen Lehrer wiederum nach Gleichstellung mit ihren
Kollegen an den Knabenschulen strebten, forderten sie die Aufwertung
und staatliche Anerkennung ihrer Schulen. Die 1872 in Weimar tagende
»Versammlung von Dirigenten, Lehrern und Lehrerinnen deutscher höherer Töchterschulen« begründete das folgendermaßen:

> »Es gilt, dem Weibe eine der Geistesbildung des Mannes in der All-
> gemeinheit, der Art und den Interessen ebenbürtige Bildung zu er-
> möglichen, damit der deutsche Mann nicht durch die geistige Kurz-
> sichtigkeit und Engherzigkeit seiner Frau an dem häuslichen Herde
> gelangweilt und in seiner Hingabe an höhere Interessen gelähmt
> werde, daß ihm vielmehr das Weib mit Verständnis dieser Interessen
> und der Wärme des Gefühls für dieselben zur Seite stehe.«[3]

In einer an die Regierungen der deutschen Staaten gerichteten Denkschrift forderten die Teilnehmer des Kongresses die zehnjährige höhere
Mädchenschule und ihre Anerkennung als höhere Schule. »Damit leite-
ten sie den Kampf um die Normierung des höheren Mädchenschulwesens
und um den Anschluss an das Berechtigungswesen im höheren Knaben-
schulwesen ein.«[4] Doch noch 1894 ging Preußen bei der Neuordnung
seines höheren Mädchenschulwesens von nur neun Jahreskursen als Regel aus. Die offizielle Begründung dafür lautete, ein ununterbrochener
neunjähriger Schulbesuch bedeute »eine so starke Anforderung an die
geistigen und an die körperlichen Kräfte der Mädchen, daß sie nach Abschluß einer solchen Zeit nothwendig einer Erholung oder doch einer

wesentlichen Erleichterung bedürfen«.[5] Von Berechtigungen der höheren Mädchenschulen war überhaupt nicht die Rede.

Private Vorbereitung von Mädchen auf das Abitur

Ungeachtet der ablehnenden Haltung der Kultusbürokratie strebten Lehrerinnen, die in der bürgerlichen Frauenbewegung aktiv waren, akademische Ausbildungsmöglichkeiten für Frauen an. Einen ersten Höhepunkt fanden ihre Aktivitäten 1887 in einer von Helene Lange und anderen dem preußischen Kultusminister und dem Abgeordnetenhaus vorgelegten Petition, die folgende Forderungen enthielt:

> »1. daß dem weiblichen Element eine größere Beteiligung an dem wissenschaftlichen Unterricht auf der Mittel- und Oberstufe der öffentlichen höheren Mädchenschulen gegeben und namentlich Deutsch und Religion in Frauenhand gelegt werde;
> 2. daß von Staats wegen Anstalten zur Ausbildung wissenschaftlicher Lehrerinnen für die Oberklassen der höheren Mädchenschulen mögen errichtet werden.«[6]

Der preußische Kultusminister sah vorerst allerdings keinen Anlass, Maßnahmen zu einer wissenschaftlichen Ausbildung von Lehrerinnen zu ergreifen, sondern stellte lediglich die Förderung privater Initiativen in Aussicht.[7] Daher richtete der Kreis um Helene Lange 1889 am Berliner Viktoria-Gymnasium dreijährige Fortbildungskurse für seminarisch gebildete Lehrerinnen ein, die allerdings noch nicht zum Abitur führten. Im Oktober 1893 wurden sie dann zu Gymnasialkursen für Frauen ausgebaut, in denen diese sich nach Absolvierung einer zehnjährigen höheren Mädchenschule auf das Abitur vorbereiten konnten. Den wissenschaftlichen Unterricht erteilten anfangs nur nebenamtlich tätige Gymnasiallehrer. Ostern 1896 bestanden die sechs Teilnehmerinnen des ersten Kurses die Abiturprüfung, und bis 1906 kamen etwas mehr als hundert hinzu.[8] In diesem Jahr wurden die Kurse eingestellt, da die Stadt Berlin ein entsprechendes öffentliches Angebot geschaffen hatte.

Insgesamt entstanden bis 1905 in ganz Deutschland 25 Institute, an denen Mädchen sich auf das Abitur vorbereiten konnten. Die Prüfung selbst mussten sie aber an einem Gymnasium für Jungen ablegen, wobei die dort üblichen oder auch höhere Anforderungen gestellt wurden. Die Kurse setzten eine hohe Motivation der Teilnehmerinnen sowie beachtliche finanzielle Mittel voraus. Das jährliche Schulgeld lag nämlich zwischen 75-90 Mark am 1893 gegründeten Karlsruher Mädchengymnasium, das schon 1898 von der Stadt übernommen wurde, und 450 Mark an einem Münchener Privatinstitut; im Durchschnitt waren 228 Mark zu entrichten.[9] Der Vergleich mit einem durchschnittlichen Arbeitnehmereinkommen, das damals bei 849 Mark jährlich lag[10], macht die soziale Exklusivität dieser Angebote deutlich.

Die meisten dieser Abiturkurse orientierten sich am Lehrplan des Realgymnasiums. Das bot sich deshalb an, weil die Teilnehmerinnen Kenntnisse in den modernen Fremdsprachen von den höheren Mädchenschulen mitbrachten und sich somit auf den Nachholbedarf in Latein und Mathematik konzentrieren konnten. Dem gymnasialen Lehrplan folgten die Berliner Kurse wegen der allein damit verbundenen vollen Studienberechtigung, ließen den Griechischunterricht aber nach der Gleichberechtigung der höheren Schulen wieder fallen. Dagegen hielt der »Verein Mädchengymnasium Köln«, den eine Unternehmertochter und der Stadtarchivdirektor ins Leben gerufen hatten und der 1903 die Genehmigung einer Schule erreichte, an der gymnasialen Ausrichtung fest.[11] Dieses Prinzip, das im Verein nicht unumstritten war, wurde 1899 in der ersten von drei Petitionen an das preußische Kultusministerium so begründet: Nur eine regelmäßige, über längere Zeit andauernde Beschäftigung mit den alten Sprachen könne die »einzigartigen Vorzüge erschließen, welche der klassischen Bildung für die Schärfung des Verstandes wie für die Entwicklung des Gemütes und die Veredelung der gesamten Lebenshaltung innewohnen«.[12] Mit dieser idealisierenden Hochschätzung der humanistischen Bildung trat der Verein für ein neunklassiges Mädchengymnasium ein, akzeptierte aber schließlich als Kompromiss die Einrichtung eines sechsklassigen Kurses. Dieses Angebot fand großen Zulauf und konnte nach der Reform des Mädchenschulwesens im Jahre 1908 zu einer neunklassigen Studienanstalt ausgebaut werden. Sie wurde 1909 von der Stadt Köln übernommen, und im folgenden Jahr fand die erste schuleigene Abiturprüfung statt.

Für die Kölner Gymnasialklassen und die 1905 eingerichteten realgymnasialen Kurse in Bonn und Essen liegen Angaben zur Konfessionszugehörigkeit der Teilnehmerinnen vor. Sie zeigen, dass die evangelischen Schülerinnen in Bonn und Essen deutlich überwogen und in Köln genau so stark wie die katholischen vertreten waren. Damit waren sie angesichts des katholischen Übergewichts im Rheinland klar überrepräsentiert. Dasselbe gilt für die jüdischen Schülerinnen, die 14 Prozent der Teilnehmerinnen stellten.[13]

Reform des Mädchenschulwesens und Öffnung der Universität für Frauen

Die zur Hochschulreife führenden Gymnasialkurse waren von Vertreterinnen der Frauenbewegung und fortschrittlichen Kreisen des Bürgertums gegen den Widerstand des Kultusministeriums durchgesetzt worden. Dieses hatte noch 1899 seine Abneigung gegen jede Umgestaltung des Mädchenschulwesens in einem Gutachten über die Vorbildung von Mädchen für akademische Studien deutlich gemacht.[14] Für den Aufbau gymnasialer Anstalten, so hieß es dort, seien weder die nötigen Mittel noch das »Schülermaterial« vorhanden. War diese Begründung noch ehrlich, so wirkte die folgende pädagogische Argumentation vorgeschoben. Die Arbeit der Jungenschulen werde dadurch erschwert, dass sie bestimmte Lernziele erreichen müssten, weshalb »die Erziehungsaufgabe der Schule hinter ihre Lehraufgabe zurückgestellt« werden müsse. »Jede Richtung des Unterrichts auf ein bestimmtes Ziel gibt demselben eine gewisse Einseitigkeit und hindert dadurch allgemeine, harmonische Bildung. Die Mädchen, welche einer Gymnasial-Sexta zugeführt würden, kämen um die Freude, welche ihre Altersgenossinnen an ihrem Schulunterrichte haben, und würden gleich von dem vollen Ernste der Lernarbeit in Anspruch genommen.« Vor diesem Druck wolle man die zarten Mädchen bewahren. Dass diese Argumentation eine deutliche Kritik an pädagogischen Defiziten der höheren Jungenschulen enthielt, nahm man offenbar in Kauf, sofern es denn bemerkt wurde.

Die vom Kultusministerium geübte Zurückhaltung fand in Debatten des preußischen Abgeordnetenhauses Unterstützung bei den konservativen Parteien. Die Liberalen hingegen traten für einen Ausbau der Mädchenbildung ein und konnten dabei zunehmend auf das Beispiel anderer Länder verweisen. Im Oktober 1907 unterstrich ein Kongress für höhere Frauenbildung in Kassel noch einmal entschieden die Forderung nach gymnasialen Bildungswegen für Frauen, die nicht erst nach Abschluss der höheren Mädchenschule beginnen sollten.[15]

Am 18. August 1908 endlich verfügte der preußische Kultusminister eine Neuordnung des höheren Mädchenschulwesens, mit der dieses in das öffentliche Schulsystem eingebunden wurde (Abb. 6), und ließ Frauen zum Universitätsstudium zu.[16] Zentraler Bestandteil des neuen Systems blieb die traditionelle höhere Mädchenschule mit nun zehn Jahresklassen, die in der Regel Schülerinnen im Alter von sechs Jahren aufnahm. Sie wurde zwar organisatorisch und lehrplanmäßig modernisiert, blieb aber ohne Berechtigungen. Auf ihr baute sich das Lyzeum auf, das zwei Varianten bot: ein höheres Lehrerinnenseminar, das drei Jahresklassen sowie ein praktisches Jahr umfasste, und eine zweijährige Frauenschule, die dem Minister besonders am Herzen lag. Ihre Aufgabe sollte es sein, den Mädchen »eine Ergänzung ihrer Bildung in der Richtung der künftigen Lebensaufgaben einer deutschen Frau, ihre Einführung in den Pflichtenkreis des häuslichen wie des weiteren Gemeinschaftslebens, in

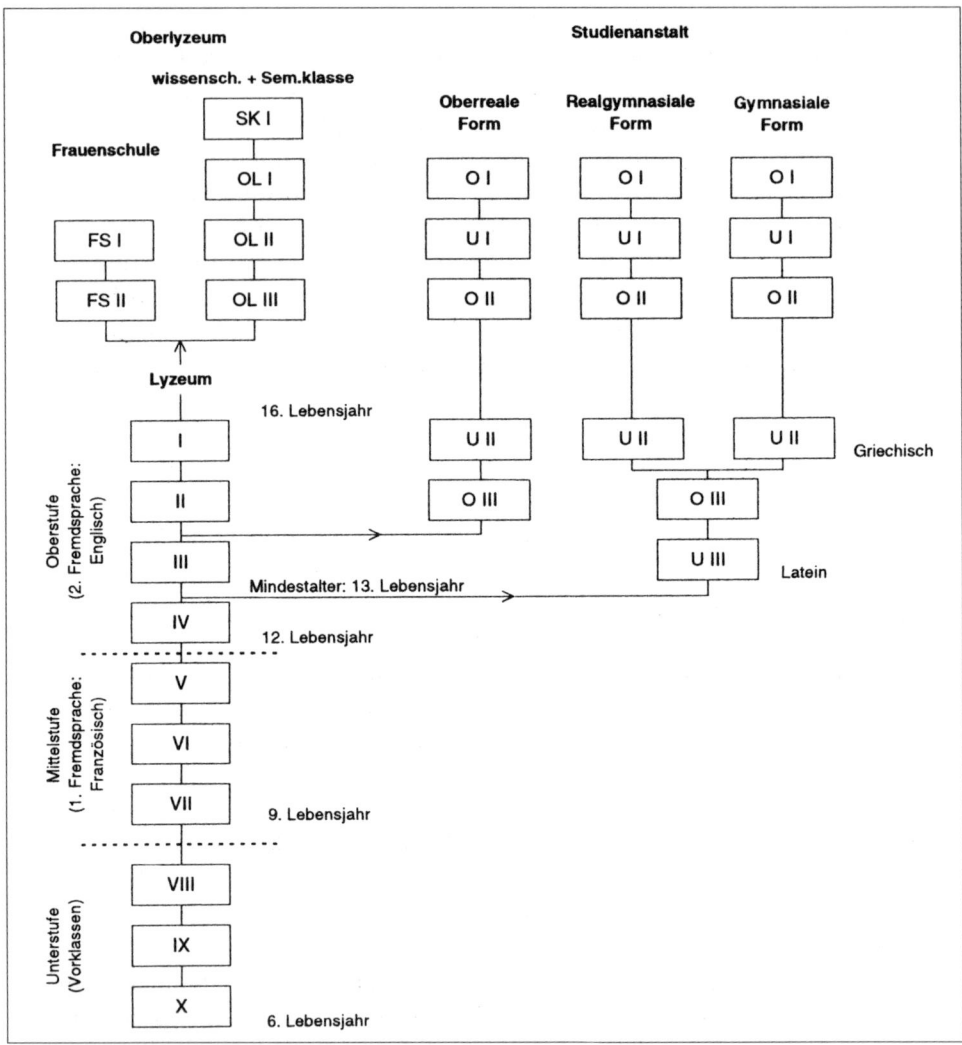

Abb. 6: Das höhere Mädchenschulwesen Preußens nach der Neuordnung von 1908

die Elemente der Kindererziehung und Kinderpflege, in Hauswirtschaft, Gesundheitslehre, Wohlfahrtskunde, sowie in die Gebiete der Barmherzigkeit und Nächstenliebe« zu geben.

Zum Abitur führte nur die Studienanstalt, die nach der siebten oder achten Klasse von der höheren Mädchenschule abzweigte und dieselben drei Schultypen kannte wie die höhere Schule für Jungen. Somit entsprach auch die 1910 erlassene Reifeprüfungsordnung für die Studienanstalten der für die Jungen.[17] Bemerkenswert sind die Motive, mit denen das Ministerium die Öffnung der Universitäten für Frauen begründete:

»Die rasche Entwicklung unserer Kultur und die damit gegebene Verschiebung der Gesellschafts-, Erwerbs- und Bildungsverhältnisse der Gegenwart haben es mit sich gebracht, daß gerade in den mittleren und höheren Ständen viele Mädchen unversorgt bleiben und viele für die Gesamtheit wertvolle Frauenkraft brach liegt. Der Überschuß der weiblichen über die männliche Bevölkerung und die zunehmende Ehelosigkeit der Männer in den höheren Ständen zwingen einen größeren Prozentsatz der Mädchen gebildeter Kreise zum Verzicht auf ihren natürlichen Beruf als Gattin und Mutter. Ihnen sind die Wege zu einem ihrer Erziehung angemessenen Berufe zu bahnen, bei den meisten auch zwecks Erwerbung der nötigen Mittel zum Lebensunterhalte, nicht allein in der Oberlehrerinnenlaufbahn, sondern auch in anderen, auf Universitätsstudien begründeten Lebensstellungen, soweit sie für Frauen in Betracht kommen.«

So sehr auch die staatliche Anerkennung der Studienanstalten als Erfolg der Frauenbewegung gewertet werden konnte, hatte sie doch einen Haken: Studienanstalten durften nur an Orten eingerichtet werden, an denen schon ein Lyzeum bestand; deshalb machten sie 1914 gerade einmal 43 von 489 höheren Mädchenschulen in Preußen aus.[18] Diese Bestimmung wurde denn auch von Vertreterinnen der Frauenbewegung ebenso kritisiert wie der Umstand, dass die höheren Mädchenschulen weiterhin keine Berechtigungen verleihen konnten. Daran änderte sich auch nichts, als 1912 die zehnjährige Mädchenschule in Lyzeum und das bisherige Lyzeum in Oberlyzeum umbenannt wurden.[19] Mädchenschulen mit weniger als zehn aufsteigenden Klassen zählten jetzt zum mittleren Schulwesen, durften sich aber paradoxerweise weiter »höhere Mädchenschulen« nennen, wodurch ihre Abwertung kaschiert wurde.

Eine Ausweitung der zum Abitur führenden Schulangebote für Mädchen brachte die Reform von 1923, die durch zwei andere bildungspolitische Entscheidungen angestoßen wurde. Das waren die Einführung der obligatorischen vierjährigen Grundschule (1920), die für die höheren

Mädchenschulen den Verlust der Elementarklassen mit sich brachte, und die Akademisierung der Volksschullehrerausbildung. Durch sie verlor das Oberlyzeum, das bisher der Ausbildung von Lehrerinnen diente, seine Funktion. Es wurde nun vielerorts in ein Oberlyzeum neuen Typs umgewandelt, das als rein neusprachliches Mädchengymnasium eine große Anziehungskraft entfaltete. 1931 brachte es 3118 Absolventinnen hervor gegenüber nur 1068 an den Studienanstalten. Damit stellte es fast die Hälfte aller preußischen Abiturientinnen.[20]

Werfen wir noch einen kurzen Blick auf die Mädchenbildungspolitik einiger anderer Staaten des Deutschen Reiches. Als erster ließ Baden, wo 1893 das erste Mädchengymnasium entstanden war, im Jahre 1900 Frauen zum Universitätsstudium zu. Im September 1903 öffnete auch der bayerische Prinzregent Luitpold Frauen diesen Weg, wenn sie ein Reifezeugnis eines deutschen humanistischen Gymnasiums oder eines Realgymnasiums besaßen.[21] Allerdings gab es zu diesem Zeitpunkt in ganz Bayern keine öffentliche Schule, an der sich Mädchen auf das Abitur hätten vorbereiten können. Nur eine entsprechende private Schule, die mit 450 Mark Jahresgebühr die teuerste in ganz Deutschland war, bestand seit 1900 in München. Ihre Eröffnung hatte der 1894 gegründete »Verein zur Gründung eines Mädchengymnasiums« nach fünf Jahren vergeblichen Petitionierens erreicht.[22] Die ersten sieben Schülerinnen bestanden 1903 als Externe ihr Abitur am Maximiliansgymnasium. Als jedoch die Stadt München 1912 ein sechsklassiges Mädchengymnasium einrichtete, bedeutete dies das Ende der privaten Schule. 1917 traten deren letzte Schülerinnen zum Abitur an. Ab 1918 war dafür das öffentliche Gymnasium zuständig, das nur 150-180 Mark Schulgeld erhob.[23]

In Bremen setzte die Entwicklung eines staatlichen Mädchenschulwesens später ein als im bildungspolitisch tonangebenden Preußen. Als dort 1908 den Mädchen in Form der Studienanstalt ein direkter Weg zu Abitur und Studium eröffnet wurde, beschränkte sich der bremische Senat zunächst darauf, durch Sondergenehmigungen zum Besuch der staatlichen höheren Knabenschulen einzelnen Mädchen die Ablegung des Abiturs zu ermöglichen. Eine Reform des Mädchenschulwesens wurde in Bremen nicht von der Frauen- und Lehrerinnenbewegung vorangetrieben, sondern von einer nach 1900 wachsenden Gruppe Bremer Bürger, die für ihre Töchter eine zum Universitätsstudium berechtigende Bildung anstrebten. Diesem Bedürfnis kam der Senat schließlich durch Einrichtung einer streng am preußischen Modell orientierten staatlichen Studienanstalt nach, die 1916 den Lehrbetrieb aufnahm.[24]

Eine vom preußischen Modell abweichende Mädchenbildungspolitik betrieb Württemberg. Hier gab es bis zum Ende der zwanziger Jahre nur in der Landeshauptstadt Stuttgart eine, später zwei zum Abitur führende Mädchenschulen. Unter diesen Umständen wurde Mädchen, die Abitur machen wollten, 1909 der Besuch einer entsprechenden Jungenschule gestattet. So kam es, dass von den 2571 Mädchen, die von 1910 bis 1934 in Württemberg das Abitur ablegten, 53 Prozent diese Qualifikation an einer Jungenschule erwarben.[25] Mit seiner vornehmlich aus fiskalischen Gründen getroffenen Regelung machte sich Württemberg zum Vorreiter der Koedukation im höheren Schulwesen, die in Preußen nur sehr zurückhaltend praktiziert wurde.

Mädchen auf höheren Knabenschulen – die Anfänge der Koedukation

Die Schaffung höherer Lehranstalten für Mädchen diente im 19. Jahrhundert auch dazu, die im höheren Schulwesen angestrebte Geschlechtertrennung zu ermöglichen. Sie war ein spezifisch bürgerliches Phänomen. In den Volksschulen wurden rund 90 Prozent aller Jungen und Mädchen nach denselben Lehrplänen und überwiegend – vor allem in den kleinen Dorfschulen – auch gemeinsam unterrichtet. Bei den dort vertretenen niederen Schichten hielt man eine Trennung der Geschlechter nicht für erforderlich. Erst »auf der Stufe des Bürgertums und der höheren Gesellschaft«, so hieß es 1860 in einer Enzyklopädie des Bildungswesens, sei »die Trennung der Geschlechter durch den Unterschied der ganzen Lebensbestimmung nothwendig«.[26] Dennoch fanden an einzelnen höheren Schulen auch Mädchen Aufnahme, wenn es für sie am Ort kein entsprechendes weibliches Bildungsangebot gab. Die Schulverwaltung war aber bemüht, das Prinzip der Geschlechtertrennung durchzusetzen. Als beispielsweise im niederbergischen Langenberg 1883 die höhere Bürgerschule zum Realprogymnasium erhoben wurde, geschah das mit der Auflage, die Mädchen an eine höhere Töchterschule abzugeben. Auch der damalige Schulleiter hielt wenig von Koedukation und meinte, »daß durch die Anwesenheit der größeren Mädchen manche Störungen der Aufmerksamkeit, Neckereien und Correspondenz zwischen Knaben und Mädchen hervorgerufen worden seien. Es liege daher im größten Interesse der Schule, diese Entfernung so bald als möglich zu vollziehen«.

Eine Generation später sah sein Nachfolger diese Problematik völlig anders. Anlässlich einer Schulfeier im Jahre 1912 bedauerte er,

> »daß der rauhe Staat das schöne Geschlecht hartherzig von der alten, liebgewonnenen Stätte hinwegwies und gebot, es allein und abgesondert zu unterrichten. ... Die Regierung dürfte gut daran tun, im

wohlverstandenen Interesse gerade der kleineren Städte ihren Widerstand gegen den gemeinsamen Unterricht von Knaben und Mädchen aufzugeben … und den kleineren Gemeinwesen wie Langenberg, die sich nicht wie die großen Städte für ihre wissensdurstigen und weiterstrebenden Mädchen große Studienanstalten gestatten können, die Möglichkeit zu geben, in höheren Lehranstalten begabte Mädchen, die später einmal studieren wollen, aufzunehmen.«[27]

Immerhin gab es auch zu dieser Zeit einzelne Mädchen auf höheren Jungenschulen. Ihre Zahl wurde aber von der amtlichen Schulstatistik bis zum Ende des Kaiserreiches nicht gesondert ausgewiesen.

In der Weimarer Republik verfuhr das preußische Kultusministerium bei der Aufnahme von Mädchen in Jungenschulen seit 1919 nach folgenden Grundsätzen:

»1. Da, wo Lyzeen oder voll entwickelte höhere Mädchenschulen vorhanden sind, haben die Mädchen erst diese durchzumachen, ehe sie in eine ihrer Vorbildung entsprechende Knabenschule eintreten.
2. Studienanstalten und Oberlyzeen erschließen den Mädchen den Zugang zur Universität. Wo diese vorhanden sind und solange sie noch Platz haben, werden die Mädchen an diese verwiesen.
3. Da jedoch, wo keine höheren Lehranstalten für die weibliche Jugend zur Verfügung stehen, kann der Zutritt geistig und körperlich geeigneter Mädchen in Klassen der höheren Knabenschulen eröffnet werden.«[28]

Demnach sollte die Koedukation nur eine Ausnahme von der Regel der getrennten Beschulung bilden. Nach einem Erlass von 1922 war die Zulassung von Mädchen nur mit ministerieller Genehmigung möglich, wobei anzugeben war,

»ob die betreffende höhere Knabenschule schon von Schülerinnen besucht wird und ob das Lehrerkollegium sowie der Elternbeirat der Anstalt und bei nichtstaatlichen Anstalten auch die zuständigen städtischen Körperschaften mit der Aufnahme von Schülerinnen einverstanden sind. Ferner ist anzugeben, ob in der betreffenden Klasse noch Platz für die aufzunehmende Schülerin vorhanden, ob für eine besondere Abortanlage und für ordnungsmäßigen Turnunterricht, gegebenenfalls auch für Nadelarbeitsunterricht der Schülerinnen gesorgt ist.«[29]

Der Trend zur Koedukation wurde dadurch gefördert, dass an kleineren Orten zumeist nicht mehrere zum Abitur führende Schulen bestehen konnten. Dazu trug auch die wirtschaftliche Not vieler Eltern in den ersten Nachkriegsjahren und der Weltwirtschaftskrise bei sowie der Schülerschwund, der auf den Geburtenrückgang während des Ersten Weltkrieges zurückging. Die Schülerinnen traten nicht nur in die Oberstufe von Gymnasien ein, sondern zunehmend auch in die unteren Klassen. Unter diesen Rahmenbedingungen verdoppelte sich der Anteil der Mädchen in den öffentlichen höheren Knabenschulen Preußens zwischen 1926 und 1933 von 2,4 auf 4,8 Prozent. In den am dichtesten besiedelten Provinzen Rheinland, Westfalen und Oberschlesien lag der Mädchenanteil nur bei 2,4 bis 2,8 Prozent, im dünn besiedelten Brandenburg dagegen erreichte er den Spitzenwert von 15 Prozent.[30] Der Unterschied ist sicher darauf zurückzuführen, dass sich ein differenziertes Angebot höherer Schulen in Flächenregionen weniger realisieren lässt als in Ballungsräumen. Ein weiterer Grund liegt möglicherweise in der verbreiteten Ablehnung der Koedukation durch den katholischen Bevölkerungsteil, der in den dicht besiedelten Provinzen die Mehrheit stellte, in Brandenburg dagegen weniger als 10 Prozent.

Die Erfahrungen mit dem gemeinsamen Unterricht von Jungen und Mädchen waren weithin ermutigend. So wurde das Auftreten der ersten drei Mädchen an der Schillerschule im brandenburgischen Jüterbog im Jahresbericht 1924/25 so kommentiert:

> »Der gemeinsame Unterricht von Knaben und Mädchen hat sich reibungslos durchführen lassen. ... Im allgemeinen überragen die Mädchen ihre männlichen Klassenkameraden an Eifer und Aufmerksamkeit, was andererseits wieder anspornend auf die Knaben wirkt. Der Verkehrston zwischen den Knaben und Mädchen ist ein frischkameradschaftlicher.«[31]

Am Herforder Friedrichs-Gymnasium wurden 1925/26 die ersten fünf Mädchen aufgenommen, zwei davon in die Sexta. Eine Schülerin der ersten Stunde erinnerte sich später an den Lernprozess, der damit für alle Beteiligten verbunden war:

> »Für die Jungen, die ja bis auf die paar Auswärtigen, die von Dorfschulen kamen, auch in der Grundschule nie mit Mädchen zusammen auf der Schulbank saßen und je nach Temperament darauf reagierten; für uns beiden Mädchen die gleiche Lage, dazu in klarer Minderheit; für die Lehrer die ungewohnte Situation, zehnjährige Buben im Rauf- und Tobealter und zwei naturgemäß noch schüchterne Mädchen unter einen Hut zu bringen. Es klappte! Konjugieren und Deklinieren, Subtrahieren und Addieren kennen ja nicht ge-

schlechtsspezifische Unterschiede. Und wir Mädchen blieben in den Pausen unter uns und störten die Jungen in ihren Spielen nicht. ... Es war ein Entwicklungsprozeß, der zwar zeitweilig Ähnlichkeit mit der Echternacher Springprozession hatte und in dem manches vielleicht nach dem heutigen Stand der Erkenntnisse hätte klüger gehandhabt werden können. Dafür profitiert die heutige Mädchen- und Frauengeneration von den Bemühungen und Versuchen früherer Zeiten.«[32]

Bis 1940 stieg der Anteil der Mädchen an höheren Jungenschulen auf fast sieben Prozent an, obwohl die nationalsozialistische Ideologie die Koedukation ablehnte und 1938 die neue Oberschule prinzipiell nach Geschlechtern trennte.[33]

Das Ende der Geschlechtertrennung nach 1945

Auch nach dem Ende der NS-Herrschaft stieß die gemeinsame gymnasiale Bildung von Mädchen und Jungen noch auf erhebliche Widerstände. 1953 formulierte der Ausschuss für Mädchenbildung im Deutschen Philologenverband die vorherrschende Position des Jahrzehnts so: »Als Normalform muss weiterhin die reine Knaben- bzw. Mädchenschule gelten.«[34] Diese Formulierung schloss die Koedukation nicht grundsätzlich aus, sah sie aber skeptisch. Während die SPD sie befürwortete, galt die gemeinsame Schulerziehung Konservativen, besonders der katholischen Kirche und den konfessionellen Lehrerverbänden, als sittliche Gefahr. Aber auch im streng protestantischen Remscheid fand man angesichts der Situation, dass sich das städtische naturwissenschaftliche Gymnasium ein Gebäude mit dem Mädchengymnasium teilen musste, eine originelle Antwort auf das Problem: Ein Strich auf dem Schulhof trennte die Jungen von den Mädchen, und es war strengstens verboten, diesen Strich zu übertreten.[35] Am Herforder Friedrichs-Gymnasium konnten wie schon in der Weimarer Republik Mädchen nur mit besonderer Genehmigung der Schulbehörde aufgenommen werden. Hier gelang es 1964 gegen den massiven Widerstand einer Oberschulrätin, die Koedukation als Regel durchzusetzen. Zu diesem Zeitpunkt stellten die Mädchen immerhin schon gut 14 Prozent der Schülerschaft.[36]

Der Durchbruch der Koedukation vollzog sich in den sechziger Jahren, als auch Diskussionen über die Benachteiligung von Mädchen im Bildungswesen geführt wurden. Für Rheinland-Pfalz ist diese Entwicklung genauer untersucht worden. Hier betrug der Anteil der gemeinsam unterrichteten Schülerinnen und Schüler anfangs der sechziger Jahre schon

60 Prozent, doch besuchte noch etwa die Hälfte der Mädchen eine reine Mädchenschule. Die zahlreichen nach 1960 gegründeten höheren Schulen dagegen standen in aller Regel beiden Geschlechtern offen, so dass seit der Mitte des Jahrzehnts die Zahl der koedukativ unterrichteten Mädchen in Rheinland-Pfalz stark anstieg.[37] Die Vorstellung einer unterschiedlichen Wesenhaftigkeit von Jungen und Mädchen galt jetzt als überholt, die Zeichen standen auf Annäherung der Geschlechter. Seitdem ist der weibliche Anteil an den Abiturienten beständig gestiegen, und seit Anfang der neunziger Jahre stellen die Mädchen in Deutschland die Mehrheit der Schulabgänger mit allgemeiner Hochschulreife (Tabelle 1).

IV. VOM ERSTEN ZUM ZWEITEN WELTKRIEG

(1) ABITUR IM ERSTEN WELTKRIEG

Kriegsbeginn und Abitur

»Als am 28. Juni 1914 der Thronfolger von Österreich-Ungarn durch ruchlose Hand ermordet worden war, zogen vom Süden her schwarze Gewitterwolken herauf, und ganz Deutschland ahnte die drohende Gefahr. Nachdem alle Verhandlungen Österreichs mit Serbien ohne Erfolg gewesen waren, erfolgte von Österreich die Kriegserklärung an Serbien. Bald darauf die Kriegserklärung Rußlands an Österreich. Da sah sich auch Deutschland veranlaßt, mit in den tobenden Weltbrand einzugreifen.

Am 1. August wurde auf Befehl S. M. des Kaisers die allgemeine Mobilmachung des ganzen deutschen Heeres und der gesamten Flotte befohlen. Ohne Zögern, mit Zuversicht auf die vorzügliche deutsche Macht, zogen schon am 2. August sehr viele junge Leute aus Langenberg fort in den so plötzlich entbrannten Kampf. Da konnte das Elternhaus und die Schule uns junge Leutchen nicht länger halten. Die ganze deutsche Schuljugend der höheren Schulen bemühte sich, bei irgendeinem Regiment einzutreten, um möglichst schnell ins Feld hinauszuziehen.

Nachdem ich seit dem 3. August bei verschiedenen Regimentern um Einstellung gebeten hatte, und ich überall wegen Überfüllung zurückgewiesen wurde, schien es mir, als ob ich gar nicht den Feldzug mehr mitmachen sollte, denn damals glaubte jeder, daß bei dem schneidigen Vorgehen unserer jungen Truppen der Krieg höchstens ein viertel Jahr dauern könnte.«

So beginnt der Reifeprüfungsaufsatz, den ein Schüler des Realgymnasiums im niederbergischen Langenberg im Juli 1915 verfasste. Er gehörte zu den zahlreichen Unterprimanern, die in der Kriegsbegeisterung des August 1914 die Schulbank mit dem Schützengraben vertauschten, um sich als wahre Männer zu beweisen. Dieser Schüler musste bis Ende September warten, ehe er als Kriegsfreiwilliger bei einem Husaren-Regiment angenommen wurde. Nach zweimonatiger Ausbildung kam er Ende November nach Russland an die Front – hinweg über »blutige Schlachtfelder, auf denen die Verwundeten um Hilfe schrieen«, und vorbei an »Heldengräbern«. Ungeachtet seiner bedrückenden Erfahrungen schloss er seinen Aufsatz mit einem optimistischen Ausblick, der von den Stereotypen der Zeit geprägt war:

> »Hoffentlich gelingt es unsern braven Truppen standzuhalten, auf daß wir bald in Rußland den lange ersehnten Frieden diktieren und unsere Truppen zu neuen glorreichen Taten nach dem Westen schicken können, um hier den Weltbrand zu unseren Gunsten zu siegreichem Ende zu bringen.«[1]

Den Anlass für diese sprachlich beachtliche Schilderung der eigenen Kriegserlebnisse bot die Notreifeprüfung, die der Schüler 1915 ablegte, nachdem er gerade einmal vom April bis zum Herbst 1914 die Unterprima besucht hatte. Schon am Tag des Kriegsbeginns war diese Art der Reifeprüfung geschaffen worden. Ein Ministerialerlass wies die Direktoren der höheren Schulen an, »mit den Schülern, welche der Prima mindestens im dritten Halbjahr angehören und sich entweder über ihre Verpflichtung zum Eintritt in die Armee durch die betreffenden Militärpapiere ausweisen oder die Zustimmung ihrer Väter oder Vormünder zu ihrem freiwilligen Eintritt beibringen und für militärtauglich befunden worden sind, sogleich die Reifeprüfung abzuhalten.«[2] In kürzester Zeit wurden im August 1914 ganze Oberprimen ohne echte Prüfung durch das Verfahren geschleust und standen nun für den Kriegsdienst bereit. Einer von ihnen war der Dichter Carl Zuckmayer, der die Situation später so beschrieb:

> »Für uns war das Ganze ein gewaltiger Spaß. Die Uniform gab auch dem schlechtesten Schüler noch einen Zug von Manneswürde, gegen die der Lehrer machtlos war. Er konnte einen jungen Krieger, der bereit war, sein Leben dem Vaterland zu opfern, nicht wegen mangelnder Kenntnisse in griechischer Grammatik durchfallen lassen. Es wurden uns nur die leichtesten Fragen gestellt, in denen keiner versagen konnte. Das Abitur, der Schreckenstraum vieler Jugendjahre, wurde zu einem Familienfest. ... Wir waren heilfroh und fühlten uns von einer großen Lebensangst befreit. Denn für die größere, die ewige, die Angst des Menschen vor dem Tode, reichte unsere Phantasie noch nicht aus.«[3]

Notreifeprüfungen – der Dank des Vaterlandes an die Kriegsteilnehmer

Wie solche Notreifeprüfungen abliefen, lässt sich den Abiturakten der Oberrealschule in Remscheid entnehmen, die sich 1913 vom dortigen

Realgymnasium gelöst hatte.[4] Hier traten im Juni 1915 vier Schüler zur ersten Abiturprüfung überhaupt an. Sie waren im Herbst 1914 als Unterprimaner in den Krieg gezogen und hätten normalerweise erst Ostern 1916 die Schule abgeschlossen. Während ihres Kriegseinsatzes nach Oberprima versetzt, kamen sie jetzt von der Front zu einem eilig anberaumten Examen, bei dem in drei Tagen alle fünf schriftlichen Arbeiten sowie die mündliche Prüfung zu absolvieren waren. Formal geschah das auf Grundlage der Abiturordnung von 1901, doch bei den Leistungsanforderungen kamen die Prüfer den Kandidaten weit entgegen.

Ein Schüler verpasste den regulären Termin des deutschen Aufsatzes und durfte drei Tage später über ein ganz persönliches Thema schreiben, nämlich »Die Tätigkeit meiner Truppe bei dem großen Maivorstoß in Galizien«. Auf drei Spalten berichtete er über die Schwierigkeiten des Brückenbaus hinter der Front und schloss dann:

> »Aber der deutsche Soldat kennt das Wort ›unmöglich‹ nicht, und nach der Einnahme von Przemysl dauerte es nicht lange, daß der erste Zug mit Lebensmitteln in den Bahnhof einfuhr. Hoffentlich ist der Zeitpunkt recht nahe, wo wir den ersten deutschen Zug nach Lemberg und dann nach Warschau einfahren sehen, und dann weiter hinein in des Feindes Land, zur Ehre Deutschlands.«

Die Beurteilung des Lehrers lautete: »Ausdruck und Inhalt sind durchaus klar und verständig, was ja bei diesem ›Bericht aus dem Felde‹ eines Mitstreiters erwartet werden durfte. Der Aufsatz ist völlig genügend.« Solche Kriegsberichte waren in den nächsten Jahren als Abituraufsätze nichts Außergewöhnliches.

Die Abiturzeugnisse enthielten jetzt neben den üblichen Angaben zu Geburtstag und -ort, Konfession und Beruf des Vaters zusätzlich Bemerkungen über den Einsatz im Krieg. Bei diesem Abiturienten lauteten sie: »Bei Ausbruch des Weltkrieges im August 1914 trat er sofort als Kriegsfreiwilliger in das 3. Eisenbahnregiment in Hanau ein und hat am Feldzuge in Belgien, Polen, Ostpreußen und zuletzt in Galizien teilgenommen. Von Jaroslau ist er zur Notreifeprüfung herbeigeeilt.« Es folgte der formelhafte Schluss: »Wir wollen wünschen, dass er gesund aus dem Kriege in die Heimat zurückkehrt.«

An die Prüfung der schon 1914 in den Krieg gezogenen Unterprimaner schloss sich unmittelbar die der fünf Remscheider Oberprimaner an, die jetzt ihren Klassenkameraden folgten. Ihnen stand ein Tag mehr zur Verfügung, und im deutschen Aufsatz hatten sie ein ganz traditionelles Thema zu bearbeiten: »Straßburg, ein Merkstein in der Entwicklung Goethes.« Natürlich bestanden alle die Prüfung.

Je länger der Krieg dauerte, desto größer wurde die Zahl der jungen Männer, die zugunsten des Militärdienstes ihre Schullaufbahn abgebrochen hatten. Zwei Jahre nach Kriegsbeginn kam daher eine reichsweit gültige Sonderreifeprüfungsordnung für diejenigen Kriegsteilnehmer heraus, die vor dem Eintritt in das Heer mindestens die regelrechte Versetzung nach der Untersekunda erlangt hatten.[5] Ihre Anforderungen waren gegenüber der regulären Prüfungsordnung deutlich herabgesetzt. So hatten die Kandidaten in der Mathematik nur noch zwei einfachere Aufgaben (statt vier) in etwas verkürzter Zeit zu lösen. Am Gymnasium musste in den alten Sprachen nur noch ins Deutsche übersetzt werden, während am Realgymnasium die Arbeit in Physik und an der Oberrealschule eine der beiden fremdsprachigen Arbeiten entfiel. Damit war erstmals die Zahl der schriftlichen Prüfungsfächer an allen drei Typen der höheren Schule gleich. Für die Übersetzungen in den Sprachen waren »unter entsprechender Vereinfachung der Aufgaben« nur noch zwei (statt drei) Stunden vorgesehen. Die inhaltlichen Anforderungen dieser Prüfungsordnung sollten sich an den Lehrplänen orientieren, die gleichzeitig in Preußen für kriegsbeschädigte frühere Schüler zur Vorbereitung auf die Kriegsreifeprüfung eingerichtet wurden.

Nach der militärischen Niederlage Deutschlands und der Novemberrevolution von 1918 kam die neue republikanische Regierung den Kriegsteilnehmern noch viel weiter entgegen. Ein Erlass vom Februar 1919 erkannte denen, die bis Ostern 1917 »regelrecht nach Unterprima versetzt und von der Schule aus ins Heer eingetreten« waren, das Reifezeugnis sogar ohne Prüfung zu, wenn sie bis zum Schlusse des Krieges im Heeresdienst oder aber kriegbeschädigt waren.[6] Vor dem Krieg wäre ein Abitur ohne Prüfung und zweijährigen Besuch der Prima völlig undenkbar gewesen. Zu den Kriegsteilnehmern, denen auf diese Weise der Dank des Vaterlandes abgestattet wurde, gehörten auch 15 ehemalige Schüler der Remscheider Oberrealschule, die noch im selben Monat das Zeugnis erhielten, das sie formal zum Hochschulstudium berechtigte.

Auch im ersten Schuljahr nach Kriegsende fanden solche Erleichterungen kein Ende. Im April 1919 dehnte ein Erlass sie vielmehr auf Kriegsteilnehmer und ungediente Schüler höherer Schulen aus, die in den Grenzschutz Ost eintraten.[7] Das war die Bezeichnung für die Freiwilligen-Verbände, die bis zur endgültigen Grenzziehung nach dem damals noch nicht unterzeichneten Versailler Vertrag den Schutz der deutschen Ostgrenze übernehmen sollten. Schüler, die Ostern 1919 in die Oberprima versetzt worden waren, wurden sofort zur Notreifeprüfung zugelassen. Auf Grund dieses Erlasses trat im Mai an der Remscheider Oberrealschule die Prüfungskommission zusammen. Das Protokoll vermerkt:

»Da mit einer sofortigen Besetzung der Stadt Remscheid durch die englischen Truppen gerechnet werden muß, den Schülern aber in diesem Falle die Ausreise zu ihrem Truppenteil unmöglich gemacht wird, beschließt die Prüfungskommission, von einer schriftlichen Prüfung ganz abzusehen, einem Teil der Schüler auf Grund des letzten Osterzeugnisses und der entsprechenden Klassenleistungen seit Ostern die mündliche Prüfung zu erlassen, die übrigen Schüler aber in je 2 Fächern mündlich zu prüfen. ... Den von der mündlichen Prüfung befreiten Schülern wird das Ergebnis mitgeteilt und dann sofort in die mündliche Prüfung eingetreten.«

Nachdem die verbliebenen sechs Schüler sie absolviert hatten, konnten sich insgesamt 18 Oberprimaner über ein leicht erworbenes Abitur freuen. Die Zeugnisse erhielten sie allerdings erst Ostern 1920.

Zwei Wochen später unterzogen sich fünf Schüler, die nicht zu den Freikorps gegangen waren, einer zweitägigen Kriegsreifeprüfung nach der Ordnung von 1916. Einer von ihnen durfte unter dem Thema »Auf dem Rückmarsch aus Frankreich mit der 13. Division (November 1918)« über seine Erlebnisse berichten. Was er niederschrieb, hatte mit der aus früheren Aufsätzen bekannten Kriegsbegeisterung nichts mehr zu tun:

»Um 11 Uhr 45 Minuten fällt der letzte Schuss! So lautete am Morgen des 9. Novembers die Losung. Bei den vorderen Truppen wurde dies erst um 11 Uhr bekannt. Die Freude war unbeschreiblich. Fieberhaft wurde gepackt. Nun aber so schnell wie möglich heraus aus diesem Elend! Doch erst am 11. November waren die Etappentruppen so weit zurückmarschiert, dass auch die Truppen aus den Stellungen den Rückmarsch antreten konnten.
So freudig hatte die 13. Infanterie-Division wohl noch nie einen Marsch angetreten. Alle die schönen Andenken wie Gurkhamesser[8] und englische Gewehre, die das ganze Jahr so sorgfältig aufgehoben und mitgeschleppt worden waren, wurden jetzt in den Graben geworfen. Man wollte leicht sein, möglichst viel Kilometer zurücklegen können. Schon am dritten Tage wurde die französisch-belgische Grenze überschritten. Die Franzosen, die uns vorher stets so höflich und zuvorkommend begegnet waren, waren kaum wieder zu erkennen. Immer und immer wieder erklärten sie uns höhnisch, daß wir besiegt wären, und daß wir alles bezahlen müßten – auch für die großen Schäden an ihrem Eigentum. Wir haben die Komödianten gerne hinter uns gelassen. ›In der Heimat, in der Heimat, da gibt's ein Wiedersehen!‹ Singend, leichten und frohen Herzens zogen wir weiter in Belgien hinein. Es sollte hier auf deutsche Truppen geschos-

sen worden sein. Damit mochte man Etappentruppen bange machen; für uns war jetzt der Krieg vorbei. ...«

(2) Neuordnung des Abiturs in der Weimarer Republik

Abschaffung der Reifeprüfung? Diskussionen zu Beginn der Weimarer Republik

Nach der Novemberrevolution von 1918 und ersten schulpolitischen Reformen wie der Einführung der vierjährigen Grundschule im April 1920 stand auch die Zukunft der Reifeprüfung zur Diskussion. Nicht wenige Stimmen erhoben sich für ihre Abschaffung. So gehörte sie denn zu den Themen der Reichsschulkonferenz vom Juni 1920, die in Form eines »Hearing« unter Beteiligung von mehr als 700 Vertretern von Kultusbürokratien, Gemeindeverwaltungen, Berufsverbänden der Lehrer und pädagogischer Fachwelt dazu dienen sollte, Leitlinien für die weitere Entwicklung des Bildungswesens zu gewinnen.

Für eine Abschaffung der Prüfung setzte sich im Namen des »Bundes entschiedener Schulreformer« Paul Oestreich ein: »Die Reifeprüfung ist alsbald aufzuheben, da die Erfahrungen der Lehrer im gewöhnlichen Unterricht weit zuverlässigere Maßstäbe für die ›Reife‹ der Schüler und Schülerinnen bieten als die Zufälligkeiten einer das Nervensystem der Prüflinge ganz unnötigerweise belastenden vieltägigen Zwangs- und Schemaprüfung.« Als Etappen auf dem Weg zu diesem Ziel forderte er, »den Individualitäten ... bei der Prüfung durch hinreichende Wahlfreiheit der Prüflinge in der Zusammenstellung ihrer Prüfungsfächer gerecht zu werden. Der Unterschied zwischen Haupt- und Nebenfächern in der Bewertung hat zu fallen.«[9] Das waren damals geradezu revolutionäre Forderungen, die erst in der Oberstufenreform von 1972 realisiert wurden.

Auf der Reichsschulkonferenz blieb der Bund entschiedener Schulreformer jedoch in der Minderheit. Im zuständigen Ausschuss kritisierte der Amberger Stadtschulrat Franz Weigl als Berichterstatter die Tendenz, alle Prüfungen als »unpädagogische unzeitgemäße Einrichtungen« abzulehnen, denn – so argumentierte er – »zweifellos liegt in den staatlichen Prüfungen, die sich erst im Laufe des 19. Jahrhunderts in ihrer heutigen Breite entwickelt haben, eine ausgesprochen demokratische Tendenz. Von Äußerlichkeiten wie Geburt, gesellschaftliche Stellung der Eltern, finanzielle Leistungsfähigkeit sollen die Staatsämter losgelöst und Bewerbern bereitgestellt werden, die sich einzig durch ihre Tüchtigkeit auf

Grund eines unter gleichen Bedingungen vollzogenen Wettbewerbs mit anderen den Weg bahnen.« Er trat für die Beibehaltung der Reifeprüfung ein, deren allgemeine Anforderungen für das Reich einheitlich festzustellen seien – nicht im Sinne »völlig einheitlicher stofflicher Anforderungen«, sondern durch Bestimmungen über den formalen Bildungsgrad und durch einheitliche Regelung des Prüfungsablaufs.[10]

Dagegen hielt der Nürnberger Stadtschulrat Konrad Weiß, Volksschullehrer von Herkunft, die Reifeprüfung für überflüssig, ja schädlich. Obwohl »infolge der fortwährenden Klagen über Überbürdung eine allmähliche Vereinfachung eingetreten« sei, verleite sie immer noch »zum Drill, zu öden Gedächtniskunststückchen, zum Pensenlernen« und erschwere vor allem die angestrebte freie Gestaltung des Unterrichts in den oberen Klassen.[11]

Im Ergebnis fand der Ausschuss die Kompromissformel, »dass die Zuerkennung von Berechtigungen in erster Linie an die Schlussbeurteilung durch die Schule gebunden ist, in zweiter Linie an Prüfungen, die grundsätzlich an der eigenen Anstalt abzuhalten sind.« Eine Prüfung mit zentraler Aufgabenstellung, wie sie damals in Bayern existierte, erschien ihm »nur als vereinzelte Ausnahme zulässig«.[12] Doch da die Beschlüsse der Reichsschulkonferenz keinerlei bindende Wirkung für die Schulpolitik der Länder hatten, blieb dieses Votum ohne praktische Bedeutung.

In den nächsten Jahren wurde die Neuordnung des Abiturs unter Schulfachleuten weiter kontrovers diskutiert. Auch im Philologenverband fanden sich Befürworter einer Reform.[13] 1923 trat der Bund entschiedener Schulreformer mit einer Broschüre hervor, die *Vom Sinn und Widersinn der Reifeprüfung* betitelt war. In den Beiträgen der 16 Autoren kamen noch einmal die Probleme des bestehenden Prüfungsverfahrens zur Sprache. Dazu gehörten die unerlaubten Hilfen, die selbst von Lehrern gegeben wurden, die ihre Schule vor dem die Prüfung leitenden Schulrat in einem günstigeren Lichte erscheinen lassen wollten. Übereinstimmend wurde kritisiert, dass es in der Prüfung nicht so sehr um grundlegendes Verständnis und Urteilsfähigkeit gehe, sondern eine Unmenge an Detailwissen erwartet werde, »das wenige Monate nach dem Examenstermin spurlos in alle Winde verschwindet«.[14] Einigkeit bestand auch darüber, dass die sittliche Reife der Schüler ohnehin nicht – wie vorgegeben – geprüft werden könne. Angesichts dessen plädierten etliche Autoren für die völlige Abschaffung der Prüfung. Andere hielten das für utopisch und machten Vorschläge zu ihrer Reform. So sollte die Zahl der Prüfungsfächer auf drei, höchstens vier herabgesetzt werden, und akzeptabel erschien auch die Bindung, dass unter diesen Fächern stets Deutsch und eine vom Schultyp abhängige Fremdsprache sein müsse.[15] Ungeachtet unterschiedlicher

Standpunkte konnte der Herausgeber Adolf Grimme, Gymnasiallehrer und später preußischer Kultusminister, resümieren, dass »für die heutige Form der Reifeprüfung der Sarg bereits gezimmert« sei.[16]

Die Neuordnung des Abiturs in Preußen – Abschied vom »Folterverfahren«?

Die tatsächliche Entwicklung der Reifeprüfung hing wesentlich davon ab, welches Modell Preußen bei der Neuordnung seines höheren Schulwesens favorisierte. Würde es die vom Bund entschiedener Schulreformer propagierte »elastische Einheitsschule« sein, die anstelle der äußeren Differenzierung nach Schultypen eine Kombination von allgemein verbindlichem Kernunterricht und Wahlunterricht nach individuellen Neigungen und Fähigkeiten vorsah?[17] Entsprechende Schulversuche waren schon zu Beginn der zwanziger Jahre angelaufen und wurden vom Ministerium genehmigt, sofern sie keine Mehrkosten verursachten.[18] Letztlich aber hielt Preußen unter Kultusminister Otto Boelitz (Mitglied der nationalliberalen Deutschen Volkspartei) an den historisch gewachsenen Schultypen fest und fügte sogar noch einen weiteren hinzu: die Deutsche Oberschule, deren inhaltlichen Schwerpunkt die deutschkundlichen Fächer bildeten. Als bildungstheoretische Grundlage der Reform wurde die von dem federführenden Ministerialbeamten Hans Richert entwickelte Idee einer »deutschen Bildungseinheit« in den Vordergrund gestellt.[19] In bewusster Arbeitsteilung sollte »jeder Schulart ein Kulturbezirk zur besonderen Pflege überwiesen« werden, so dass »erst in der Zusammenarbeit aller vier Schulformen die Gesamtheit der unserer höheren Bildung gestellten Aufgaben erfüllt wird«.[20] Das Gymnasium war demnach für die antike Kultur zuständig, das Realgymnasium für die westeuropäische, die Oberrealschule für die Naturwissenschaften und die Deutsche Oberschule für die deutsche Kultur. Durch diesen Kunstgriff wurde das Festhalten an der überkommenen Schulstruktur ideologisch verbrämt.

Im übrigen sollte nicht übersehen werden, dass »der eigentliche politische Ausgangspunkt der Richertschen Reform nicht der idealistische deutsche Nationalismus war, sondern die dringende Notwendigkeit zu sparen«.[21] Eine stärkere Differenzierung des Fächerangebots hätte nämlich bei den damaligen geringen Schulgrößen höhere Personalkosten zur Folge gehabt. Tatsächlich brachten die neuen Stundentafeln, die im Oktober 1924 herauskamen, gegenüber den alten von 1901 eine Reduzierung des Pflichtunterrichts um drei bis vier Prozent.[22] In der ministeriellen Denkschrift, die die Motive der Schulreform entwickelte, war von dem Spareffekt allerdings nicht die Rede. Hier wurde die Kürzung der Stundentafeln allein als Maßnahme gegen »das Hauptübel unseres Schulwesens« dargestellt: die »Überbürdung« der Schüler.[23] Dieses Argument war sicher nicht falsch, doch in der äußerst schwierigen Situation des Staatshaushaltes infolge der bis 1923 währenden Inflation hatte das, was sich pädagogisch begründen ließ, eben auch einen politisch dringend erwünschten Spareffekt.

Den vier Schultypen entsprechend waren die Anforderungen der neuen Reifeprüfungsordnung differenziert, die im Juli 1926 herauskam und ab Ostern 1927 galt – und zwar erstmals für Jungen und Mädchen in gleicher Weise. Einzelne Regelungen wurden schon ein Jahr zuvor in Kraft gesetzt.[24] Eine davon eröffnete den Prüflingen die Möglichkeit, beim deutschen Aufsatz zwischen vier Aufgaben zu wählen, die verschiedenen Gebieten entnommen sein mussten. Das führte hier und da zu Bedenken, ein Prüfling könne wertvolle Zeit mit Versuchen an mehreren Themen vergeuden. Ebenfalls vorgezogen wurde die Abschaffung des lateinischen Scriptums am Gymnasium, an dessen Stelle eine Übersetzung ins Deutsche trat. Damit fand das Lateinschreiben als Abituranforderung in Preußen sein definitives Ende.

Neben dem deutschen Aufsatz und der mathematischen Arbeit gab es jetzt einheitlich für alle Schultypen zwei weitere schriftliche Prüfungen (vgl. Tabelle 3 in Kapitel II). Am Gymnasium waren das die Übersetzungen aus dem Griechischen und Lateinischen, die eine im Klassenunterricht noch nicht behandelte Stelle aus dem Kreise der zuvor gelesenen Schriftsteller zur Vorlage hatten. Am Realgymnasium mussten je eine französische und englische Arbeit geschrieben werden, wobei an die Stelle der Arbeit aus der zweiten neueren Fremdsprache auf Wunsch des Prüflings eine Übersetzung aus dem Lateinischen treten konnte. Als Arbeitsformen kamen eine »freie Darstellung von mäßigem Umfang (essai)«, die »freie Wiedergabe eines vorgelesenen deutschen oder fremdsprachlichen Textes« oder eine Übersetzung in die Fremdsprache in Frage.

An der Oberrealschule war anstelle einer dieser beiden fremdsprachlichen Arbeit eine naturwissenschaftliche Abhandlung zu schreiben, und zwar nach Wahl des Prüflings in Physik, Chemie oder Biologie. Schüler der neuen Deutschen Oberschule hatten neben der Arbeit aus der ersten Fremdsprache eine weitere in Geschichte oder Geographie zu verfassen, bei der drei Aufgaben zur Wahl gestellt wurden. In Geschichte sollten die Aufgaben möglichst der neueren deutschen Geschichte oder auch der Staatsbürgerkunde entnommen werden und dem Prüfling den Nachweis ermöglichen, dass er »in der Lage ist, geschichtliche Zusammenhänge gedanklich zu durchdringen und verständnisvoll darzustellen«.

Eine grundlegende Neuerung gab es bei der mündlichen Prüfung, denn eine Befreiung, die vorher bei Schülern mit klarem Leistungsbild erfolgte, war jetzt nicht mehr möglich. Dafür durfte der Prüfling sich neben den verbindlichen schriftlichen Fächern ein weiteres auswählen, in dem er »seine besondere Leistungsfähigkeit nachweisen« wollte. In welchen Fächern eine Prüfung stattfand, bestimmte der Prüfungsausschuss, wobei die Ergebnisse der schriftlichen Arbeiten eine maßgebliche Rolle spielten. Der Abiturient erfuhr in der Regel am Morgen des Prüfungstages, in welchen Fächern er antreten musste.

In der mündlichen Prüfung wurde zunächst eine größere Aufgabe gestellt, die in freiem Vortrag zu behandeln war. Dabei sollte der Prüfling »seine Auffassungsgabe, seine Urteilskraft, seinen Überblick über das betreffende Fachgebiet« und sein Darstellungsvermögen zeigen. Der Wert dieses Vortrages war aber bald umstritten, weil offensichtlich mancher Schüler sich das Thema im Wahlfach vorher ausrechnen konnte und mit einem wohlvorbereiteten Vortrag in die Prüfung ging. Auf Grund dieser Erfahrung schlug ein Schulaufsichtsbeamter schon bald vor, in allen Fächern von einer Vorlage (Text, Quelle, Kunstwerk usw.) auszugehen, »deren Interpretation, Übersetzung oder Deutung in mannigfacher Weise als Aufgabe gestellt werden« könne.[25]

Ein völliges Novum der Prüfungsordnung war eine für alle Schüler verbindliche Prüfung in den Leibesübungen, die leichtathletische sowie turnerische Übungen und Spiele umfasste. Sie diente dem Zweck, »die körperliche Leistungsfähigkeit der Prüflinge, ihre Gewandtheit, Kraft, Schnelligkeit und Ausdauer, aber auch ihren Mut, ihre Entschluß- und Willenskraft, ihre Geistesgegenwart und Selbständigkeit festzustellen und dadurch wichtige Ergänzungen für die Bewertung der gesamten Persönlichkeit zu gewinnen«.

Die Einführung dieses Prüfungselements geschah vor dem Hintergrund, dass Turnen und Sport in den zwanziger Jahren einen beispiellosen Aufschwung zur Massenbewegung erlebten. Vorher hatte der Turnunterricht an den höheren Schulen oft ein Schattendasein geführt, dessen Folgen für die körperliche Verfassung der Schüler vielen erst im Kriege bewusst wurden. Beispielsweise bedauerte der Direktor des Herforder Friedrichs-Gymnasiums 1915 die »klägliche Unbeholfenheit« mancher Schüler und schloss aus dem Umstand, dass 52 von 365 Schülern vom Sport befreit waren, auf mangelnde Akzeptanz dieses Faches bei den Eltern.[26] Das war durchaus kein Einzelfall. Der Aufwertung des Faches diente rund ein Jahr nach Kriegsende ein Erlass, wonach in Elternversammlungen und bei anderen Gelegenheit über die Bedeutung der Leibesübungen aufzuklären war. Für eine vorübergehende Befreiung vom Turnunterricht schrieb er jetzt ein amts- oder schulärztliches Zeugnis vor. Außerdem wurden Versuche gefördert, Turnprüfungen als Bestandteil der Reifeprüfung zu etablieren.[27] Die ersten derartigen Prüfungen waren Ostern 1920 an den städtischen höheren Schulen des damals noch selbstständigen Schöneberg (bei Berlin) abgehalten worden, wie dessen Oberbürgermeister auf der Reichsschulkonferenz stolz berichtete.[28] Die positiven Erfahrungen mit weiteren Versuchen führten dazu, dass die Leibesübungen zum festen Bestandteil der Reifeprüfung wurden.

Die gegenüber der Schule des Kaiserreichs gesteigerte Bedeutung der allgemeinen Persönlichkeitsbildung schlug sich noch in zwei weiteren Neuerungen nieder. Mit der Meldung zur Prüfung hatte jetzt jeder Schüler »einen ausführlichen Bericht über seinen Bildungsgang zu erstatten und dabei die Gebiete und Stoffe hervorzuheben, mit denen er sich vor allem beschäftigt hat«. An die Stelle des früher üblichen äußeren Lebenslaufes sollte also eine eingehende Darlegung des eigenen geistigen Werdens treten. Hier setzte die neue Ordnung ein Vertrauensverhältnis voraus, das keineswegs selbstverständlich war, und stellte hohe Anforderungen an den pädagogischen Takt der Lehrer. Einige Pädagogen warnten daher vor der Gefahr einer »Erziehung zur Unwahrhaftigkeit«, während andere die Bildungsgänge »als ein Kernstück der neuen Erziehungsschule nicht missen« wollten.[29]

Auch die schon in früheren Abiturordnungen vorgesehenen Gutachten der Lehrer erhielten einen anderen Charakter. Dienten sie bisher nur der Feststellung, ob der Schüler »die erforderliche Reife in sittlicher und wissenschaftlicher Hinsicht« erreicht hatte, so sollten sie jetzt

> »alles anführen, was für sein Gesamtbild und die Erkenntnis seiner Eigenart von Bedeutung ist. Ausbildung der Sinne, Beobachtungsfähigkeit, Verstandesklarheit, Urteilskraft, Erfindungsgabe, Phantasie, Darstellungsvermögen sind dabei ebenso in Betracht zu ziehen wie Sonderbegabung und Sonderbetätigung auf den verschiedenen Lebensgebieten innerhalb und außerhalb der Schule, Teilnahme und Erfolg in den Arbeitsgemeinschaften, bemerkenswerte Leistungen im Turnen und Sport, Betätigung im Gemeinschaftsleben der Schule, Teilnahme an der Jugendbewegung und dergl.«

Mit dieser Aufgabe dürften allerdings die meisten Lehrer überfordert gewesen sein, zumal sie in der Regel nicht über eine psychologische Ausbildung verfügten.

Eine weitreichende Änderung gab es bei der Bestehensregelung. Im Gegensatz zu allen früheren Prüfungsordnungen konnte jetzt ein Kandidat bei unzureichenden Leistungen in einzelnen Fächern auch ohne geregelten Ausgleich die Prüfung bestehen. Dazu bedurfte es lediglich eines gnädigen Prüfungsausschusses, der »im Hinblick auf die Gesamtreife und die

Persönlichkeit des Prüflings« entschied. Nur bei Minderleistungen im Deutschen oder einem für die jeweilige Schulform charakteristischen Hauptfach war in diesem Fall statt der einfachen eine Zweidrittelmehrheit vorgeschrieben. Weniger problematisch erscheint dagegen die Vorschrift, dass jedes Zeugnis in ein Gesamturteil (Bestanden, Gut bestanden, Mit Auszeichnung bestanden) münden musste, wogegen die vorher üblichen Kopfnoten für Betragen und Aufmerksamkeit entfielen.

Die meisten Anhänger einer Schulreform begrüßten die preußische Reifeprüfungsordnung als wesentlichen Fortschritt. Sie sei auch im Urteil der Schüler nicht mehr ein »Folterverfahren« wie in früheren Zeiten, sondern eigentlich kaum noch mit dem Worte »Prüfung« zu bezeichnen: »Diese Prüfung hat nicht mehr die Aufgabe, die Schwächen der Schüler aufzudecken und nochmals alles festzustellen, was sie vielleicht nicht wissen, sondern sie soll aufzeigen, wo die Schüler ihre besondere Stärke haben, worin die Vorzüge ihrer Persönlichkeit liegen. Sie will die wirkliche Bildungsreife zeigen, nicht ein Gedächtnisakrobatentum.«[30]

Dennoch befürworteten nicht wenige Schulreformer grundsätzlich die Abschaffung der Reifeprüfung. Prüfungen seien immer dort notwendig, argumentierte einer von ihnen, »wo bestimmte Kenntnisse und eine theoretische und praktische Durchbildung nachgewiesen werden müssen als Abschluß eines nicht weiter kontrollierten Bildungsganges. Damit sind Universitätsabgangs- und Fremdenprüfungen nötig und Schulabgangsprüfungen sinnwidrig.«[31] Nach ihrer Ansicht sollte das Abiturzeugnis allein auf Grund einer Konferenz analog den Versetzungskonferenzen erteilt werden. Dass damit das Abitur seine Funktion als Hochschulzugangsberechtigung verlieren würde, war vielleicht nicht allen so klar wie Eduard Spranger. Auch er sah in der Kopplung der Hochschulreife an die Abiturprüfung ein elementares Problem des höheren Schulwesens und plädierte für die Trennung beider. Die Hochschulzugangsberechtigung sollte dann durch den erfolgreichen Besuch propädeutischer Kurse an den Universitäten mit abschließender Prüfung erworben werden.[32]

Abiturordnungen anderer Länder

Mit ihren vier schriftlichen Fächern lag die preußische Prüfungsordnung an der unteren Grenze dessen, was die Vereinbarung der Länder über die gegenseitige Anerkennung der Reifezeugnisse vom Jahre 1922 vorsah.[33] Die zusätzliche Prüfung in den Leibesübungen stellte keine Erschwernis dar, da sie für das Bestehen allenfalls als Ausgleich für Defizite in wissenschaftlichen Fächern von Bedeutung war.

Den Gegenpol zur preußischen Reifeprüfungsordnung von 1926 bildete die bayerische von 1928. »Dort weitgehende Individualisierung und bereitwilliges Eingehen auf jede denkbare Eigenart der Schülerpersönlichkeit; hier straffe Vereinheitlichung und objektive Maßstäbe für die Beurteilung der Schüler« – so brachte ein württembergischer Schulverwaltungsbeamter den Gegensatz auf den Punkt.[34] Die bayerische Ordnung entsprach mit ihren sechs bis sieben schriftlichen Prüfungsfächern im Wesentlichen der von 1914; nur war jetzt Englisch an die Stelle von Französisch als erster Fremdsprache getreten und Erdkunde als mündliches Prüfungsfach hinzugekommen. Zudem waren die Regelungen zum Ausgleich nicht genügender Leistungen präzisiert und dabei verschärft worden; Mängel im Deutschen konnten jetzt überhaupt nicht mehr ausgeglichen werden.[35] 1935 fiel dann aber auch in Bayern die Übersetzung ins Lateinische. Ein gemeinsames Kennzeichen aller bayerischen Prüfungsordnungen war weiterhin die zentrale Aufgabenstellung durch das Kultusministerium.

Einen eigenen Weg zwischen Preußen und Bayern suchte die Schulreform in Sachsen. Die ministerielle Denkschrift von 1926 kritisierte am bayerischen Zentralabitur trotz Anerkennung unbestreitbarer Vorteile, dass die einzelne Schule nicht auf Sonderbegabungen und Sonderneigungen einzelner Schüler und Klassen eingehen könne. Auch sollte die Persönlichkeit des Schülers bei der Bildung der Gesamtzensur stärker berücksichtigt werden, da eine »mechanische Beurteilung nach der Zahl der Punkte, die eine Addition der Zensuren in den einzelnen Fächern ergibt«, nicht immer zu richtigen Ergebnissen führe. Die Denkschrift berief sich dabei auf Theodor Litt, der dafür plädiert hatte, die beurteilenden Lehrer vom »Despotismus der Zahl« zu befreien. Grundsätzlich plädierte sie für eine Gestaltung der Reifeprüfung, »die dem einzelnen Schüler sein Recht läßt, die ihm dabei aber, bevor sich die Pforten der Schule hinter ihm schließen, noch einmal zum Bewußtsein bringt, daß nicht subjektive Willkür das eigene Leben und das Leben in der Gemeinschaft gestaltet«.[36]

Verschärfung der Reifeprüfung – ein Mittel gegen die Überfüllung der Hochschulen?

Während sich manche Schulreformer um 1930 Illusionen über die Entbehrlichkeit der Reifeprüfung machten, blies aus den Hochschulen der Wind in die entgegengesetzte Richtung. Angesichts der alle bisherigen Erfahrungen in den Schatten stellenden Studentenzahlen beklagten viele Professoren, dass die Reifeprüfung ihrer Auslesefunktion nicht mehr gerecht werde. Einer ihrer Wortführer war der Berliner Anglist Wilhelm

Dibelius, dessen Ende April 1930 im *Deutschen Philologenblatt* veröffentlichter Beitrag großes Aufsehen erregte.[37]

Dibelius beklagte die Überfüllung der Universitäten und die dadurch bedingte Umwandlung der Hochschulen in Berufsvorbereitungsanstalten für die Masse. Einen Hauptgrund für diesen unhaltbaren Zustand sah er im Versagen der höheren Schule und der Reifeprüfung, deren Anforderungen teilweise erheblich zurückgegangen seien. Zwar erkannte er den »frischen idealistischen Zug« der neuen Richtlinien an und räumte ein, dass es immer noch viele tüchtige Studenten gebe. Gravierend erschien ihm aber das »erschreckend oberflächliche Tatsachenwissen« des größten Teils der Studenten und nicht zuletzt das Fehlen von Lateinkenntnissen. »Man kann keinen fremdsprachlichen Autor lesen, ohne daß man Vokabeln kennt, aber der moderne Student kommt zur Universität oft genug ohne solchen Ballast. Er hat in der Prima gelernt, in Vorträgen und Ausarbeitungen Urteile zu fällen; die Tatsachen, auf denen diese Urteile beruhen, lernt er auf der Universität; früher war es umgekehrt. ... Ohne einen starken Unterbau von Tatsachen kann man nun aber einmal auf der Universität nicht arbeiten.«

Um den Zustrom zur Universität zu einzudämmen, schien Dibelius weder ein Numerus clausus noch eine von den Universitäten abzuhaltende Zugangsprüfung geeignet. Stattdessen schlug er vor, die Abschlussprüfung der höheren Schulen bei den Provinzialschulkollegien durch eine unparteiische Kommission von Lehrern höherer Schulen vorzunehmen. Auf diese Weise hoffte er »die Anforderungen der Prüfung erheblich zu steigern«. Das Zufallselement könne dadurch ausgeschaltet werden, dass die Zeugnisse des letzten Primajahres und die Lehrergutachten berücksichtigt würden, ohne entscheidend zu sein. Provokativ formulierte er: »Man soll wieder einmal den Mut haben, von jungen Leuten *Leistungen* zu verlangen. Zur Zeit, als man auf der Schule noch Latein und Griechisch lernte, wurde beweglich über die Lebensferne der Schule geklagt. Heute ist die Schule lebensferner denn je! Sie ist die einzige Stelle im Leben, wo mangelnde Leistung stets eine begütigende Entschuldigung findet.«

Diese Kritik veranlasste Vertreter der höheren Schule zu Erwiderungen, von denen hier eine stellvertretend vorgestellt werden soll. Ihr Verfasser lehnte eine Zentralisierung der Prüfung auf der Ebene der Provinz wegen der damit verbundenen nivellierenden Vorbereitung ab, wünschte aber eine weitergehende Beteiligung der Schulbehörden an der Anstaltsprüfung, um ein gleichmäßiges Niveau zu erreichen. Er räumte ein, dass im ersten Eifer bei der Befolgung der Richtlinien oft Tatsachenwissen hinter Zusammenfassung und Deutung zurückgetreten sei, aber auch da ein Mittelweg gefunden werden könne. Die preußische Schulreform habe

»niemandem das Recht gegeben, ... das Tatsächliche zugunsten vorschnellen Urteils zu vernachlässigen. Sie hat allerdings«, betonte der Schulmann, »die höhere Schule nicht in dem Sinne zur Magd der Universität gemacht, daß sie nur die Einzelstoffe zusammenzutragen habe und zu befestigen und die Deutung und Inbeziehungsetzung der Universität zu überlassen. Schon mit Rücksicht auf alle nicht studierenden Abiturienten ist abrundende und weitergreifende Behandlung selbstverständliche Pflicht.«[38] Diese Betonung des allgemeinen Bildungsauftrags der höheren Schule gegenüber der Zulieferfunktion zur Universität hat bis heute nichts von ihrer Aktualität verloren.

Die hier in einigen Aspekten wiedergegebene Kontroverse über die Funktion des Abiturs war Teil einer öffentlichen Diskussion zum Überangebot an Akademikern, die zwischen 1927 und 1933 ihren Höhepunkt erreichte. Gegen die Fixierung der Problemwahrnehmung auf die »Überfüllung« der höheren Schulen und die »Abiturieninflation« wandte sich 1933 der Geschäftsführer des Deutschen Philologenverbandes, Georg Ried, mit differenzierten statistischen Analysen. Er wies darauf hin, dass schon 1926 ein Rückgang der Schülerzahlen und 1929 auch der Übergangsquote zum Gymnasium eingesetzt hatte. Den Grund für die starken Jahrgänge der Oberstufe sah er hauptsächlich in der längeren Verweildauer der Schüler: »Die zunehmende Verschlechterung auf dem Arbeitsmarkt der Jugendlichen trieb immer mehr Schüler dazu, der drohenden Beschäftigungslosigkeit durch verlängerten Schulbesuch zu entfliehen oder eine Besserung der Verhältnisse auf der Schule abzuwarten.«[39]

So konnte Ried resümieren, es sei eine grundsätzlich falsche Frontstellung, wenn man Maßnahmen gegen die Überfüllung der Hochschulen und des akademischen Arbeitsmarktes bei der höheren Schule anzusetzen versuche. »Das Problem liegt nicht in der höheren Schule; es umfaßt vielmehr in seiner ganzen Schwere die heute auf der Hochschule befindliche Jugend und den akademischen Nachwuchs, der nach Abschluß des Hochschulstudiums heute vor den verschlossenen Türen der akademischen Berufe steht, also vorwiegend die Altersgruppe der heute 20- bis 30jährigen.«[40] In dieser Altersgruppe fand der Nationalsozialismus besonders viele Anhänger.

Rieds profunde Analyse erschien im Jahr der nationalsozialistischen Machtergreifung, wurde aber von den neuen Machthabern nicht beachtet. Andernfalls hätten sie sich das Gesetz gegen die Überfüllung deutscher Schulen und Hochschulen sparen können.

(3) Abitur im Zeichen des Nationalsozialismus

Ideologisierung der Schule und Senkung des Niveaus

Im Oktober 1933 meldete die *Preußische Lehrerzeitung* auf ihrer Titelseite, Kultusminister Bernhard Rust plane eine grundlegende Schulreform. Durch sie solle »das Durcheinander im höheren Schulwesen mit einem Schlage beseitigt werden«.[41] Entgegen dieser vollmundigen Ankündigung dauerte es noch vier Jahre, bis 1937/38 das nationalsozialistische Konzept höherer Schulbildung vorlag.[42] Die Schultypenvielfalt wurde auf eine Oberschule für Jungen bzw. Mädchen sowie das altsprachliche Gymnasium als Sonderform reduziert. Die Oberschule für Jungen gabelte sich in der Oberstufe in einen sprachlichen und einen naturwissenschaftlich-mathematischen Zweig, die für Mädchen in einen sprachlichen und einen hauswirtschaftlichen Zweig. Als erste Fremdsprache trat Englisch an die Stelle von Französisch. Wie zuvor das Reformrealgymnasium bot die Oberschule für Jungen Latein als zweite Fremdsprache. Weiterhin waren somit zwei oder (am Gymnasium) sogar drei Fremdsprachen Voraussetzung für die Erteilung des Reifezeugnisses – mit Ausnahme der Oberschule für Mädchen, deren hauswirtschaftlicher Zweig ohne zweite Fremdsprache und mit wenig Mathematik und Naturwissenschaften auskam. Dennoch erhielten seine Absolventinnen seit 1941 ohne Zusatzprüfung die allgemeine Hochschulreife zugesprochen – ein Abschluss, der im Volksmund bald als »Puddingabitur« bezeichnet wurde.[43]

Eine neue Abiturprüfungsordnung brachte die nationalsozialistische Schulpolitik nicht hervor; sie begnügte sich vielmehr mit punktuellen ideologisch begründeten Änderungen. So wurde schon im September 1933 verfügt, dass in allen Abschlussprüfungen Vererbungslehre und Rassenkunde zu prüfen seien.[44] Wie unterschiedlich diese Bestimmung im Abitur gehandhabt werden konnte, zeigt eine vergleichende Untersuchung über ein Realgymnasium in Düsseldorf-Benrath und eine Oberrealschule im benachbarten Hilden. Hier führte der Biologielehrer Gruppenprüfungen durch, in denen die Prüflinge jeweils in höchstens fünf Minuten einige Wissensfragen beantworten mussten und fast immer die Note »Gut« erhielten. In Benrath dagegen prüfte der Schulleiter als Biologielehrer jeden Schüler einzeln und mindestens zehn Minuten lang. Dabei legte er Wert auf Anwendung der vermittelten rassebiologischen Kenntnisse, die den Schülern allerdings schwer fiel. Als ein Abiturient 1937 seine eigene »rassische Herkunft« beschreiben sollte, konnte er nur antworten, darüber habe er noch nicht nachgedacht.[45]

1939 gab es eine weitere inhaltliche Änderung der Abiturprüfung. Im sprachlichen Zweig der Oberschule entfiel die mathematische Prüfungsarbeit, während im naturwissenschaftlich-mathematischen Zweig keine Arbeit mehr in einer Fremdsprache zu schreiben war. An ihre Stelle trat eine vierstündige Arbeit in Geschichte oder Erdkunde, die es vorher nur an der Deutschen Oberschule gegeben hatte.[46] Diese Regelung leistete einer Ideologisierung der Prüfung Vorschub, wie an den geschichtlichen Themen zu sehen ist, auf die wir noch gesondert eingehen.

Eine wichtige Maßnahme war schon vor der Strukturreform getroffen worden, nämlich die Verkürzung der höheren Schule auf acht Jahre ab Ostern 1937. Als Grund dafür wurden unverblümt »die Durchführung des Vierjahresplanes sowie der Nachwuchsbedarf der Wehrmacht und akademischer Berufe« genannt. Aus diesem Anlass fielen für die beiden Jahrgänge, die wegen der Verkürzung der Schulzeit gleichzeitig Abitur machten, alle schriftlichen Prüfungen fort.[47] Drei Jahre später führte die Verkürzung der höheren Mädchenschule zu einem doppelten weiblichen Abiturjahrgang. Zu den von der Schulzeitverkürzung Betroffenen gehörte der spätere Bundeskanzler Helmut Schmidt, der die Hamburger Lichtwark-Schule besuchte. Die dortige Schulbehörde nutzte die Gelegenheit der Schulzeitverkürzung, um die als »roter Saustall« diffamierte Reformschule aufzulösen.[48] Für Schmidt aber folgten auf das Abitur acht Jahre Reichsarbeitsdienst, Wehr- und Kriegsdienst sowie Kriegsgefangenschaft. Erst danach konnte er ein Studium aufnehmen und war damit beileibe kein Einzelfall.

Der Öffnung des Zugangs zu den Hochschulen diente die im August 1938 geschaffene »Sonderreifeprüfung für die Zulassung zum Studium der Wirtschaftswissenschaft, der Landwirtschaft, der Forstwissenschaft, des Gartenbaues, des Brauerei- und Brennereiwesens, des Zuckerfabrikwesens sowie zum Studium an den Technischen Hochschulen und Bergakademien«[49], also eine Art Fachhochschulreife. Dieses Angebot richtete sich an besonders befähigte Fachschulabsolventen, die vor allem arisch sein und »jederzeit rückhaltlos für den nationalsozialistischen Staat« eintreten mussten. In jeder Fachrichtung hatten sie nicht nur eine von zwei schriftlichen Arbeiten im Deutschen abzuliefern, sondern waren auch in Geschichte, Erblehre und Rassenlehre sowie Erdkunde zu prüfen. Gleichzeitig wurde auch »hervorragend Begabten« eine Prüfung für die Zulassung zum Studium ohne Reifezeugnis ermöglicht, die ähnlichen Kriterien folgte. Sie berief sich auf den nationalsozialistischen Grundsatz, »den begabtesten und tüchtigsten Deutschen das Erreichen höherer Bildung und damit das Einrücken in führende Stellungen zu ermöglichen«.[50] Dies entsprach der in Parteikreisen verbreiteten Absicht, über Berufsfachschulen den Weg zur Hochschulreife zu eröffnen, und diente der sozialen Motivation der bisher von höherer Bildung Ausgeschlossenen ebenso wie der Loyalitätssicherung.[51]

Die Indienstnahme der Schule durch das Regime, die zahlreichen politisch geprägten Schulveranstaltungen und der rapide Bedeutungsverlust der Institution Schule gegenüber der Hitler-Jugend als konkurrierender Erziehungsinstanz führten schon in den ersten fünf Jahren der NS-Herrschaft zu einem spürbaren Rückgang schulischer Leistungen. 1938 beklagte selbst der NS-Lehrerbund in einer internen Denkschrift, dass »das Bildungsniveau nicht mehr dem Stand vor 1933« entspreche.[52] Mit Kriegsbeginn beschleunigte sich dieser Erosionsprozess, der nicht zuletzt das Abitur betraf. Schon eine Woche nach dem Überfall auf Polen wurde verfügt, dass Schüler der Abschlussklasse bei Einberufung zum Heeresdienst ein Abgangszeugnis mit Reifevermerk erhalten sollten, wenn Führung und Klassenleistung es rechtfertigten. Schülerinnen und Schülern, die Kriegshilfsdienst leisteten, wurde dieser Vermerk in Aussicht gestellt, wenn sie eine Bescheinigung »über pflichtgetreue Arbeit in wichtigem Kriegshilfsdienst für den gesamten Zeitraum bis zum Schlusse des Schuljahres« im Frühjahr 1940 beibringen konnten. [53] So ersetzte der Einsatz im Krieg schulische Leistungsnachweise.

Frühere Schüler der höheren Schule, die während des Krieges Wehrdienst geleistet und wenigstens die Versetzung in die vorletzte Klasse geschafft hatten, erhielten 1941 die Möglichkeit, sich in sechs Monate dauernden Sonderlehrgängen auf die Reifeprüfung vorzubereiten. Für sie wurde eine besondere Prüfungsordnung geschaffen, die immerhin wie auch sonst vier Fächer für die schriftliche Prüfung vorsah.[54] Das Anforderungsniveau dürfte nicht sehr hoch gewesen sein.

Noch im selben Jahr führten die Kriegsverhältnisse dazu, dass für Ostern 1942 die schriftliche Reifeprüfung ganz ausgesetzt wurde, nachdem schon 1941 im Rheinland nur noch der deutsche Aufsatz verlangt worden war. Als Ersatz galten jetzt die letzten Klassenarbeiten in den vier Abiturfächern. Dagegen sollten die Prüfung in Leibesübungen und die mündliche Prüfung wie üblich stattfinden.[55] Auch 1943 und 1944 fand das Abitur in dieser vereinfachten Form statt, bevor im Herbst des Jahres der Unterricht in den Abschlussklassen der höheren Schulen im Rahmen des totalen Kriegseinsatzes völlig zum Erliegen kam. Zu diesem Zeitpunkt waren die meisten Schüler der Abschlussklassen (Klasse 8 der Oberschule) zum Wehrdienst bzw. Reichsarbeitsdienst oder als Luftwaffenhelfer einberufen, in der Kinderlandverschickung tätig oder leisteten andere Kriegsdienste wie z. B. Befestigungsarbeiten am Westwall. Sie alle sollten am 31. März 1945 den Reifevermerk erhalten, sofern sie nicht im Kriegseinsatz »charakterlich versagten«.

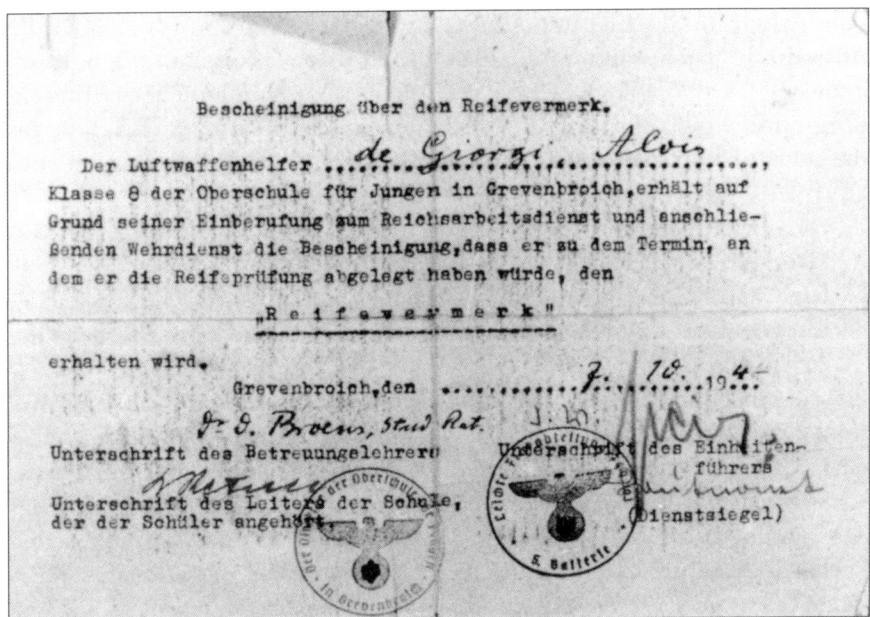

Abb. 7: Reifevermerk von 1944

Die wenigen verbliebenen Schüler der 8. Klassen sollten am Unterricht der 7. Klassen teilnehmen und im März 1945 die Reifeprüfung in vereinfachter Form ablegen.[56] Diese Bestimmung blieb weithin auf dem Papier, da der Unterricht im Winter 1944/45 an vielen Orten ganz ausfiel.

Die Folgen dieser Entwicklung bekamen nach 1945 viele Kriegsteilnehmer zu spüren, die ihren Reifevermerk ohne schriftliche Prüfung erhalten hatten. Jetzt wurde ihnen dessen Anerkennung versagt, so dass sie noch einmal die Schulbank drücken oder an einem Sonderlehrgang teilnehmen mussten. Zu denen, die nun zum zweiten Mal Abitur machten, gehörte auch Bernhard Victor von Bülow, der später unter dem Künstlernamen »Loriot« berühmt wurde.[57]

Geschichte als schriftliches Abiturfach – eine Episode im Nationalsozialismus

Geschichtliche Themen wurden im 19. und 20. Jahrhundert nicht selten als Aufgabe für den deutschen Aufsatz gestellt, doch war Geschichte selbst außer an der Deutschen Oberschule nie schriftliches Abiturfach. Das änderte sich, als 1939 an den Oberschulen – aber nicht am Gymnasium –

eine Arbeit in Geschichte oder Erdkunde eingeführt wurde, wobei die Auswahl des Faches der Schulaufsichtsbehörde vorbehalten blieb. Infolgedessen wurden an der Oberrealschule in Remscheid, die jetzt Hindenburgschule hieß, 1939/40 Abiturarbeiten in Geschichte geschrieben, bis die schriftlichen Prüfungen ganz entfielen. Die sechs Abiturienten vom Herbst 1939 mussten unter folgenden Themen wählen:

1. Die verschiedenen Möglichkeiten der deutschen Politik in der Vorkriegszeit (nach Hitlers »Mein Kampf«).
2. Die Gründe für den Verlust der Marneschlacht.
3. Ein gegebenes Quellenstück ist zu erklären und in seiner Bedeutung zu würdigen.

Bei diesem Themenangebot konnten sich die Abiturienten einer Überprüfung ihrer politischen Gesinnung kaum entziehen. Drei von ihnen entschieden sich für das noch am wenigsten verfängliche Thema über die Marneschlacht. Zwei wählten die dritte Aufgabe, deren Brisanz darin liegt, dass der Auszug aus dem Parteiprogramm der NSDAP gerade die antisemitischen Forderungen enthält, die dem 1935 auf dem Nürnberger Parteitag verkündeten Staatsbürgergesetz zu Grunde lagen. Ihre ganz der NS-Ideologie entsprechenden Arbeiten wurden mit »Gut« bzw. »Befriedigend« beurteilt. Dabei stellte die hier wiedergegebene »gute« Arbeit keineswegs eine selbstständige Leistung dar, wie sie in der Prüfungsordnung eigentlich gefordert wurde.

PRÜFUNGSARBEIT IN GESCHICHTE, OKTOBER 1939

Quelle (Parteiprogramm Punkt 4-6)

4. Staatsbürger kann nur sein, wer Volksgenosse ist. Volksgenosse kann nur sein, wer deutschen Blutes ist, ohne Rücksichtnahme auf Konfession. Kein Jude kann daher Volksgenosse sein.
5. Wer nicht Staatsbürger ist, soll nur als Gast in Deutschland leben können und muß unter Fremdengesetzgebung stehen.
6. Das Recht, über Führung und Gesetze des Staates zu bestimmen, darf nur dem Staatsbürger zustehen. Daher fordern wir, daß jedes öffentliche Amt, gleichgültig welcher Art, gleich ob im Reich, Land oder Gemeinde, nur durch Staatsbürger bekleidet werden darf.

Erklärung

Das Quellenstück besteht aus einigen Punkten des Parteiprogramms.
Der erste Absatz spricht vom Staatsbürger. Er muß deutschen Blutes sein. Darin spiegelt sich der Rassenstandpunkt der N.S.D.A.P. Für Deutschland ist das Rassen-

problem gleichzeitig die Judenfrage. Deswegen werden die Juden noch einmal besonders ausgenommen. Der Rassenstandpunkt wird noch einmal besonders unterstrichen durch die Worte: »ohne Rücksicht auf Konfession«; d. h.: Die rassische Zugehörigkeit eines Menschen ist höher zu bewerten als seine konfessionelle. In der Kirche waren Ehen zwischen deutschen Menschen verschiedener Konfession verboten, Ehen zwischen konfessionsgleichen Juden und Deutschen dagegen erlaubt.

Jeder, der auf Grund rassischer und sonstiger Voraussetzungen nicht Staatsbürger werden kann, der also auch nicht Volksgenosse ist, muß in seinen Rechten und Pflichten anders behandelt werden. Für ihn müssen besondere Gesetze geschaffen werden.

Nur der Staatsbürger soll das Recht haben zu bestimmen, in welcher Art und Weise das Reich regiert wird, denn nur der Staatsbürger wird das Richtige und Beste für sein Land wollen. Mit diesem Bestimmungsrecht hängt auch das Recht der Bekleidung öffentlicher Ämter zusammen. Da nur der Staatsbürger im Vollbesitz aller politischen Rechte und Pflichten ist, sollen auch nur ihm solche Ämter vorbehalten bleiben.

Würdigung

Die Forderungen, die die Partei hier aufstellt, brechen endgültig und radikal mit alten, traurigen Überlieferungen, die zum großen Teil in der französischen Revolution wurzeln. Da ist zum Beispiel die Judenemanzipation, die die völlige rechtliche und menschliche Gleichstellung der Juden mit den deutschen Menschen brachte. Der Jude ist rassisch ein ganz anderer Mensch und besitzt damit eine Seelenhaltung, die der unseren völlig widerstrebend ist. Deswegen mußte er aus dem deutschen Volksleben ausgeschlossen werden.

Der erste große Schlag waren die Nürnberger Gesetze vom 15. September 1935. Dort, auf dem »Parteitag der Freiheit«, wurden Ehen zwischen Juden und Deutschen verboten. Auch der außereheliche Verkehr wurde unter Strafe gestellt.

Die Ausschaltung der Juden nahm ihren Fortgang, indem den jüdischen Ärzten, Rechtsanwälten und Apothekern ihre Bestallungen entzogen wurden. Nach dem Pariser Mord wurden die Juden aus dem Wirtschaftsleben überhaupt ausgeschlossen.

Jetzt endlich ist der deutsche Mensch in der Lage, dank des Nationalsozialismus sein wirtschaftliches und kulturelles Leben selbst zu bestimmen – es gibt keine jüdischen Künstler mehr.

Aber auch auf politischem Gebiet wurden auf Grund des Parteiprogrammes einschneidende Änderungen getroffen. Es wurde in den Nürnberger Gesetzen das Reichsbürgerrecht geschaffen. Dies soll jedem Deutschen in feierlicher Form überreicht werden, wenn er gezeigt hat, dass er gewillt ist, für sein Land zu dienen. Eine lange Erziehung durch Hitler-Jugend, Arbeitsdienst und Wehrmacht garantiert dafür, dass der junge Deutsche in der Lage ist, die mit dem Reichsbürgerrecht verbundenen Rechte und Pflichten zu tragen.

Diese als Quellenstück vorgelegten Punkte des Programms und ihre Verwirklichung im Dritten Reich garantieren 1. die rassische Erhaltung des deutschen Volkes, 2. die politische Selbstbestimmung, 3. Befreiung von der wirtschaftlichen und kulturellen Bevormundung durch für uns artfremde Elemente.

Der Lehrer begnügte sich mit einigen sprachlichen Korrekturen, darunter immerhin die Ersetzung des Wortes »Elemente« am Ende der Arbeit durch »Menschen«. Keine drei Jahre später, als die Ermordung der Juden in den nationalsozialistischen Vernichtungslagern schon im Gange war, fand der Verfasser dieses Aufsatzes den Soldatentod.

Ostern 1940 war die ideologische Ausrichtung nicht ganz so ausgeprägt wie im Herbst zuvor. Folgende Themen standen zur Wahl:

1. An Hand von zwei gegebenen Quellenstücken ist die doppelte Bedrohung oder die ost-westliche Schicksalsverflechtung des deutschen Lebensraumes nachzuweisen.
2. Die beigegebene Zeichnung eines geschichtlichen Schlachtplanes ist zu erläutern und in ihrer Bedeutung für die Gegenwart durch ähnliche Beispiele zu würdigen.
3. Welche Ursachen führten zum Zusammenbruch des Zweiten Reiches?

Bei der zweiten Aufgabe handelte es sich um einen Klassiker der militaristischen Geschichtsbetrachtung. Ihr Ausgangspunkt war die Schlacht von Cannae im zweiten punischen Krieg. Dort hatte Hannibal im Jahre 216 v. Chr. das 80.000 Mann starke römische Heer in einer Umfassungsschlacht vernichtend geschlagen. Zur vergleichenden Betrachtung antiker und neuzeitlicher Schlachten riet schon eine Denkschrift des Kultusministeriums vom Mai 1915, die der Aktualisierung der Lehrpläne vorausging. Sie zog eine Parallele zwischen Cannae und der Schlacht bei Tannenberg, in der die deutschen Truppen unter Hindenburg Ende August 1914 die nach Ostpreußen eingedrungene russische Armee einschlossen und aufrieben. Als Paradebeispiele für die »schiefe Schlachtordnung« galten die Schlachten bei Leuktra, in der die Thebaner unter Epaminondas 371 v. Chr. die Spartaner vernichtend schlugen, und Leuthen, das durch den 1757 im Siebenjährigen Krieg errungenen Sieg des Preußenkönigs Friedrich II. über Österreich in die Geschichtsbücher einging.[58]

Einer der Schüler, die diese Aufgabe wählten, stellte nicht nur die genannten Schlachten in Wort und Skizzen dar, sondern führte auch noch die bei Sedan 1870 und – als letztes und zugleich »großartigstes Beispiel einer Vernichtungsschlacht« – die Schlacht im Weichselbogen während des Polenfeldzugs 1939 an. Der korrigierende Klassenlehrer meinte zwar, auch die Schlachten bei Leipzig (1813), Belle Alliance (Waterloo 1815) und Königgrätz (1866) hätten »wenigstens erwähnt werden müssen«, doch bewertete er die Arbeit mit einem glatten »Gut«.

Wenige Jahre danach erfuhr dieser Abiturient das Vernichtungspotential des Krieges in ganz anderer Weise. »Für uns Soldaten«, so schrieb er

Abb. 8: Die Abiturienten der Hindenburg-Schule Remscheid Ostern 1940 mit ihrem Klassenlehrer (vordere Reihe 2. v. l.)

im Juli 1944 nach einem Heimaturlaub an seinen ehemaligen Schulleiter, »ist es eine allzu plötzliche Trübung unserer Urlaubsfreude, zu sehen, daß der Krieg auch unserer Heimat blutende Wunden schlug, denen wir im Feindesland hundertmal gleichgültig begegneten.«[59] Zwei Wochen später wurde er selbst ein Opfer des Krieges. Die militaristische Geschichtsbetrachtung aber, die seiner Abiturarbeit zugrunde lag, war auch nach Kriegsende noch an den Schulen der Bundesrepublik verbeitet.

V. ABITUR IN DER ZWEITEN HÄLFTE
DES 20. JAHRHUNDERTS

(1) Zwischen Restauration und Reform – Höhere Schule und Abitur von 1945 bis zur Oberstufenreform

Rekonstruktion des höheren Schulwesens nach 1945 in Westdeutschland

Mit dem Ende des Zweiten Weltkrieges im Mai 1945 ging die Gewalt über das gesamte öffentliche Leben in Deutschland auf die Alliierten über. Die drei westlichen Besatzungsmächte hatten die »Reeducation« auf ihre Fahnen geschrieben, also die Umerziehung der Deutschen zu demokratischem Bewusstsein und Völkerverständigung. Hierbei hätte der Schule eine zentrale Rolle zufallen können. Doch keine der westlichen Mächte verfügte über ein Schulreformprogramm, das schnell hätte umgesetzt werden können.

Erst im Verlauf der Besatzungszeit entwickelten Amerikaner und Franzosen – nicht jedoch die Briten – präzisere bildungspolitische Vorstellungen. Insbesondere französische Erziehungsoffiziere waren von der Vorbildhaftigkeit ihres Schulsystems überzeugt und scheuten nicht den »Versuch, die Übertragung von Inhalten und Strukturen des französischen höheren Schulwesens auf deutsche Gymnasien zu erzwingen«.[1] Schon im September 1945 erhielten die höheren Schulen der Besatzungszone französische Lehrpläne, und Französisch wurde zur ersten Fremdsprache erklärt. 1947 kam ein am französischen *baccalauréat* orientiertes Zentralabitur hinzu.[2] Doch im Laufe des Jahres 1948 nahm Frankreich – wie auch die USA – von einer direkten Einflussnahme auf die äußere Gestaltung des Schulwesens mehr und mehr Abstand. Mit Inkrafttreten des Besatzungsstatuts im September 1949 gab es dann auf dem Gebiet der Bildungspolitik keine Vorbehaltsrechte der Alliierten mehr.

Unabhängig vom Fehlen alliierter Konzepte begegnete die Wiederherstellung des Schulbetriebs nach Kriegsende enormen Schwierigkeiten. Erst im Sommer 1946 erhielten die meisten Gymnasiasten wieder Unterricht, jedoch zumeist nur eingeschränkt. Das lag zum einen an der Zerstörung zahlreicher Schulgebäude, die teilweise bis in die sechziger Jahre hinein Schichtbetrieb erforderlich machte. Noch stärker wirkte sich zum andern der massive Lehrermangel infolge der Entnazifizierung aus. So waren im Herbst 1945 nach einer Entlassungswelle in der französischen

Zone nicht weniger als drei Viertel der Lehrkräfte an höheren Schulen vom Dienst suspendiert, die wenigsten allerdings dauerhaft. In der amerikanischen Zone wurde mehr als die Hälfte der Lehrer entlassen.[3] Diese rigide und größtenteils schematische Entnazifizierungspraxis erschien allerdings im beginnenden Ost-West-Konflikt immer weniger opportun. Daher wurden viele zunächst als belastet eingestufte und entlassene Lehrer zu »Mitläufern« erklärt und damit wieder verwendungsfähig. Schließlich betraf die Entnazifizierung auch die nach 1933 entstandenen Schulbücher und Lehrpläne. Konnte man bei letzteren auf die Richtlinien aus der Weimarer Republik zurückgreifen, so war dem Schulbuchmangel nur mittelfristig abzuhelfen.

In den von den westlichen Alliierten geschaffenen Ländern stand die Schulpolitik bald im Zeichen einer Wiederherstellung der in der Weimarer Republik bestehenden Schulstruktur. Schulrechtliche Bestimmungen aus dieser Zeit, die von den Nationalsozialisten nicht aufgehoben worden waren, blieben weiterhin in Kraft, bis sie durch neues Landesrecht ersetzt wurden. Obwohl die Alliierten und auch sozialdemokratische Politiker eine Ausdehnung der Grundschule um wenigstens zwei Jahre anstrebten, blieb es mit Ausnahme der Stadtstaaten bei der 1920 festgelegten vierjährigen Dauer. Das von den Nationalsozialisten gestrichene neunte Schuljahr an höheren Schulen wurde bis zum Beginn der fünfziger Jahre überall wieder eingeführt, zuletzt in Bayern und Niedersachsen. Über diese rückwärtsgewandte Schulpolitik spottete der Pädagoge Erich Weniger später, sie habe nur die »alte Schule minus Nationalsozialismus« hervorgebracht.[4]

Umstritten war in der Gründungsphase der Bundesrepublik auch der Stellenwert der humanistischen Bildung. Frankreich hatte in seiner Besatzungszone das Französische als erste Fremdsprache an allen höheren Schulen eingeführt und bis 1948 in den ersten drei Gymnasialklassen keinen Lateinunterricht mehr zugelassen. Erst ab der vierten Klasse konnte zwischen einem altsprachlichen und einem neusprachlichen Bildungsgang gewählt werden; Griechischunterricht setzte nicht vor der sechsten Gymnasialklasse ein. Diese Weichenstellung wurde bald von deutschen Politikern revidiert. Ein Reflex darauf findet sich in der rheinland-pfälzischen Verfassung von 1947, die als einzige Landesverfassung bis heute einen Bestandsschutz für das humanistische Bildungsideal enthält.[5]

Eine besondere Richtung nahm die Schulpolitik im größten Bundesland Nordrhein-Westfalen, das die Briten 1946 aus zwei preußischen Provinzen und dem Fürstentum Lippe bildeten. Hier kam es bald zur »rheinisch-westfälischen Schulreform«, die der Leiter des späteren Schulkollegiums Düsseldorf, Josef Schnippenkötter, vorantrieb. Er wurde von der katholischen Kirche, Teilen der evangelischen Kirche und dem Philologenverband unterstützt. Grundlage dieser Schulreform sollte nach den Erfahrungen mit der NS-Diktatur »ein traditionsgesättigter, gegenwartsnaher und zukunftsträchtiger christlicher Humanismus« sein.[6] Das bedeutete konkret, dass das Lateinische in allen drei Formen des Gymnasiums obligatorische Anfangssprache wurde, und zwar mit acht Wochenstunden. Als wesentlichen Vorteil dieser Regelung stellte Schnippenkötter die Verlegung der Begabungsgabelung in das 14. Lebensjahr heraus, so dass »die Schüler sich erst nach dreijährigem Besuch einer höheren Schule zu entscheiden brauchen, ob sie besser das altsprachliche, das neusprachliche oder das naturwissenschaftliche Gymnasium besuchen.«[7] Dass Nordrhein-Westfalen das einzige Land mit Latein als durchgängiger Anfangssprache war, focht ihn nicht an. Vielmehr pries er es als »neutrale« erste Fremdsprache für alle Zonen an, da es die deutsche Kultureinheit besser fördere, als wenn jede Besatzungsmacht ihre Sprache zur ersten Fremdsprache erhebe. Für Mädchenschulen allerdings galt dies alles nicht. Hier sollte die Sprachenfolge Englisch – Latein – Französisch lauten.

Dass die britische Militärregierung die Umsetzung dieser Vorstellungen nicht verhinderte, ist erstaunlich und wohl nur damit zu erklären, dass sie – anders als Franzosen und Amerikaner – Vorgaben für die deutsche Bildungspolitik scheute. Andererseits kam es über die Sprachenfolge zu heftigen Auseinandersetzungen zwischen dem Kreis um Schnippenkötter, der bei Adenauer als dem Fraktionsvorsitzenden der CDU-Landtagsfraktion Unterstützung fand, und dem von Christine Teusch geleiteten Kultusministerium. Schon seit 1948 drängten die Städte auf Einführung von Englisch als erster Fremdsprache, was ein Ministerialerlass vom März 1949 an neusprachlichen und mathematisch-naturwissenschaftlichen Gymnasien im Ausnahmefall ermöglichte. Zwei Jahr später hatten jedoch erst 27 von 414 höheren Schulen von dieser Möglichkeit Gebrauch gemacht.[8]

Die Unterschiede in der Sprachenfolge und anderen Strukturmerkmalen der höheren Schule bereiteten bei einem Schulwechsel über die Grenzen der Bundesländer hinweg Probleme, die in der Öffentlichkeit zu heftigen Klagen über das »Schulchaos« führten. Der Zersplitterung des Schulwesens, die nach der vorübergehenden Vereinheitlichung unter nationalsozialistischer Herrschaft um so stärker empfunden wurde, suchte die 1948 gegründete Ständige Konferenz der Kultusminister (KMK) entgegenzuwirken, jedoch zunächst mit wenig Erfolg. Erst im Februar 1955 konnten sich die Ministerpräsidenten der Länder auf das Düsseldorfer Abkommen »zur Vereinheitlichung auf dem Gebiete des Schulwesens« einigen. Es enthielt grundlegende Regelungen zur Bezeichnung und den

Organisationsmerkmalen der verschiedenen Schultypen und legte die bis heute gültige sechsstufige Notenskala fest.[9]

Dem Düsseldorfer Abkommen versagte allerdings der bayerische Landtag die Ratifizierung, da es die Rückverlegung des Schuljahresbeginns, der seit 1941 einheitlich nach den Sommerferien lag[10], auf den Ostertermin vorsah. Bayern hielt an dem auch in anderen europäischen Ländern üblichen Sommertermin fest, und diese Regelung gilt nach der 1964 in Hamburg beschlossenen Neufassung des Abkommens im gesamten Bundesgebiet.[11]

Radikaler Umbau des Schulwesens in Ostdeutschland (SBZ/DDR)

Auch in der Sowjetischen Besatzungszone (SBZ) litt das Schulwesen zunächst unter kriegsbedingten Zerstörungen und großem Lehrermangel infolge der hier besonders strengen Entnazifizierung. So waren im Frühjahr 1949 von 64.500 Lehrkräften in der SBZ nicht weniger als 70 Prozent sogenannte Neulehrer, die in einem flächendeckenden Kurssystem notdürftig geschult worden waren.[12] Ansonsten aber nahm die Bildungspolitik hier einen grundlegend anderen Weg als in den Westzonen und der Bundesrepublik. Von Anfang an war sie dem Prinzip des Zentralismus verpflichtet. Der im Sommer 1945 eingerichteten »Deutschen Verwaltung für Volksbildung« räumte die Sowjetische Militär-Administration (SMAD) weitreichende Befugnisse für eine Schulreform ein, schuf aber auch selbst mit einem Verbot von Privatschulen und des schulischen Religionsunterrichts wichtige Fakten.

Schon im Juni 1946 lag das »Gesetz zur Demokratisierung der deutschen Schule« vor, in dessen Präambel es heißt:

> »Die neue demokratische Schule muss frei sein von allen Elementen des Militarismus, des Imperialismus, der Völkerverhetzung und des Rassenhasses. Sie muss so aufgebaut sein, dass sie allen Jugendlichen, Mädchen und Jungen, Stadt- und Landkindern, ohne Unterschied des Vermögens der Eltern das gleiche Recht auf Bildung und seine Verwirklichung entsprechend ihrer Anlagen und Fähigkeiten garantiert.«[13]

Das Gesetz beruhte auf den Prinzipien der Weltlichkeit (keine konfessionelle Gliederung) und Einheitlichkeit des Schulwesens. Auf der Basis einer achtjährigen Grundschule sah es neben einer dreijährigen Berufsausbildung eine vierjährige Oberschule vor, die zum Abitur führte. Sie teilte sich in Anknüpfung an die deutsche Gymnasialtradition in einen neusprachlichen, einen mathematisch-naturwissenschaftlichen und einen altsprachlichen Zweig. Von der 5. Klasse an war Unterricht in einer modernen Fremdsprache (ab 1951 grundsätzlich Russisch) obligatorisch. Im Rahmen dieser »antifaschistisch-demokratischen« Schulreform wurden Bewerber aus Arbeiter- und Bauernfamilien bevorzugt zum Studium zugelassen, für die an mehreren Hochschulen Arbeiter- und Bauernfakultäten eingerichtet wurden.

Bald nach Gründung der DDR im Oktober 1949 setzte sich unter Abwendung vom Gedankengut der deutschen Reformpädagogik ein bildungspolitischer Kurs durch, der »wohl nur als Nachvollzug sowjetischer Schulgeschichte in den dreißiger Jahren zu begreifen« ist.[14] Er brachte im Dezember 1959 nach harten ideologischen Auseinandersetzungen das »Gesetz über die sozialistische Entwicklung des Schulwesens in der Deutschen Demokratischen Republik« hervor. Mit ihm wurde die zehnklassige allgemeinbildende Polytechnische Oberschule (POS) zur Pflichtschule. Trotz ihres Namens führte sie aber nicht zur Hochschulreife. Für diesen Zweck bestand auch weiterhin ein spezifischer Schultyp, die nunmehrige Erweiterte Oberschule (EOS) mit den Klassenstufen 9-12. Damit gab es auf dem Weg zur Hochschulreife weiterhin eine Auslese nach der 8. Klasse, wegen des prinzipiell fakultativen, aber für den späteren Zugang zur EOS obligatorischen Unterrichts in der zweiten Fremdsprache sogar eine Vorauslese nach der 6. Klasse. Für die Erreichung des gleichen Bildungs- und Erziehungszieles durch alle Schülerinnen und Schüler wurde ausdrücklich die Schule verantwortlich gemacht, die diese Verpflichtung aber nie einlösen konnte.

Nach rund fünf Jahren wurde dieses Schulgesetz durch das »Gesetz über das einheitliche sozialistische Bildungssystem« vom Februar 1965 abgelöst. Es bezog sich auf alle allgemein- und spezialbildenden Bereiche des Bildungswesens von der Kinderkrippe bis zur Universität und den Einrichtungen der Weiterbildung und blieb bis zum Ende der DDR Grundlage ihrer Bildungspolitik. Im Gegensatz zu seinem Vorgänger betonte es, dass die Einheitlichkeit in der Zielsetzung und im Aufbau des sozialistischen Bildungssystems Differenzierungen auf den oberen Stufen einschließe. Die wichtigste strukturelle Neuerung betraf die Verkürzung der Erweiterten Oberschule auf die Klassen 11 und 12. Sie stand allerdings zunächst nur auf dem Papier, denn bis 1981 gab es in den Klassenstufen 9 und 10 der allgemeinbildenden Polytechnischen Oberschule noch Vorbereitungsklassen, in denen die »für den Besuch der Erweiterten Oberschule voraussichtlich geeigneten Schüler zur Sicherung der notwendigen Vorleistungen« zusammengefasst wurden.[15] Erst in diesem Jahr wurde die eigentliche Abiturbildung an der EOS auf zwei Jahre verkürzt. Ihr Schwerpunkt lag auf Mathematik und Naturwissenschaften, die mit zusammen 13 Wochenstunden fast ein Drittel des obligatorischen Unterrichts ausmachten. Als Fremdsprachen standen Russisch mit durchschnittlich vier und eine zweite Fremdsprache (Englisch oder Französisch) mit drei Wochenstunden auf dem Stundenplan.[16] Neben diesem Hauptweg zur Hochschulreife gab es noch Abiturklassen in Einrichtungen der Berufsausbildung und verschiedene Spezialschulen und -klassen.

Ein Anspruch auf Zulassung zu diesen auch als Abiturstufe bezeichneten Bildungseinrichtungen bestand nicht. Die Zulassungskriterien wurden 1966 in einer Richtlinie verdeutlicht:

> »Die vorgeschlagenen Schüler sollen sich sowohl durch gute Leistungen im Unterricht als auch durch einwandfreies Verhalten auszeichnen und ihre Verbundenheit mit unserer Republik durch ihre Haltung und ihre gesellschaftliche Tätigkeit bewiesen haben. Bei den Vorschlägen sind die Kinder von Angehörigen der Arbeiterklasse, vor allem von Produktionsarbeitern und von Mitgliedern Landwirtschaftlicher Produktionsgenossenschaften besonders zu berücksichtigen«.

Die Neufassung von 1981 umriss die erwünschten persönlichen Qualifikationen noch genauer:

> »Für die Erweiterte Oberschule und für die Berufsausbildung mit Abitur sind Schüler auszuwählen, die sich durch gute Leistungen im Unterricht, hohe Leistungsfähigkeit und -bereitschaft sowie politisch-moralische und charakterliche Reife auszeichnen und ihre Verbundenheit mit der Deutschen Demokratischen Republik durch ihre Haltung und gesellschaftliche Aktivität bewiesen haben. ... Hervorragende Leistungen von Eltern beim Aufbau des Sozialismus sind bei der Entscheidungsfindung zu beachten.«[17]

Solche Kriterien waren neben bildungsplanerischen Entscheidungen für die Zulassung zur Erweiterten Oberschule maßgebend, deren Schülerzahl zwischen 1971 und 1984 von über 57.000 (Maximum) auf rund 44.000 sank. Entsprechend ging der Anteil der Abiturienten im gleichen Zeitraum von 9,8 auf 8,4 Prozent eines Altersjahrganges zurück. Zählt man die Absolventen der Abiturklassen in Einrichtungen der Berufsausbildung mit einem Anteil von drei bis vier Prozent hinzu, kommt man auf eine Abiturientenquote von 12 bis 13 Prozent[18] – weniger als zur gleichen Zeit in der Bundesrepublik (Tabelle 1). Diese Entwicklung war das Ergebnis einer Bildungsplanung, die sich eng am Bedarf des Beschäftigungssystems ausrichtete. War in den fünfziger und frühen sechziger Jahren eine gezielte Gegenprivilegierung bisher benachteiligter Schichten Ziel der Bildungspolitik gewesen, so lief die »Einengung der Zugangswege zu höherer Bildung bei gleichzeitiger Festschreibung des Abiturs als unabdingbarer Voraussetzung für den Hochschulzugang« auf die Schaffung eines neuen Bildungsprivilegs hinaus, das neben Leistung Systemloyalität voraussetzte. Von ihm profitierten in der Regel die Kinder aus den sozialistischen Dienstklassen (Leitungskader der mittleren und zum Teil der oberen Führungsebene sowie Angestellte mit hochqualifizierten Tätigkeiten) und der Mitglieder der SED.[19]

Auf dem Weg zu einer Reform des Abiturs in der Bundesrepublik

Nach 1945 galten in Westdeutschland zunächst die Abiturordnungen aus der Vorkriegszeit weiter, sofern nicht die französische Besatzungsbehörde oder deutsche Landesregierungen neues Recht schufen. Die preußische Reifeprüfungsordnung betraf die neu gebildeten Länder, die ehemals preußische Gebietsteile umfassten, also vor allem Nordrhein-Westfalen, Niedersachsen, Schleswig-Holstein und Hessen. In Nordrhein-Westfalen genügten kleinere Änderungen, um die alte Ordnung auf den Stand nach dem Düsseldorfer Abkommen zu bringen.[20] Sie betrafen vor allem die Bezeichnung der Schultypen und die Einführung der sechsstufigen Notenskala.

Auch die Ländervereinbarung über die gegenseitige Anerkennung der Reifezeugnisse vom März 1931 war immer noch gültig. Mit ihrer Fortschreibung befasste sich der Schulausschuss der Kultusministerkonferenz seit 1950. In den Beratungen ging es um die Dauer der gymnasialen Bildungsgänge, die bis zur Abschlussklasse zu unterrichtenden Fächer und die Grundsätze einer einheitlichen Gestaltung der Reifeprüfung. Die erste Frage war nicht mehr strittig, nachdem auch Bayern und Niedersachsen zur neunjährigen höheren Schule zurückgekehrt waren. Kontrovers diskutiert wurde hingegen, welche Fächer bis zum Abitur beibehalten werden mussten und ob der Hochschulzugang auch mit nur einer Fremdsprache möglich sein sollte. In der 1954 von den Kultusministern verabschiedeten neuen Vereinbarung blieb es aber bei zwei Fremdsprachen.[21]

Bei den Verhandlungen in den Gremien der KMK ging es lediglich um einen Minimalkonsens, der wenig zur Angleichung oder gar Neuordnung der gymnasialen Bildungsgänge beitrug. Grundlegende Reformüberlegungen konnten dagegen auf der Tübinger Konferenz »Universität und Schule« gedeihen, die sich im Oktober 1951 speziell mit Fragen der höheren Schule befasste. Sie forderte eine innere Umgestaltung des gymnasialen Unterrichts, der in Gefahr sei, das geistige Leben durch die Fülle des Stoffes zu ersticken:

> »Die Durchdringung des Wesentlichen der Unterrichtsgegenstände hat den unbedingten Vorrang vor jeder Ausweitung des stofflichen Bereichs. Die Zahl der Prüfungsfächer im Abitur sollte eingeschränkt, die Prüfungsmethoden sollten mehr auf Verständnis als auf Gedächtnisleistung abgestellt werden. Man sollte ferner überall von dem Prinzip starrer Lehrpläne zu dem der Richtlinien zurückkehren. Eine Herabsetzung der Stundenzahl ist erforderlich.«[22]

Die Tübinger Beschlüsse wertete nicht nur Wilhelm Flitner, einer der maßgeblichen Konferenzteilnehmer, als den »Anfang zur inneren Schulreform«; auch ein Bildungshistoriker kommt zu dem Urteil, ihre Wirkung auf die Diskussion der Probleme der höheren Schule könne kaum überschätzt werden.[23] Allerdings entfalteten die Beschlüsse keine unmittelbare Wirkung. Erst 1957 befassten sich die Gremien der KMK auf Vorschlag der Westdeutschen Rektorenkonferenz (WRK) intensiver mit dem Problem der Hochschulreife. In Gesprächen im oberbayerischen Tutzing einigten sich Vertreter von KMK und WRK Ende April 1958 auf einen von den Hochschulvertretern vorgeschlagenen Katalog, in dem »das für alle zur Hochschulreife führenden Bildungsgänge als notwendig angesehene Bildungsminimum fixiert« werden sollte.[24] Wir geben den »Tutzinger Maturitätskatalog« in der überarbeiteten Fassung von 1960 wieder.

DER TUTZINGER MATURITÄTSKATALOG (1958)

Begriff der Hochschulreife – Inhaltliches Minimum:

1. Einwandfreies Deutsch; Fähigkeit, einen eigenen Gedankengang zu formulieren und einen fremden richtig wiederzugeben, sowohl mündlich wie schriftlich, und mit einem Wortschatz, der auch feinere Unterscheidungen ermöglicht.
2. Verständnis einiger Meisterwerke der deutschen Literatur, und zwar auch solcher aus dem Umkreis der klassischen Literaturepoche sowie bedeutende Schriften sowohl philosophisch als auch literarisch wertvoller Prosa und Verständnis einiger grundlegend wichtiger Meisterwerke der Weltliteratur, vor allem auch der antiken.
3. Gute Einführung in eine Fremdsprache: Nachzuweisen ist flüssige Lektüre *gehaltvoller* leichter bis mittelschwerer Prosa ohne Hilfsmittel und die Fähigkeit, über das Gelesene in deutscher Sprache zu referieren und in der Fremdsprache ein einwandfreies Gespräch zu führen; ferner eine erste Einführung in eine zweite Fremdsprache. Eine der beiden Sprachen soll Latein oder Französisch sein.

4. Kenntnis der Elementarmathematik, quadratische Gleichungen, Trigonometrie, Algebra, analytische Geometrie; Weiterentwicklung der mathematischen Denkfähigkeit, insbesondere der Fähigkeit, Beweise zu führen; Anwendung der aus den ausgewählten Stoffen gewonnenen Erkenntnisse auf
Geometrie und Naturwissenschaften.

5. In der Physik Einführung in die Hauptphänomene, Verständnis für den
Energiebedarf, wie er in allen Erscheinungsformen der Natur zu ermitteln
ist, Kenntnis der historischen Anfänge physikalischen Denkens. Verständnis
für das Wesen der exakt-naturwissenschaftlichen Methode, für die Beschränkung der Aussagemöglichkeit auf das Quantitative und damit für die Grenzen der naturwissenschaftlichen Ermöglichung der maschinellen Technik,
Ansatz zum Verständnis chemischer Erscheinungen und ihres Bezugs auf
die Energieprobleme.

6. Liebhabermäßiges Betrachten der anschaulichen Natur und Zugang zu
biologischen Betrachtungsweisen.

7. In der Geschichte: Kenntnis und Verständnis für die geschichtliche Situation der Gegenwart, wie sie sich seit der Französischen Revolution ergeben
hat.

8. Propädeutik: Verständnis für die philosophischen Einleitungsfragen, besonders für die anthropologischen, ausgehend von Platon oder Descartes oder
Kant.

9. Orientierung über die Christenlehre, die kirchengeschichtlichen Haupter-
eignisse und Einführung in die ethischen Grundfragen.

(Voraussetzung dabei ist, dass die Ergebnisse des mittleren Schulkurses wirklich
vorhanden sind – Deutsch, Geschichte, Erdkunde, anschauliche Naturkunde,
Rechnen und Anfänge der Elementarmathematik, mindestens 1 Fremdsprache.
Die in jeder planmäßigen Schulung auftretenden Künste – Gymnastik, Musik,
Laienspiel, Gedichtmemorieren, Malen, technisches Zeichnen, Werkunterricht
– gehören ebenfalls zu jenen Ergebnissen.)[25]

Dieser Katalog, den federführend Wilhelm Flitner in seiner Eigenschaft als
Vorsitzender des Schulausschusses der Westdeutschen Rektorenkonferenz
erarbeitet hatte, stieß in den Hochschulen bei Vertretern nicht-geisteswis-
senschaftlicher Fakultäten auf teils heftige Kritik. Sie galt vor allem den als
mangelhaft gewerteten Aussagen zu den naturwissenschaftlichen Fächern
und der Bevorzugung der lateinischen und französischen Sprache.

Als in der zweiten Runde der »Tutzinger Gespräche« im Sommer 1959
die Mehrheit der KMK-Vertreter für eine größere Vielfalt beim Zugang
zur Universität eintrat, bestanden die Hochschulvertreter darauf, dass der
Maturitätskatalog auch für die Kollegs des zweiten Bildungsweges gelten
müsse. Sie verengten die Diskussion auf die Zulieferfunktion der Gymna-

sien für die Universität, beklagten eine hohe Zahl ungeeigneter Studierender, die gleichwohl über ein Hochschulreifezeugnis verfügten, und
verlangten, die Auslesefunktion der höheren Schule zu stärken. Dieser
Gegensatz wurde ein Jahr später in der dritten Gesprächsrunde erneut
deutlich. Der Vertreter Bayerns schlug vor, die Zugangsvoraussetzungen
zum Studium nach Fächern zu differenzieren. Bei akademischen Berufen
mit besonders hohem Nachwuchsbedarf sollte es möglich sein, von der
Forderung einer allgemeinen Hochschulreife abzugehen.[26] Doch eine
Einigung darüber kam nicht zustande.

Die Saarbrücker Rahmenvereinbarung von 1960

Mit der Ende September 1960 in Saarbrücken beschlossenen »Rahmenvereinbarung zur Ordnung des Unterrichts auf der Oberstufe des Gymnasiums« machten die Kultusminister den ersten Schritt zur Modernisie-
rung der gymnasialen Oberstufe. Die seit 1959 intensiv beratene
Vereinbarung sollte durch »Verminderung der Zahl der Pflichtfächer und
die Konzentration der Bildungsstoffe ... eine Vertiefung des Unterrichts
ermöglichen und die Erziehung des Schülers zu geistiger Selbsttätigkeit
und Verantwortung fördern«.[27] Für die Klassen 12 und 13 aller Schultypen
wurden vier Kernpflichtfächer festgelegt, die auch für die schriftliche
Abiturprüfung verbindlich waren:
- im altsprachlichen Schultyp: Deutsch, Latein, Griechisch (oder Französisch) und Mathematik;
- im neusprachlichen Schultyp: Deutsch, zwei Fremdsprachen und Mathematik;
- im mathematisch-naturwissenschaftlichen Schultyp: Deutsch, Mathematik, Physik und eine Fremdsprache (erste oder zweite Fremdsprache).

Als verbindliche Unterrichtsfächer galten ferner das neue Fach Gemeinschaftskunde (eine Kombination aus Geschichte, Geographie und
Sozialkunde), Leibesübungen, ein musisches Fach und gegebenenfalls
Religion. Neuland wurde mit der Einführung eines Wahlpflichtfaches
betreten, das auch die Form einer Arbeitsgemeinschaft erhalten konnte. Hierfür kamen Fremdsprachen und Naturwissenschaften, aber auch
Fächer wie Philosophie in Frage. Gegenstände der mündlichen Abiturprüfung sollten neben den vier schriftlichen Fächern Gemeinschaftskunde und ein weiteres in den Klassen 12 und 13 unterrichtetes Fach
sein, das der Schüler wählen konnte. Gegenüber der preußischen Ord-

nung von 1926 war eigentlich nur die Begrenzung auf sechs mündliche Fächer und die verbindliche Aufnahme der Gemeinschaftskunde in deren Kreis neu.

Fast wäre die Saarbrücker Vereinbarung noch an der Frage des Stufenabiturs gescheitert. Mehrere Länder traten nämlich für die Möglichkeit ein, eines der Kernpflichtfächer bereits am Ende der Klassenstufe 11 oder 12 mit einer Prüfung abschließen zu können, was andere unter Führung Bayerns entschieden ablehnten. Die Lösung brachte ein KMK-typischer Kompromiss, der es den Ländern freistellte, in den sprachlichen Gymnasialtypen Mathematik oder im mathematisch-naturwissenschaftlichen Schultyp die Fremdsprache vorher abzuschließen. Praktisch war diese Klausel jedoch nur für ein Dutzend Modellschulen in Baden-Württemberg relevant.

Durch die Reduzierung der Pflichtfächer schuf die Saarbrücker Rahmenvereinbarung die Voraussetzungen für eine Vertiefung des Unterrichts und die Erprobung neuer Lern- und Arbeitsformen. Die Einführung von Wahlfächern hatte jedoch einen unbeabsichtigten Nebeneffekt. Sie brachte eine »Hereinnahme vormals nicht kanonisierter Bildungsstoffe in das Gymnasium« mit sich, die zur Vermehrung der Typen (musisches, wirtschaftskundliches Gymnasium usw.) sowie zur Einrichtung mehrzügiger Anstalten führte.[28] Die Unterscheidung nach Schultypen wurde allerdings im Hamburger Abkommen (1964) auf die Oberstufe beschränkt. Ansonsten unterschieden sich die Gymnasien offiziell nur noch durch die Sprachenfolge. Gegenstand der Kritik von Hochschulen und Industrie blieb die schwache Stellung des naturwissenschaftlichen Unterrichts, der nach der Saarbrücker Vereinbarung zumindest in den sprachlichen Zweigen der Gymnasien sogar abnahm.[29]

Obwohl die Saarbrücker Rahmenvereinbarung nur behutsame Änderungen vornahm, meinte der Vertreter Niedersachsens im Oktober 1963 im Schulausschuss der KMK, sie sei »das höchste Maß dessen ..., das der deutschen Öffentlichkeit an Experimenten in der Oberstufe zugemutet werden« könne.[30] Doch innerhalb weniger Jahre änderte sich die bildungspolitische Großwetterlage in der Bundesrepublik grundlegend. Dazu trugen Georg Picht und Ralf Dahrendorf mit ihren schon erwähnten Büchern bei. Hinzu kam der Reformdruck im Bildungswesen, der durch die Studentenbewegung des Jahres 1968 hervorgerufen wurde. Vor diesem Hintergrund begann 1969 der Schulausschuss der Kultusministerkonferenz mit Beratungen über eine weitere Reform der gymnasialen Oberstufe und des Abiturs.

(2) Die reformierte Oberstufe – bis heute umstritten

Die Neugestaltung der gymnasialen Oberstufe 1972

Bei ihren Beratungen über eine Reform der Oberstufe lagen den Gremien der KMK zwei Entwürfe anderer Institutionen vor. Zum einen handelte es sich um einen neuen Hochschulreifekatalog der Westdeutschen Rektorenkonferenz, dessen wichtigstes Strukturmerkmal in der Differenzierung der Anforderungen in »Normalkurse« und »Leistungskurse« bestand.[31] Das andere Dokument war die Empfehlung des Deutschen Bildungsrates zur Neugestaltung der Abschlüsse im Sekundarschulwesen vom Februar 1969.[32] Darin wurde ein differenziertes System von Pflicht- und Wahlfächern vorgeschlagen:

> »Die Oberstufe der Sekundarschule hat ... studien- und berufsvorbereitende Funktionen zu erfüllen. Curriculum und Leistungsanforderungen müssen deshalb differenziert und auf verschiedene Ziele hin ausgerichtet werden. Die für ein Studium an einer Wissenschaftlichen Hochschule erforderliche Studierfähigkeit bleibt nach wie vor ein Ziel der Sekundarschuloberstufe, doch treten neben dieses bisher einzige Ziel andere Ziele und die ihnen entsprechenden Curricula. Dadurch wird die Oberstufe nicht nur in die Lage versetzt, die gesellschaftlichen, wissenschaftlichen und wirtschaftlichen Entwicklungen besser zu berücksichtigen; sie wird durch das differenzierte Lernangebot auch dem individuellen Bildungsstreben, den verschieden gelagerten Lerninteressen und der unterschiedlichen Lernfähigkeit besser entsprechen können.«

Unter Berücksichtigung dieser Vorschläge erarbeiteten Schulausschuss und Plenum der KMK die »Vereinbarung zur Neugestaltung der gymnasialen Oberstufe in der Sekundarstufe II«, die sie am 7. Juli 1972 in Bonn verabschiedeten.[33] Diese Vereinbarung stellt die wohl einschneidendste Veränderung im höheren Schulwesen seit den Reformen Wilhelm von Humboldts dar.[34] Trotz mehrfacher Überarbeitung prägt sie bis heute die Gestalt der gymnasialen Oberstufe und des Abiturs in der Bundesrepublik.

An die Stelle der überkommenen Schultypen mit Unterricht im Klassenverband ist in der Oberstufe ein Kurssystem getreten, in dem die Schülerinnen und Schüler ihre Schullaufbahn durch Wahlentscheidungen mitbestimmen und individuelle Schwerpunkte setzen können – und müssen. In drei Aufgabenfeldern, dem sprachlich-literarisch-künstlerischen, dem gesellschaftswissenschaftlichen und dem mathematisch-naturwissen-

schaftlich-technischen, sollen »grundlegende Einsichten in fachspezifi-
sche Denkweisen und Methoden« exemplarisch vermittelt werden. Das
Lernangebot der reformierten Oberstufe besteht aus Grundkursen, die
zumeist drei Wochenstunden umfassen, und zwei fünf- bis sechsstündigen
Leistungskursen, die vertieftes wissenschaftspropädeutisches Verständnis
und erweiterte Kenntnisse vermitteln sollen. Die Leistungen in der Qualifikationsphase (Jahrgangsstufe 12 und 13) gehen zu zwei Dritteln in die
Gesamtnote ein. Sie wird in einem komplexen Punktesystem ermittelt, bei
dem die von 0 bis 15 Punkten gestaffelte Skala den Noten »ungenügend«
bis »sehr gut« entspricht.

Die Abiturprüfung selbst, deren formale Aspekte in einer besonderen
Vereinbarung geregelt wurden[35], macht nur noch ein Drittel der Gesamtqualifikation aus, muss jedoch unabhängig von den Leistungen in der
Qualifikationsphase auch als solche bestanden werden. Sie besteht nur
noch aus drei schriftlichen Prüfungen, und zwar in den beiden Leistungskursen und einem Grundkurs, sowie einer mündlichen Prüfung in einem
weiteren Grundkurs. Bei den schriftlichen Prüfungen können die Abiturienten in vielen Fächern unter mehreren Aufgaben auswählen. Weicht
eine schriftliche Prüfungsleistung erheblich von der Vornote im Fach ab,
so wird die Endnote durch Einbeziehung einer weiteren mündlichen
Prüfung ermittelt. Außerdem können Schülerinnen und Schüler sich
freiwillig prüfen lassen, um beispielsweise ihre Durchschnittsnote zu verbessern. Die mündlichen Prüfungen finden nicht mehr wie früher vor
dem gesamten Lehrerkollegium statt, sondern werden von Prüfungskommissionen aus drei bis vier Fachlehrern abgenommen.

Die Einführung der reformierten Oberstufe erfolgte weder innerhalb
der Länder noch zwischen diesen zum gleichen Zeitpunkt. Zudem nutz-
ten die Länder den Spielraum, den die Bonner Vereinbarung bot, um die
gymnasiale Oberstufe nach ihren eigenen Vorstellungen auszugestalten.
Zu den schwierigsten Aufgaben der Kultusministerkonferenz gehörte daher die Erarbeitung einheitlicher Maßstäbe für die Abiturprüfung. Sie
waren nötig, um im Hinblick auf den Numerus clausus beim Hochschulzugang die Vergleichbarkeit der in den einzelnen Bundesländern ausge-
stellten Abiturzeugnisse zu sichern. Die im Februar 1975 geschlossene
»Vereinbarung über die Anwendung einheitlicher Prüfungsanforderungen in der Abiturprüfung« musste nach heftiger Kritik schon im Mai des
Jahres durch »erläuternde Hinweise« offiziell ergänzt werden. In den
nächsten Jahren ließ die KMK in zunächst 14 Fächern als Grundlage für
die Konstruktion und Bewertung von Prüfungsaufgaben Einheitliche Prüfungsanforderungen (EPA) – auch Normbücher genannt – erproben und
überarbeiten. 1979 wurden sie zur Grundlage für die Abiturprüfung in

allen Bundesländern gemacht und später um weitere Fächer ergänzt. Im Jahre 2009 gab es Einheitliche Prüfungsanforderungen für 41 Fächer.[36] Allerdings dürften die wenigsten Lehrer sie gelesen haben, von den Schülern ganz zu schweigen. »Die Normbücher waren das harte Brot für die Referenten in der Kultusbürokratie und ernährten die aufstrebende pädagogische Auftragsforschung.«[37]

Probleme und Chancen bei der Einführung der Oberstufenreform

Die Einführung der reformierten Oberstufe fand unter schwierigen äußeren Rahmenbedingungen statt. Zwischen 1960 und 1982 hat sich die Zahl der Oberstufenschüler mehr als verdreifacht. Diesem Ansturm waren die Gymnasien trotz zahlreicher Neugründungen und Erweiterungsbauten räumlich oft nicht gewachsen. Dazu kam der noch bis in die siebziger Jahre herrschende Mangel an Fachlehrern, der die Wahlmöglichkeiten häufig beschränkte, sowie der ungewohnt hohe Verwaltungsaufwand bei der halbjährlichen Vorbereitung des Kursangebotes und der Unterrichtsverteilung.

Zu einer besonderen Belastung aber wurde der in den siebziger Jahren bundesweit eingeführte Numerus clausus. Dass nun die Durchschnittsnote im Abitur das wichtigste Kriterium für die Vergabe von Studienplätzen bildete, konterkarierte die ursprüngliche Absicht der Oberstufenreform, durch Individualisierung die Studierfähigkeit der Abiturienten zu erhöhen. Denn mancher Schüler machte seine Wahlentscheidungen nicht nur von Interessen und Studienneigungen abhängig, sondern auch davon, in welchem Fach bzw. bei welchem Lehrer sich leichter gute Noten erreichen ließen. Die Fixierung auf den Numerus clausus trug auch wesentlich dazu bei, dass die Durchschnittsnoten im Abitur nun immer besser wurden. Noch ein Jahrzehnt zuvor brauchte darauf niemand Rücksicht zu nehmen, sofern nur die Prüfung bestanden wurde. Beispielsweise wurde 1964 am Herforder Friedrichs-Gymnasium fast die Hälfte der 140 Abiturarbeiten in vier Fächern nur mit »Ausreichend« bewertet, und die Durchschnittsnote aller Arbeiten betrug 3,77. Nur wenig besser war im selben Jahr der Notenschnitt am Leibniz-Gymnasium in Remscheid (3,6). Damit wäre seit den siebziger Jahren jedes NC-Fach in weite Ferne gerückt gewesen.

Bei allen Problemen in der Einführungsphase bot die Oberstufenreform aber auch neue Möglichkeiten. Zu ihren Prinzipien gehörte die Gleichwertigkeit aller Fächer. Das bedeutete eine Aufwertung der ehemaligen Nebenfächer und auch neuer Fächer, die nun als Grund- oder Leistungskurs unterrichtet werden konnten. Damit kamen auf die Lehrer dieser Fächer ungewohnte Aufgaben zu, die eine intensive Vorbereitung und Fortbildung nötig machten.[38] Die Vorstellung der KMK, dass alle Fächer unter dem Gesichtspunkt der Wissenschaftspropädeutik prinzipiell gleichwertig seien, blieb den frühen Absolventen der reformierten Oberstufe allerdings fremd. Bei einer Befragung von 6.944 Abiturientinnen und Abiturienten des Jahrgangs 1980 stimmten nur vier Prozent dieser Annahme voll zu, 60 Prozent verwarfen sie. Die Befragten sahen Deutsch, Mathematik, Englisch, Geschichte und Gemeinschaftskunde als unverzichtbar für die Entwicklung der allgemeinen Hochschulreife an, während sie Sport, Kunst, Musik und Religion in dieser Hinsicht als geringerwertig einstuften.[39] Allerdings sollte man dieses Ergebnis nicht überbewerten, da die befragten Abiturienten wohl noch stark von den traditionellen Prioritäten des Gymnasium geprägt waren.

Für alle Oberstufenlehrer stellte die Ausarbeitung der Aufgaben für die Abiturprüfung neue Anforderungen. Jetzt genügte es nicht mehr, beispielsweise ein paar Aufsatzthemen zu formulieren oder einige fremdsprachige Textstellen für die Übersetzung auszuwählen. Vielmehr waren nun Materialien zusammenzustellen, welche die Schüler nach einer präzise formulierten und eingeübten Aufgabenstellung zu bearbeiten hatten, und es mussten die unterrichtlichen Voraussetzungen und erwarteten Schülerleistungen genau dargelegt werden. Dabei galt es die jeweiligen Richtlinien des Faches zu beachten, deren Umfang – zumindest in Nordrhein-Westfalen – seit den 1970er Jahren explosionsartig zunahm.[40] Bevor sie den Schülern vorgelegt werden konnten, wurden die Aufgabenvorschläge von Fachkommissionen unter Leitung der Fachdezernenten auf Übereinstimmung mit den Richtlinien und Vergleichbarkeit der Anforderungen überprüft. So kamen beispielsweise im Abiturjahrgang 1993 nach Angaben des Kultusministeriums Nordrhein-Westfalen insgesamt 16.597 Abiturvorschläge unter die Lupe. Den Zeitaufwand für die Überprüfung in der Kommission veranschlagte das Ministerium auf weniger als eine Arbeitsstunde pro Vorschlag, während es über die für die Erstellung der Vorschläge notwendige Zeit keine Aussagen machen konnte.[41] Eingeweihte wissen, dass viele Lehrer mit Abiturkursen einen Teil der Weihnachtsferien dafür zu reservieren pflegten.

Die Umstellung auf die neuartigen Anforderungen wurde dadurch erleichtert, dass in den 1970er Jahren jährlich Zehntausende junger Lehrer eingestellt wurden. Nach der vorausgegangenen Phase des Lehrermangels bestand ein hoher Ersatz- und Erweiterungsbedarf, und bei rund 340.000 bestandenen ersten Lehramtsprüfungen im Jahrzehnt 1971-1980 war das Lehrerangebot so groß wie nie zuvor.[42] Die jungen Lehrer waren zumeist für didaktische und methodische Neuerungen offen und bestrebt, die Schule grundlegend zu verbessern. Andererseits fehlte es ihnen noch an Berufserfahrung, was sich auch ungünstig auswirkte. Dieses Innovationspotential versiegte allerdings weitgehend mit der restriktiven Einstellungspolitik nach 1980, die zu massiver Arbeitslosigkeit ausgebildeter Lehrer führte.[43]

Die Revision der Oberstufenreform – eine unendliche Geschichte?

Mit der Bonner Vereinbarung von 1972 war der Höhepunkt einer Entwicklung erreicht, die den Schülerinnen und Schülern weitgehende Freiheit bei der Wahl ihrer Abiturfächer brachte. Jetzt aber kam es zu einer harten schulpolitischen Konfrontation zwischen SPD- und CDU-regierten Ländern (sogenannte A- und B-Länder). Dabei geriet die SPD, die die Öffnung der gymnasialen Oberstufe vorangetrieben hatte, mehr und mehr in die Defensive. In zähen und von geringer Kompromissbereitschaft geprägten Verhandlungen konnten die CDU-geführten Länder die Rücknahme eingeräumter Wahlfreiheiten und eine Erhöhung der Anforderungen in kleinen Schritten durchsetzen.

Unterstützung fanden die B-Länder bei der Westdeutschen Rektorenkonferenz (WRK), die sich nach dem Beitritt von Hochschulen aus den neuen Bundesländern 1990 in Hochschulrektorenkonferenz (HRK) umbenannte. Hatte die Vertretung der Hochschulen vor der Oberstufenreform geringes studienfachbezogenes Vorwissen und fehlende wissenschaftspropädeutische Kenntnisse bei Studienanfängern beklagt, so kritisierte sie jetzt eine Spezialisierung zu Lasten eines gemeinsamen Grundwissens. Daher trat sie dafür ein, alle Absolventen der gymnasialen Oberstufe zu verpflichten, mindestens Deutsch, eine Fremdsprache, Geschichte, Mathematik und eine Naturwissenschaft bis zum Abitur zu belegen. In einem Positionspapier vom Oktober 1995 kam die Forderung hinzu, Deutsch, Mathematik und ein weiteres der genannten Fächer für die Abiturprüfung verbindlich vorzuschreiben.[44]

Der Vorwurf mangelnder Studierfähigkeit, der sich als roter Faden durch die Stellungnahmen der Rektorenkonferenz zur Oberstufenreform zieht, ließ sich allerdings empirisch schwer belegen. Eine Untersuchung dazu legte der Pädagogik-Professor Josef Hitpaß vor, der keineswegs zu den Befürwortern der Reform gehörte. Er befragte ehemalige Abiturienten des Jahrgangs 1980, um »die Funktionstüchtigkeit der reformierten Oberstufe aus der Retrospektive der nun Studierenden« zu ermitteln. Im Ergebnis ließ sich kein Qualitätseinbruch in der Entwicklung der allgemeinen Hochschulreife erkennen.[45] Auch eine Längsschnittstudie, bei der Schülerinnen und Schüler alter und neuer Oberstufen an mehreren Punkten ihrer Schullaufbahn wie auch während ihres Studiums befragt und miteinander verglichen wurden, ließ nicht die Schlussfolgerung zu, dass eine der beiden Oberstufen besser auf die universitäre Ausbildung vorbereitete. Allerdings nährte sie auch Zweifel daran, dass es der reformierten Oberstufe mit ihren weitgehenden Wahlmöglichkeiten gelungen wäre, »wissenschaftliche Interessen so zu wecken, dass sie bei Bedarf mit gleicher Intensität auf andere Inhalte übertragen werden«.[46]

In den Debatten um die Revision der Oberstufenreform fanden die Positionen der CDU-regierten Länder die Unterstützung des Philologenverbandes, der führenden Interessenvertretung der Gymnasiallehrer. Er forderte 1982 eine Belegungspflicht für dieselben Fächer, die die Westdeutsche Rektorenkonferenz für unverzichtbar hielt. In dieselbe Richtung gingen Forderungen des Bundeselternrates.[47] Dagegen trat die Gewerkschaft Erziehung und Wissenschaft (GEW) für die Beibehaltung bestehender Wahlmöglichkeiten und eine weitere Öffnung der gymnasialen Oberstufe ein, wobei sie in ihren Vorstellungen weiter ging als die SPD-geführten Länder.

Noch bevor die reformierte Oberstufe in allen Ländern flächendeckend eingeführt war, verabschiedete die KMK 1977 in den Lübecker Beschlüssen präzisierende Regelungen zur Abiturprüfung, zur Gestaltung der Einführungsphase (Jahrgangsstufe 11) und zur Unterrichtsgestaltung im Allgemeinen.[48] Diese Beschlüsse wurden in den Jahren 1980 bis 1983 mit dem Ziel einer einheitlicheren Durchführung in den Ländern und der Stärkung des Pflichtbereichs mehrfach ergänzt und geändert. Doch die Kritik an der »deformierten« Oberstufe verstummte nicht. Nach jahrelangen Auseinandersetzungen beschlossen die Kultusminister schließlich eine Revision der Bonner Vereinbarung, welche die wichtigsten Bestimmungen der Lübecker Beschlüsse übernahm. Nach der Neufassung vom 11. April 1988[49] waren zwei der Fächer Deutsch, Mathematik und Fremdsprache in der gesamten Qualifikationsphase zu belegen und die Ergebnisse von jeweils mindestens drei Halbjahreskursen in diesen Fächern in die Gesamtqualifikation einzubringen. Diese Regelung war allerdings schon vor dem KMK-Beschluss in den meisten Ländern eingeführt worden. Weiterhin wurden die Abwahlmöglichkeiten für das Fach Geschichte und die naturwissenschaftlichen Fächer eingeschränkt. Von den Abiturfächern musste jetzt eines entweder Deutsch oder Mathematik oder eine Fremdsprache sein. Zudem wurde die Gewichtung des Leistungskursbereiches von einem Drittel auf ein Viertel der Gesamtqualifikation zurückgenommen, während der Grundkursbereich ein größeres Gewicht erhielt (bis zu 330 von 840 erreichbaren Punkten).

I. Leistungen in den Jahrgangsstufen 12 und 13 (Qualifikationsphase)

Fach[2]	Bewertung[1]			
	12/I	12/II	13/I	13/II
Sprachlich-literarisch-künstlerisches Aufgabenfeld				
Deutsch	10	10	(12)	———
Englisch	12	12	12	12
Literatur	11	08	———	———
———	———	———	———	———
———	———	———	———	———
———	———	———	———	———
———	———	———	———	———
Gesellschaftswissenschaftliches Aufgabenfeld				
Geschichte	———	———	13	14
Erdkunde	12	12	13	14
Sozialwissenschaften	———	———	14	14
———	———	———	———	———
———	———	———	———	———
Mathematisch-naturwissenschaftlich-technisches Aufgabenfeld				
Mathematik (Leistungsfach)	12	12	10	11
Physik	14	15	14	———
Biologie	14	(12)	———	———
Chemie (Leistungsfach)	14	13	14	13
———	———	———	———	———
———	———	———	———	———
Religionslehre	14	12	———	———
———	———	———	———	———
Sport	15	14	(13)	———

1) Für die Umsetzung der Noten in Punkte gilt:

Noten	sehr gut			gut			befriedigend			ausreichend			mangelhaft			ungenügend
	+	1	–	+	2	–	+	3	–	+	4	–	+	5	–	6
Punkte	15	14	13	12	11	10	09	08	07	06	05	04	03	02	01	00

Die Punktzahlen in Klammern sind nicht in die Gesamtqualifikation einbezogen worden. Punktzahlen werden in einfacher Wertung und stets zweistellig angegeben.

2) Leistungsfächer werden mit dem Klammerzusatz (Leistungsfach) gekennzeichnet. Grundkurse bleiben ohne besondere Kennzeichnung.

Abb. 9: Ein Abiturzeugnis der reformierten Oberstufe (1996)

II. Leistungen in der Abiturprüfung

Prüfungsfach	Prüfungsergebnis in einfacher Wertung	
	schriftlich	mündlich
1. Leistungsfach Mathematik	12	——
2. Leistungsfach Chemie	12	——
3. Englisch	10	——
4. Erdkunde		08

III. Berechnung der Gesamtqualifikation und der Durchschnittsnote

Punktsumme aus 22 Grundkursen in einfacher Wertung: **279** mindestens 110, höchstens 330 Punkte

Punktsumme aus 6 Leistungskursen in zweifacher Wertung und der Ausgleichsregelung: **174** mindestens 70, höchstens 210 Punkte

Punktsumme aus den Prüfungen in vierfacher Wertung[1] und den Kursen der Prüfungsfächer im Abschlußhalbjahr (13/II) in einfacher Wertung: **218** mindestens 100, höchstens 300 Punkte

Gesamtpunktzahl: **671** mindestens 280, höchstens 840 Punkte

Durchschnittsnote: **1,6** eins sechs [2]

1) Die Ergebnisse der schriftlichen und der mündlichen Prüfung sind hierbei im Verhältnis 2 : 1 gewichtet
2) Wiederholung der Durchschnittsnote in Buchstaben

Nachdem sie nach dem Beitritt der ostdeutschen Länder im Jahre 1990 eine große Zahl anderer bildungspolitischer Probleme bearbeitet hatte, ging die Kultusministerkonferenz Mitte der 1990er Jahre den 1988 beschrittenen Weg weiter. Nach langwierigen Verhandlungen fielen am 1. Dezember 1995 in einer dramatischen Sitzung in Mainz die sogenannten »Richtungsentscheidungen zur Weiterentwicklung der Prinzipien der gymnasialen Oberstufe und des Abiturs«.[50] Sie brachten eine Ausweitung der Belegungspflichten für die Kernfächer Deutsch, Mathematik und Fremdsprache. Jetzt waren nicht mehr zwei von ihnen, sondern alle drei in der Qualifikationsphase durchgehend zu belegen und in die Gesamtqualifikation einzubringen. Im sprachlich-literarisch-künstlerischen Aufgabenfeld musste eines der Fächer Deutsch oder Fremdsprache Abiturprüfungsfach sein. Diese Bestimmungen fanden in der revidierten Fassung der Vereinbarung zur Gestaltung der gymnasialen Oberstufe vom Februar 1997 ihren Niederschlag.[51]

Schon bei den Verhandlungen über die Richtungsentscheidungen des Jahres 1995 hatte sich der bayerische Kultusminister Zehetmair (CSU) für die Einführung eines fünften Abiturfaches stark gemacht. Die Möglichkeit dazu schufen die Kultusminister in den Husumer Beschlüssen vom Oktober 1999, die den Ländern größere Spielräume für eine länderspezifische Weiterentwicklung der gymnasialen Oberstufe einräumten. Nach der neuen Fassung der KMK-Vereinbarung kann neben den vier bestehenden ein fünftes – schriftliches oder mündliches – Prüfungsfach oder alternativ eine besondere Lernleistung vorgeschrieben werden.[52] Diesen Spielraum hat schon bald Baden-Württemberg genutzt, wo die Leistungskurse abgeschafft wurden und seit dem Abitur 2004 unter den vier schriftlichen Abiturfächern die drei vierstündig unterrichteten »Kernkompetenzfächer« Deutsch, Mathematik und eine Fremdsprache obligatorisch sind. An Stelle der mündlichen Prüfung in einem weiteren Fach kann hier eine besondere Lernleistung eingebracht werden.[53] Ähnliche Regelungen mit fünf Abiturfächern haben so unterschiedliche Länder wie Bayern und Mecklenburg-Vorpommern getroffen, und weitere tendieren in diese Richtung. Zu ihnen gehört Nordrhein-Westfalen, das eine an Baden-Württemberg orientierte Oberstufenreform schon konzipiert, ihre Umsetzung aber auf die Zeit nach den Landtagswahlen 2010 verschoben hat. Das geschah, nachdem bei den hessischen Landtagswahlen im Januar 2008 der Unmut vieler Wähler über die auch in Nordrhein-Westfalen eingeleitete Verkürzung des gymnasialen Bildungsganges auf acht Jahre deutlich geworden war.

Unabhängig von dem geplanten Übergang zu einem Abitur mit fünf Fächern musste Nordrhein-Westfalen die alte Ausbildungs- und Prüfungsordnung 2009 noch einmal ändern, um die KMK-Vereinbarung vom Juni 2006 umzusetzen.[54] Danach müssen künftig zwei der drei Fächer Deutsch, Fremdsprache oder Mathematik Abiturprüfungsfächer sein. Mit der Stärkung der ehemaligen Hauptfächer nähert sich die Entwicklung wieder dem Stand vor der Oberstufenreform an, wenngleich die Abiturfächer nicht mehr durch festgeschriebene Schultypen vorgegeben sind. Der zu erwartende Rückgang der Schülerzahlen dürfte aber dazu führen, dass künftig viele Gymnasien nur noch ein begrenztes Fächerspektrum anbieten können.

Die letzten Beispiele deuteten an, dass die gymnasiale Oberstufe in jedem Bundesland ihre eigene Geschichte hat, die hier jedoch nicht zu schreiben ist. Die Sachlage soll nur kurz am Beispiel Nordrhein-Westfalens verdeutlicht werden. Hier sind die einschlägigen Bestimmungen seit 1979 in der »Verordnung über den Bildungsgang und die Abiturprüfung in der gymnasialen Oberstufe« (APO-GOSt) zusammengefasst.[55] Diese grundlegende Rechtsverordnung hat seitdem etwa alle zwei Jahre kleinere oder größere Änderungen erfahren. Dabei passierte es um die Jahrtausendwende einmal, dass für jeden Jahrgang der Oberstufe eine andere Fassung der Prüfungsordnung galt. In einem solchen Chaos von Bestimmungen den Durchblick zu bewahren und Schülerinnen und Schüler richtig zu beraten, stellt für jede Schulleitung eine große Herausforderung dar.

Fächerwahl im Abitur

Nach dem Überblick über die wichtigsten Korrekturen am System der reformierten Oberstufe gehen wir noch der Frage nach, welche Fächer seitdem das Profil des Abiturs bestimmen. Eine erste Antwort gibt für den Abiturjahrgang 1980 die Studie von Josef Hitpaß. Demnach waren die vier häufigsten Abiturfächer bundesweit Biologie (63,9 Prozent), Deutsch (47,4), Mathematik (41,5) und Englisch (38,5). Das Mittelfeld bildeten Geschichte (26,6) und Gemeinschaftskunde (25,5) vor Religion und Physik (je 20); zwischen 10 und 20 Prozent erreichten Chemie, Französisch, Kunst und Sport.

Dass Biologie in allen Ländern stets auf einem der ersten beiden Ränge zu finden war, ist wohl darauf zurückzuführen, dass nach den damaligen Vorgaben als erster Leistungskurs nur eine aus der Sekundarstufe I fortgeführte Fremdsprache, Mathematik oder eine Naturwissenschaft gewählt werden konnte und Biologie vielen Schülerinnen und Schülern gegenüber Fremdsprache, Mathematik, Physik und Chemie als leichteres Fach galt. In Nordrhein-Westfalen war die Präferenz für Biologie längst nicht so ausgeprägt wie im Bundesdurchschnitt, während Mathematik mit 48,3 Prozent darüber lag.[56]

Für die weitere Entwicklung und eine vertiefte Analyse der Fächerwahl greifen wir auf das Beispiel einer einzelnen Schule zurück: des Gymnasiums Hochdahl in Erkrath bei Düsseldorf. 1969 gegründet, entließ es 1978 seine ersten Abiturienten, war also nicht durch ältere Traditionen geprägt, sondern gewissermaßen mit der reformierten Oberstufe aufgewachsen. Tabelle 5 weist den prozentualen Anteil der gewählten Abiturfächer im Abstand von zehn Jahren aus.[57] Für die Wahl der Stichjahre war maßgebend, dass 1982 zehn Jahre seit der Oberstufenreform vergangen waren und sich 1992 bzw. 2002 im Abitur Nordrhein-Westfalens die Änderungen der KMK-Vereinbarung von 1988 bzw. 1997 auswirkten.[58]

Auch in Hochdahl dominierten in den drei Stichjahren – vom Einbruch der Biologie 1992 abgesehen – die vier bundesweiten Spitzenreiter Deutsch, Mathematik, Englisch und Biologie. Dass Englisch 1982 knapp den vierten Platz verfehlte, wird durch das gute Drittel der Abiturienten relativiert, die als moderne Fremdsprache Französisch gewählt hatten. Seitdem ist der Anteil des Französischen jedoch – einem allgemeinen Trend folgend – erheblich zurückgegangen. Bemerkenswerterweise lag 1992 und 2002 der Anteil der Kernfächer Deutsch, Fremdsprache und Mathematik deutlich höher als 1982, obwohl nach geltender Prüfungsordnung noch eines dieser drei Fächer als Abiturfach ausreichte. Allerdings könnte die Ausweitung der Belegungspflicht für diese Fächer auch ihre Wahl zum Abiturfach gefördert haben.

Die wieder gestiegene Bedeutung der alten Kernfächer wird auch deutlich, wenn man die Fächerwahl der einzelnen Abiturientinnen und Abiturienten unter die Lupe nimmt. 1982 legten 32 Prozent von ihnen in nur einem Kernfach die Abiturprüfung ab, 53 Prozent in zwei und 15 Prozent in drei dieser Fächer. 1992 und 2002 hingegen lag der Anteil der Abiturientinnen und Abiturienten mit lediglich einem Kernfach nur noch bei einem Zehntel, während zwei Drittel bzw. drei Viertel zwei Kernfächer gewählt hatten. 22 bzw. 13 Prozent absolvierten die Abiturprüfung in drei Kernfächern.

Schließlich lassen sich bei der Wahl der Abiturfächer geschlechtsspezifische Präferenzen beobachten. Mathematik, Physik und Chemie wurden vorzugsweise von Jungen gewählt, während Mädchen Biologie bevorzugten. Bei den Fremdsprachen überwogen in Englisch die Jungen (bis auf 1982), in Französisch und Italienisch die Mädchen. Die Gesellschaftswissenschaften Geschichte, Erdkunde und Sozialwissenschaften erwiesen sich als Domäne der Jungen, aber nicht so deutlich wie Erziehungswissenschaften bei den Mädchen. Im Fach Deutsch hat der ursprünglich geringere Anteil der Jungen 2002 fast mit dem der Mädchen gleichgezogen. Dazu könnte beigetragen haben, dass seit diesem Jahr Sport in der Regel nicht mehr als Abiturfach gewählt werden konnte.

Tabelle 5: Fächerwahl im Abitur am Gymnasium Hochdahl 1982-1992 -2002

	1982			1992			2002		
	m	w	zus.	m	w	zus.	m	w	zus.
Abiturient(inn)en	67	60	**127**	36	40	**76**	48	49	**97**
Von allen Abiturient(inn)en wählten das Fach (in %)									
Deutsch	44,8	66,7	**55,1**	41,7	72,5	**57,9**	64,6	67,3	**66,0**
Englisch	38,8	43,3	**40,9**	61,1	45,0	**52,6**	62,5	49,0	**55,7**
Französisch	22,4	48,3	**34,6**	13,9	27,5	**21,1**	6,3	18,4	**12,4**
Italienisch							4,2	28,6	**16,5**
Geschichte	25,4	11,7	**18,9**	44,4	32,5	**38,2**	41,7	18,4	**29,9**
Erdkunde	53,7	28,3	**41,7**	38,9	42,5	**40,8**	33,3	22,4	**27,8**
Philosophie	3,0	10,0	**6,3**	13,9	15,0	**14,5**	10,4	10,2	**10,3**
Sozialwissenschaften	17,9	15,0	**16,5**	13,9		**6,6**	14,6	2,0	**8,2**
Erz.wissenschaften	7,5	31,7	**18,9**		22,5	**11,8**	18,8	46,9	**33,0**
Mathematik	55,2	45,0	**50,4**	91,7	72,5	**81,6**	77,1	61,2	**69,1**
Physik	17,9	1,7	**10,2**	22,2	7,5	**14,5**	20,8	2,0	**11,3**
Chemie	1,5		**0,8**	22,2	2,5	**11,8**	4,2		**2,1**
Biologie	53,7	61,7	**57,5**	11,1	37,5	**25,0**	37,5	55,1	**46,4**
Informatik				8,3		**3,9**			
Kunst	3,0	3,3	**3,1**		7,5	**3,9**	2,1	4,1	**3,1**
Musik	9,0	10,0	**9,4**					4,1	**2,1**
Religion	14,9	10,0	**12,6**		5,0	**2,6**	2,1	10,2	**6,2**
Sport	31,3	13,3	**22,8**	16,7	10,0	**13,2**	nicht mehr wählbar		

VI. ZENTRALABITUR UND SCHULZEITVERKÜRZUNG

Zu Beginn des 21. Jahrhunderts wurden mit der Einführung des Zentralabiturs in fast allen Bundesländern und der Verkürzung der Schulzeit bis zum Abitur auf zwölf Jahre zwei bildungspolitische Projekte umgesetzt, die in der Öffentlichkeit heftige Diskussionen hervorriefen. Den Anstoß dazu hatte die Vereinigung der beiden deutschen Staaten gegeben, denn in der DDR gab es das eine wie das andere. Schon ein Positionspapier des Bundes vom Dezember 1993 forderte »die Einführung eines Zentralabiturs auf Landesebene sowie die Festlegung der Schulzeit bis zum Abitur bundeseinheitlich auf 12 Jahre.«[1] Angesichts des Bildungsföderalismus, der grundlegende Entscheidungen oft erschwert, erscheint es bemerkenswert, dass diese Zielvorstellungen in weniger als einem Jahrzehnt realisiert wurden.

(1) ZENTRALABITUR – VOM SONDERFALL ZUR REGEL

Zentralabitur vor dem Zweiten Weltkrieg

In der alten Bundesrepublik war das Zentralabitur eine Besonderheit einzelner Länder, und zwar Bayerns, Baden-Württembergs und des Saarlandes. Wie schon im zweiten Kapitel deutlich wurde, kann die Stellung zentraler Aufgaben für die Abiturprüfung in Bayern auf eine lange Tradition zurückblicken. Dem ehemaligen Vorsitzenden des Bayerischen Philologenverbandes Max Schmid erschien sie 1985 so selbstverständlich, dass er behauptete, »diese 1834 an allen deutschen Gymnasien eingeführte Form des Erwerbs der allgemeinen Hochschulreife« habe allein Bayern zu keiner Zeit aufgegeben. In den übrigen Gebieten des Deutschen Reiches hingegen habe die preußische Schulreform von 1924 zur Einrichtung der schuleigenen Reifeprüfung geführt und der Schulaufsicht nur noch das Recht belassen, »die aus einem imaginären Gymnasialniveau abgeleitete Angemessenheit der im ›Abiturientenexamen‹ gestellten Anforderungen zu kontrollieren«.[2] Wenn hier etwas imaginär ist, dann die Darstellung Schmids, denn eine zentrale Abiturprüfung hat es in Preußen ebenso wenig gegeben wie in den meisten anderen deutschen Staaten.

In Bayern dagegen zieht sich die zentrale Aufgabenstellung durch das Kultusministerium tatsächlich durch alle Ordnungen der Absolutorial-prüfung seit 1854, wenn auch nicht für alle Formen der höheren Schule. Nur in Ausnahmesituationen wie den Kriegs- und Nachkriegsjahren der beiden Weltkriege überließ das Ministerium die Stellung der Abituraufgaben den Schulen. So findet bis heute die schriftliche Abiturprüfung nach einem für die einzelnen Fächer auf die Minute genau festgelegten Plan an allen bayerischen Gymnasien zu gleicher Zeit und zu einheitlichen Bedingungen statt. Die Aufgabenvorschläge nebst Erwartungshorizont, Musterlösungen und Bewertungsvorgaben gelangen kurz vor Beginn der Prüfung über zentrale Verteilungsstellen an die Schulen. Die Prüfungsarbeiten werden vom betreffenden Kurslehrer und einem weiteren Fachkollegen derselben Schule korrigiert. Können sie sich nicht einigen, wird ein dritter Korrektor hinzugezogen.[3]

Eine zentrale Aufgabenstellung im Abitur gab es im 19. Jahrhundert auch in Baden. Hier war nach der Prüfungsordnung der Gelehrtenschulen von 1869 wie der Realgymnasien von 1887 für die Stellung der Aufgaben der Oberschulrat zuständig. Er war 1862 als Leitungsbehörde für das Unterrichtswesen geschaffen worden und zunächst dem Ministerium des Inneren, seit 1881 dem der Justiz zugeordnet. Die Vorschrift, dass die schriftlichen Prüfungsaufgaben für alle Schulen die gleichen sein sollten, war allerdings am Ende des 19. Jahrhunderts »längst nicht mehr in Übung«.[4] Zu dieser Zeit fand bereits eine dem preußischen Verfahren ähnliche Aufgabenstellung statt. In der Prüfungsordnung von 1913 wurde dann die Rechtslage der Verwaltungspraxis angepasst.

Schließlich war auch in Württemberg die Reifeprüfung anfangs eine Zentralprüfung in Stuttgart. Sie wurde aber schon zu Beginn der siebziger Jahre des 19. Jahrhunderts an die höheren Schulen verlegt.[5]

Zentralabitur nach 1945 unter französischem Einfluss

Nach dem Zweiten Weltkrieg forcierte die französische Besatzungsmacht in ihrer Zone die Einführung zentraler Prüfungen, wobei sie sich das höhere Schulwesen ihres Landes zum Vorbild nahm. Frankreich war seit der Revolution von 1789 der europäische Zentralstaat par excellence geworden und kennt seit 1808 das dem deutschen Abitur entsprechende *baccalauréat* als zentrale und anonyme Prüfung.[6] Es gilt dort als ideale Verkörperung eines leistungsorientierten republikanischen Schulwesens und wird am Ende der dreijährigen gymnasialen Oberstufe (*lycée*) durchgeführt, die heute in einen allgemeinbildenden, einen technologischen und einen berufsbezogenen Zweig gegliedert ist. Die schriftlichen Prüfungsaufgaben wurden ursprünglich allein vom Erziehungsministerium gestellt und zu landesweit festgelegten Terminen bearbeitet. Seit den 1960er Jahren hat das Ministerium allerdings diese Aufgabe an die regionalen Schul- und Hochschulverwaltungsbezirke (*académies*) delegiert, ohne seine Zuständigkeit für die nationalen Curricula abzugeben.

In allen Oberstufenzweigen sind fünf schriftliche Prüfungsarbeiten obligatorisch. Sie werden anonym von Lehrern anderer Schulen aus der Region korrigiert und nach einer Notenskala beurteilt, die 0 bis 20 Punkte umfasst. Nach dem ersten Prüfungsteil erhalten die Kandidaten, die durchschnittlich mindestens 10 Punkte erreicht haben, ihr Diplom. Kandidaten mit einer Gesamtdurchschnittsnote unter 8 Punkten haben die Prüfung nicht bestanden und dürfen sie nur als Ganzes wiederholen. Wer 8 bis unter 10 Punkte erreicht hat, kann eine mündliche Prüfung in zwei bereits geprüften und von ihm ausgewählten Fächern ablegen, um die 10-Punkte-Grenze zu erreichen. Die im letzten Schuljahr erbrachten Leistungen werden nur herangezogen, wenn es darum geht, die zum Bestehen erforderliche Durchschnittspunktzahl 10 zu erreichen. Für die Prädikate »Ziemlich gut«, »Gut« und »Sehr gut« sind mindestens 12, 14 bzw. 16 Punkte erforderlich. Ein Prädikat erreichten 2006 nur 46 Prozent der erfolgreichen Prüflinge, darunter knapp 5 Prozent ein »Sehr gut«.[7]

Dieses Prüfungsverfahren führte die für Kulturangelegenheiten zuständige Abteilung der französischen Militärregierung, die *Direction de l'Education Publique* (DEP), 1947 in ihrer Zone ein. Dabei sollte nur solchen Abiturienten, die ein Durchschnittsergebnis von mindestens 15 Punkten erzielten, der direkte Zugang zur Universität gestattet werden. Ab 13 Punkten stand ihnen ein propädeutisches Jahr offen, an dessen Ende sie eine Hochschulaufnahmeprüfung ablegen konnten.[8] Das scharfe Ausleseverfahren beruhte nicht allein auf dem Vorbild Frankreichs, wo 1946 gerade 4,4 Prozent eines Jahrgangs das *baccalauréat* erreicht hatten[9], sondern auch auf einem bestimmten Deutungsmuster des Nationalsozialismus. Das zeigt die rückblickende Begründung des Verfahrens durch die Tübinger Sektion der DEP:

»Diese Reform beabsichtigte die Aufrichtung einer Barriere am Eingang der Universität, um die baldige Entstehung eines intellektuellen Proletariats, einer Masse von Inhabern wertloser Diplome zu verhindern, die bereit gewesen wären, sich jeglicher extremistischen Bewegung anzuschließen. Man durfte nicht vergessen, daß der Nationalsozialismus seine Anhänger zum großen Teil unter unzähligen arbeitslosen Intellektuellen gefunden hatte, die jeden Umsturz befürworteten, der ihnen die Existenzsicherung versprach. Andererseits hatte diese Abiturreform auch ein demokratisches Ziel: Man wollte eine Prüfung einführen, die Leistung bewertete und kein Abschlußzeugnis darstellte, das den Söhnen der besseren Familien vorbehalten war und am Ende mehr oder weniger ernsthaften Lernens automatisch vergeben wurde.«[10]

Auf deutscher Seite begegnete man den französischen Vorgaben mit dilatorischem Taktieren oder offener Ablehnung. Nur in Südbaden arbeitete die deutsche Kultusverwaltung 1946/47 einen Entwurf zur Abiturreform aus, der die französischen Grundsätze berücksichtigte. Aus Südwürttemberg-Hohenzollern dagegen kam Widerspruch gegen diese Form des Zentralabiturs. Es werde, so argumentierte man, einen »Massenexodus südwestdeutscher Abiturienten an Universitäten außerhalb der französischen Zone« nach sich ziehen.[11] Dennoch wurden 1947 erstmals die Abiturienten in Südbaden und Südwürttemberg-Hohenzollern nach französischem Vorbild an zentral gelegenen Orten von fremden Lehrern geprüft.

Auf zunehmenden Widerstand stieß die Einführung des Zentralabiturs nach französischem Muster seit 1948 im Saarland, wo bis dahin das kollegiale, auf Selbstkontrolle angelegte Prinzip gegolten hatte. Hier förderte nicht nur die Besatzungsmacht, die auf eine Angliederung des Landes an Frankreich hinarbeitete, sondern auch Kultusminister Straus eine rigide Prüfungs- und Auslesepraxis. Während im Bundesgebiet 1951 auf 10.000 Einwohner rund 135 Gymnasiasten kamen, waren es im Saarland nicht einmal 100, und im Jahr zuvor hatten nur noch 14,7 Prozent der saarländischen Sextaner das Reifezeugnis erhalten. Dieser bildungspolitisch gewollte Abwärtstrend kehrte sich erst mit der Entlassung von Straus als Kultusminister um, so dass 1957 immerhin schon fast ein Drittel der Sextaner das Abitur schaffte.[12] Unter den mittlerweile veränderten Rahmenbedingungen behielt das Saarland die zentrale Aufgabenstellung bei, verlegte die Korrektur der Abiturarbeiten aber wieder an die Schule des Prüflings. In Rheinland-Pfalz dagegen wurde das Zentralabitur einschließlich der 20-Punkte-Skala nach dem Ende der Besatzungszeit wieder abgeschafft.

Komplizierter war die Situation in Baden-Württemberg, das erst 1952 durch Zusammenschluss von Gebieten entstand, die vorher teils zur amerikanischen, teils zur französischen Besatzungszone gehört hatten.[13] In dieser Zone wurde nach dem Ende der Besatzungszeit die schriftliche Reifeprüfung an die Schulen zurückverlegt; die mündliche Prüfung war schon vorher den Fachlehrern überlassen worden. Es blieb jedoch dabei,

dass die Abiturienten am gleichen Tag zur gleichen Stunde einheitliche
Aufgaben vorgelegt bekamen, die von den Oberschulämtern aus Vorschlä-
gen erprobter Fachlehrer ausgewählt worden waren. In der amerikanischen Besatzungszone dagegen, also in Nordbaden und Nordwürttem-
berg, reichten die Fachlehrer der Abschlussklassen Aufgabenvorschläge
ein, aus denen die Schulbehörde die von den Schülern zu bearbeitenden
Aufgaben auswählte.

Nach dem Zusammenschluss der vier Gebiete zum »Südweststaat« wurde
das zentrale Abitur – gegen den anfänglichen Widerstand der Gymnasiallehrer – im ganzen Land eingeführt. Die Reifeprüfungsordnung von 1959
überließ noch die Auswahl der Aufgaben mit Ausnahme des Faches Deutsch
den vier Oberschulämtern in Stuttgart, Karlsruhe, Freiburg und Tübingen.
Seit der Mitte der 1960er Jahre setzte sich aber auch in den anderen Fächern die landeseinheitliche Aufgabenstellung durch das Kultusministerium durch. Damit sich Lehrer und Schüler auf die Anforderungen einstel-
len können, werden vor Beginn der Qualifikationsphase (im neunjährigen
Gymnasium Jahrgangsstufe 12 und 13) diejenigen Themen des jeweiligen
Lehrplans bekannt gegeben, die als Grundlage für die Abituraufgaben
dienen sollen (sogenannte »Sternchenthemen«). Die Korrektur erfolgt
durch den Kurslehrer und einen vom Schulamt ausgewählten Fachlehrer
einer anderen Schule, dem der Prüfling unbekannt ist.[14]

Auf dem Weg zum Normalfall – Zentralabitur nach 1990

Mit der deutschen Einheit traten 1990 vier Bundesländer hinzu, die sich
beim Umbau ihres Bildungswesens für das aus der DDR gewohnte Zentralabitur entschieden. Nur Brandenburg, das sich stark an Nordrhein-
Westfalen orientierte, übernahm das im Westen vorherrschende dezentrale Abitur, bei dem sich die Schulaufsicht mit der Genehmigung und
Auswahl der von den Lehrern eingereichten Aufgaben begnügte. Eine
nennenswerte öffentliche Diskussion der Problematik fand zunächst nicht
statt. In sozialdemokratisch geführten Ländern wie Nordrhein-Westfalen
forderte die Opposition gelegentlich ein zentrales Abitur, um offensicht-
liche Bewertungsunterschiede zwischen Gymnasien und Gesamtschulen
zu beseitigen.[15] Rückenwind erhielten solche Forderungen erst nach der
Jahrtausendwende durch das mäßige Abschneiden Deutschlands in den
PISA-Studien, das den Blick für die Vergleichbarkeit schulischer Abschlüsse schärfte. Nun sprachen sich bei einer Allensbach-Umfrage vom Sommer 2002 fast drei Viertel der Befragten für ein bundeseinheitliches Zentralabitur aus.[16] Vor diesem Hintergrund führten in den Jahren 2005 bis

2008 weitere acht Bundesländer zentrale Abiturprüfungen ein, wenn auch noch nicht überall für alle Fächer. Nur Rheinland-Pfalz hält bisher am dezentralen Abitur fest.

Das Verfahren beim Zentralabitur sei am Beispiel des größten Bundeslandes Nordrhein-Westfalen erläutert. Hier waren 2007 an der ersten zentralen Abiturprüfung 823 Gymnasien und Gesamtschulen mit ca. 60.000 Schülerinnen und Schülern beteiligt. Für den zentralen Prüfungstermin und zwei Nachschreibtermine wurden insgesamt über 700 Aufgaben für 53 abiturrelevante Fächer erstellt.[17] Die inhaltlichen Schwerpunkte für die Prüfung waren den Schulen allerdings erst ein halbes Jahr nach Beginn der Oberstufe bekannt gegeben worden. Andererseits konnten die Schüler in einigen Fächern unter mehr Aufgaben auswählen als beim dezentralen Abitur.

Die Aufgaben werden in Nordrhein-Westfalen – wie auch in Niedersachsen – den Schulen in verschlüsselter Form über das Internet zugänglich gemacht. Das hat zur Folge, dass an jedem Werktag vor einem der landesweit festgelegten Klausurtermine Mitglieder der Schulleitung und weitere Lehrkräfte das Herunterladen und Entschlüsseln, die Vervielfältigung und ggf. auch Auswahl umfangreicher Unterlagen vornehmen müssen. Sie umfassen nicht nur die Aufgabenstellungen und Materialien für die Prüflinge, sondern auch detaillierte Bewertungsvorgaben. Diese Vorgaben sollen eine einheitliche Korrektur sichern, für die zunächst der jeweilige Kurslehrer, als Zweitkorrektor ein anderer Fachlehrer derselben oder – zunehmend – einer anderen Schule zuständig ist.

Am jeweiligen Prüfungstag müssen die Schulen zudem ihr E-Mail-Postfach regelmäßig überprüfen, da nicht selten Unklarheiten oder Fehler in den Abituraufgaben kurz vor oder während der laufenden Prüfungsarbeiten korrigiert werden. Nach teils heftiger öffentlicher Kritik an fehlerhaften Aufgaben in den Jahren 2007 und 2008 hat das nordrhein-westfälische Schulministerium für 2009 eine Expertenkommission berufen, der es aber auch nicht gelungen ist, den Fehlerteufel völlig auszutreiben.

Grenzen der Vergleichbarkeit

Als wesentliches Argument für die Einführung des Zentralabiturs wurde und wird neben der Setzung von Mindeststandards die bessere Vergleichbarkeit der Abiturnoten angeführt. Offensichtlich neigen aber die Öffentlichkeit und selbst manche Bildungspolitiker dazu, den Anteil der zentral gestellten Abituraufgaben an der Gesamtnote zu überschätzen. Im Abiturbereich sind nämlich nach den bisherigen Bestimmungen maximal

300 von 840 Punkten zu erreichen, also etwas mehr als ein Drittel. Darin sind aber als nicht zentral geprüfte Elemente die mündliche Prüfung sowie die vier Kurse des Halbjahres 13.2 in den Abiturfächern enthalten. Somit entfallen auf die zentralen schriftlichen Prüfungen höchstens 180 Punkte bzw. 21,4 Prozent der Gesamtqualifikation, aus der sich der Abiturdurchschnitt errechnet. Da nach der KMK-Vereinbarung von 2006 die Kurse des Halbjahres 13.2 der Qualifikationsphase zugerechnet werden, erhöht sich dieser Anteil auf ein Viertel der Gesamtpunktzahl von demnächst wieder 900.

Auch die Ansicht, das Zentralabitur sei besonders anspruchsvoll und ein Garant für Qualität, lässt sich empirisch nicht belegen. Zwar schnitten bei einem von der Kultusministerkonferenz vorgenommenen Vergleich der 2005 erzielten Abiturnoten die Länder mit Zentralabitur auf den ersten Blick besser ab als die übrigen: An der Spitze lag Thüringen mit einer Durchschnittsnote von 2,30 vor Baden-Württemberg (2,33) und Sachsen-Anhalt (2,36), am Ende der Skala rangierten Berlin (2,71) und Niedersachsen (2,72), die damals noch kein Zentralabitur hatten.[18] Das muss aber keineswegs bedeuten, dass die Abiturientinnen und Abiturienten in den Ländern mit Zentralabitur besser sind, sondern kann genau so gut an leichteren Aufgaben oder einer milderen Benotung liegen. Für diese Deutung spricht etwa, dass sich die Durchschnittsnoten der Gymnasiasten in Nordrhein-Westfalen beim Zentralabitur 2008 gegenüber dem letzten dezentralen Abitur 2006 von 2,62 auf 2,59 verbessert haben – das beste Ergebnis seit 1992, als mit der Dokumentation der Durchschnittsnoten begonnen wurde. An den Gesamtschulen des Landes dagegen verschlechterte sich der Durchschnittswert zwischen 2006 und 2008 von 2,82 auf 2,87. Im gleichen Zeitraum ging der Anteil der nicht bestandenen Abiturprüfungen an den Gymnasien von 2,8 auf 1,8 Prozent zurück, während er an den Gesamtschulen von 5,9 auf 6,7 Prozent anstieg.[19] In traditionellen Zentralabitur-Ländern wie Baden-Württemberg und Bayern fielen 2005 sogar nur 1,1 bzw. 1,2 Prozent der Kandidaten durch die Abiturprüfung, und die Durchschnittsnote hat sich auch in Baden-Württemberg seit den 1990er Jahren kontinuierlich verbessert.[20]

Offenbar hat das heutige Zentralabitur einen geringeren Selektionseffekt als das herkömmliche dezentrale Verfahren, und das scheint im Hinblick auf eine weitere Steigerung der Abiturientenquote auch politisch gewollt zu sein. Erfahrenen Gymnasiallehrern ist nicht verborgen geblieben, dass in den detaillierten Bewertungsvorgaben für die zentralen Aufgaben in Nordrhein-Westfalen reproduktive Leistungen gegenüber selbstständigem Denken stärker honoriert werden als früher. Wie erwünscht gute Abiturnoten sind, zeigt nicht zuletzt das Verhalten der CDU-geführten Landesregierung beim Abitur 2008. Bundesweites Aufsehen hatten hier zwei unklar gestellte Mathematik-Aufgaben erregt, an denen viele Schülerinnen und Schüler scheiterten, während ihre Lösung an anderen Schulen ohne Probleme gelang. Angesichts öffentlicher Proteste räumte das Ministerium den Betroffenen die Möglichkeit ein, eine neue Klausur zu schreiben. Davon machten 1801 Abiturientinnen und Abiturienten Gebrauch, von denen sich drei Viertel um durchschnittlich zwei Notenpunkte verbesserten.[21] Diese Lösung stieß an vielen Schulen auf Unverständnis und harte Kritik. »Hier werden Prüfungsvorgaben auf den Kopf gestellt. Man prüft so lange, bis das Ergebnis passt«, meinte ein Schulleiter.[22] Tatsächlich wird durch ein derartiges Krisenmanagement der Sinn des Zentralabiturs in Frage gestellt.

Pannen wie diese sprechen auch gegen ein bundeseinheitliches Zentralabitur, wie es Politiker immer wieder fordern, denn sie hätten dann bundesweite Folgen. Vor allem aber würde ein solches Abitur voraussetzen, dass die Schuljahres- und Ferientermine in allen Bundesländern im Wesentlichen übereinstimmen, da sonst die Qualifikationsphase je nach Bundesland unterschiedlich lang wäre. Schließlich würde auch ein bundeseinheitliches Zentralabitur nicht mehr als ein Viertel der Gesamtqualifikation ausmachen – es sei denn, die Leistungen in den letzten beiden Jahren vor dem Abitur kämen nicht mehr zur Geltung. Angesichts dieser Probleme erscheint es wichtiger, dass die von den Ländern angestrebte Verständigung über einheitliche Bildungsstandards gelingt.

(2) 12 oder 13 Schuljahre bis zum Abitur?

Entwicklung der Schulzeit bis 1990

Die Regelschulzeit bis zum Abitur hat sich in Deutschland mehrmals geändert. Wie im zweiten Kapitel gezeigt, bildete sich im 19. Jahrhundert eine Gliederung des Gymnasiums in neun Jahrgangsklassen heraus. Ihre Elementarbildung erhielten die künftigen Gymnasiasten in großen Städten weithin an dreijährigen Vorschulen, die zumeist mit der weiterführenden Schule in Verbindung standen, benötigten also zwölf Schuljahre bis zum Abitur. Daneben war es möglich und in manchen Gegenden Deutschlands auch üblich, nach vier Schuljahren von der Volks- oder Mittelschule auf ein Gymnasium überzugehen, so dass die Schulzeit insgesamt 13 Jahre dauerte.

Als 1920 die vierjährige Grundschule eingeführt und die Vorschulen aufgelöst wurden, bedeutete das für deren Schülerklientel ein zusätzliches Schuljahr. Angesichts steigender Ausgaben für das Schulwesen forderte der Preußische Städtetag 1922 eine Verkürzung der höheren Schule auf acht Jahre, jedoch ohne Erfolg.[23] Acht Jahre später verfolgte das preußische Finanzministerium vor dem Hintergrund der Weltwirtschaftskrise den gleichen Plan. Dagegen wandten sich auf einer Großkundgebung im November 1930 mehrere Berufsverbände von Akademikern unter Führung des Philologenverbandes und konnten die Streichung eines Schuljahres abwehren.[24] Im Gegenzug kam es aber im Jahr darauf zu einer drastischen Kürzung der Stundentafeln auf 260 Wochenstunden[25] – fünf weniger als im heutigen achtjährigen Gymnasium. Dagegen waren in den nationalsozialistischen Stundentafeln von 1938 für die achtjährige Oberschule 273, für das Gymnasium sogar 279 Wochenstunden vorgesehen, also mehr als zuvor in neun Jahren.[26] Der Zuwachs lag allerdings allein an der Verdoppelung des Sportunterrichts auf 40 Wochenstunden. Dass ein zunehmender Teil des Unterrichts ideologisch geprägten Schulveranstaltungen und dann dem Krieg zum Opfer fiel, steht auf einem anderen Blatt.

Nach 1945 blieb die zwölfjährige Schulzeit bis zum Abitur in der SBZ bzw. DDR trotz einschneidender Veränderungen des Schulsystems bestehen. In der Bundesrepublik hingegen kehrten alle Länder zum neunjährigen Gymnasium zurück, wobei das Stundenvolumen wieder deutlich stieg. In Nordrhein-Westfalen beispielsweise sahen die Stundentafeln von 1950 nicht weniger als 294 Wochenstunden vor[27] – etwa so viele wie die preußischen Lehrpläne von 1901.

Gelegentlich kam es zu Vorstößen für eine Verkürzung des Gymnasiums. So forderte Mitte der sechziger Jahre der CDU-Bundestagsabgeordneten Hans Dichgans namens des Bundesverbandes der deutschen Industrie, des Deutschen Industrie- und Handelstages und des Stifterverbandes für die deutsche Wissenschaft den Wegfall der 13. Klasse. In den achtziger Jahren gab es vor dem Hintergrund steigender Akademikerarbeitslosigkeit Vorschläge, die Schulbildung nach 12 Jahren abzuschließen und die Zulassung zur Hochschule von einem dort zu absolvierenden Vorbereitungsjahr mit abschließender Prüfung abhängig zu machen.[28] Doch diese Initiativen blieben ohne Folgen.

Deutsche Einheit und Schulzeitverkürzung

Mit der 1990 erreichten deutschen Einheit trat die Diskussion um die Dauer der Schulzeit in ein neues Stadium. Da das Abitur in der DDR nach zwölf Jahren erworben wurde und der Notendurchschnitt dort weit besser war als im Westen, stellte sich die Frage der Vergleichbarkeit von Ost- und Westabitur in aller Schärfe. Noch vor dem Vollzug der Einheit beschloss die Kultusministerkonferenz im Mai 1990, in der DDR erworbene Hochschulzugangsberechtigungen für eine Übergangszeit als gleichwertig anzuerkennen. Um bei der zentralen Vergabe von Studienplätzen in zulassungsbeschränkten Studiengängen eine Benachteiligung westdeutscher Abiturienten zu verhindern, sollte aber eine Sonderquote entsprechend dem Bewerberanteil aus Ost und West gebildet werden.[29]

Bei der Regelung der Schulzeit gingen die neuen Bundesländer erst einmal unterschiedliche Wege. In Sachsen und Thüringen hielten die CDU-geführten Landesregierungen an zwölf Jahren fest. Das SPD-regierte Brandenburg dagegen, das beim Umbau seines Bildungswesens von Nordrhein-Westfalen unterstützt wurde, stellte bald auf 13 Jahre um. Dasselbe taten ab dem Schuljahr 1993/94 Sachsen-Anhalt und Mecklenburg-Vorpommern, die allerdings um die Jahrtausendwende zur alten Regelung zurückkehrten.

1993 kam es bundesweit zu einer öffentlichen Diskussion über die Schulzeitverkürzung, die von den Finanzministern angestoßen wurde. Unter Verweis auf die hohen Kosten der Einheit forderten sie eine zwölfjährige Schulzeit bis zum Abitur ohne Ausweitung der Stundentafeln. Dabei verwiesen sie auf das Vorbild der meisten europäischen Staaten, übersahen allerdings, dass in vergleichbaren EU-Staaten mit zwölfjähriger Schulzeit das Stundenvolumen insgesamt kaum niedriger war als in der alten Bundesrepublik.[30] Die Problematik solcher internationalen Vergleiche zeigt zudem ein Blick nach Frankreich. Dort schafft wegen der hohen Wiederholerquote nur knapp ein Drittel der Schüler das *baccalauréat* in der Regelschulzeit von zwölf Jahren, und wer eine der prestigeträchtigen Hochschulen (*grandes écoles*) besuchen möchte, muss sich darauf noch ein bis zwei Jahre in einer *classe préparatoire* vorbereiten.

Die Kultusminister hielten 1993 daran fest, dass für die Dauer der Schulzeit bildungs- und nicht finanzpolitische Gesichtspunkte maßgeblich sein sollten. Von den Ministerpräsidenten erhielten sie nun den Auftrag, eine Entscheidungsvorlage zu erarbeiten. Auch die Öffentlichkeit war in dieser Frage gespalten. Bei einer EMNID-Umfrage zur Bildungspolitik sprach sich im Sommer 1993 nur eine knappe Mehrheit von 55 Prozent für die Beibehaltung des 13. Schuljahres aus.[31]

Nach komplizierten Beratungen hielt die KMK in den Richtungsentscheidungen vom Dezember 1995 am neunjährigen Gymnasium als Regel fest, beschloss aber, auch ein Abitur nach acht Jahren anzuerkennen, sofern insgesamt wenigstens 265 Wochenstunden erteilt worden sind. Diese

Zahl gilt seitdem als Maß aller Stundentafeln des Gymnasiums. Um sie zu erreichen, führte Thüringen 1997 ein insgesamt vierstündiges Seminarfach ein, in dem die Schüler in Gruppen eine wissenschaftliche Arbeit verfassen und in einem Kolloquium verteidigen müssen. In den alten Bundesländern dagegen lag die Gesamtstundenzahl des neunjährigen Gymnasiums höher, in Bayern beispielsweise bei 280 Wochenstunden.

Für eine Schulzeitverkürzung warb 1997 Bundespräsident Roman Herzog. In seiner berühmten »Ruck-Rede« fragte er: »Warum soll nicht auch in Deutschland ein Abitur in zwölf Jahren zu machen sein? Für mich persönlich sind die Jahre, die unseren jungen Leuten bisher verloren gehen, gestohlene Lebenszeit.«[32] Dass damit die im Bildungswesen Tätigen als Zeitdiebe abqualifiziert wurden, störte wohl die wenigsten. Dabei konnte man von verlorenen Jahren eher im Hinblick auf die damals ausklingende Neigung mancher Eltern sprechen, ihre Kinder erst mit sieben Jahren zur Schule zu schicken. Herzog folgend warf auch der bayerische Ministerpräsident Stoiber im Oktober des Jahres die Frage auf, »ob es denn bis zum Abitur 13 Jahre sein müssen oder ob es auch zwölf Jahre sein können«.[33]

Die Durchsetzung des achtjährigen Gymnasiums

Zur Jahrtausendwende beschloss dann als erstes altes Bundesland das Saarland unter seiner neuen CDU-Regierung die Verkürzung des Gymnasiums vom Schuljahr 2001/02 an. In anderen Bundesländern liefen schon seit Jahren Versuche, besonders begabten Gymnasiasten durch individuelles Überspringen einer Klasse oder Einrichtung von Profilklassen (umgangssprachlich auch D-Zug-Klassen genannt) ein Abitur nach acht Jahren zu ermöglichen.[34] Nach 2002 entschieden sich dann innerhalb eines Jahrfünfts alle Bundesländer, ob CDU- oder SPD-geführt, für die generelle Verkürzung des Gymnasiums auf acht Jahre, das fortan unter dem Kürzel G 8 firmierte. In Bayern betraf dieser Beschluss im Herbst 2003 auch die schon laufende Eingangsklasse, und einige andere Länder gingen bei der rückwirkenden Schulzeitverkürzung noch weiter. Erst danach wandten sie sich der notwendigen Anpassung der Lehrpläne zu, die verspätet und ohne jegliche Erprobung vorgenommen wurde.

Die breite Öffentlichkeit nahm die Verkürzung des Gymnasiums im Schatten der Diskussionen über PISA und Zentralabitur zunächst kaum zur Kenntnis. Erst als die damit verbundene Ausweitung des wöchentlichen Unterrichts in vielen Familien als Problem wahrgenommen wurde, kam eine Diskussion in Gang, die nun umso heftiger ausfiel. Ihren Höhepunkt erreichte sie im hessischen Landtagswahlkampf im Januar 2008 mit

Demonstrationen von Schülern und Eltern gegen das G 8. Sie zogen durch die Landeshauptstadt und schwenkten Transparente mit der Aufschrift »Hessens Schulpolitik fällt durch den Eltern-TÜV«. In der Presse wurde das G 8 als »ungeheuer schlampig gemachte Schulreform« kritisiert, als »bürokratischer Irrsinn, der dazu führt, dass Unter- und Mittelstufenklässler ... mit einer 40- bis 50- Stundenwoche belastet werden, rechnet man die Hausaufgaben ein.«[35] Als betroffener Vater wandte sich ein bekannter Fernsehmoderator gegen »die wenig durchdachte Umsetzung dieses Schulmodells«, das faktisch auf die Ganztagsschule hinauslaufe, nur ohne entsprechende Organisation, zu der auch mensaartige Einrichtungen zum Mittagessen gehören müssten.[36] Auch bei der bayerischen Landtagswahl im Oktober des Jahres trug die Erbitterung über die Schulpolitik zu den hohen Verlusten der CSU bei.

Nun rächte es sich, dass die Verkürzung der gymnasialen Schulzeit überhastet vorgenommen worden war. Wenn 10- bis 14-jährige Schülerinnen und Schüler zwischen 30 und 35 Wochenstunden Unterricht zu absolvieren haben, so ist das in der heute üblichen Fünftagewoche nicht ohne ein bis zwei Tage Nachmittagsunterricht möglich. Für Ganztagsunterricht aber fehlte den meisten Gymnasien die nötige räumliche und personelle Ausstattung, und Länder und Kommunen ließen die Schulen mit diesen Problemen weithin allein. Unter dem Druck des massiven öffentlichen Protestes beschloss die Kultusministerkonferenz im März 2008 lediglich, den Ländern die Aufnahme von Übungs- und Vertiefungsunterricht in die Stundentafel zu ermöglichen, der auf die 265 Wochenstunden angerechnet wird. Zudem soll die Einrichtung von Ganztagsschulen und die Verbesserung der Über-Mittag-Betreuung an Halbtagsschulen gefördert werden.[37] Die Umsetzung dieser Pläne ging aber auch ein Jahr später nur sehr schleppend voran.

Die heftige Kritik am »Turbo-Abitur« erinnert an frühere Klagen über die Überbürdung von Gymnasiasten, nur mit dem Unterschied, dass jetzt nicht ein minimaler Prozentsatz, sondern über ein Drittel eines Altersjahrgangs betroffen ist. Tatsächlich haben Schülerinnen und Schüler in der Unter- und Mittelstufe des achtjährigen Gymnasiums pro Woche etwa eine Unterrichtsstunde mehr auf dem Plan stehen als preußische Gymnasiasten vor hundert Jahren. Andererseits ist der Umfang der Hausarbeiten heute geringer als damals.

Ein Folgeproblem der Schulzeitverkürzung steht zudem in Form doppelter Abiturientenjahrgänge noch bevor. In den Jahren 2007 bis 2010, in denen in Sachsen-Anhalt, Mecklenburg-Vorpommern, im Saarland und in Hamburg jeweils die letzten G 9- und die ersten G 8-Schüler gleichzeitig das Abitur ablegten bzw. ablegen, bedeutet das pro Jahr weniger als

10.000 zusätzliche Absolventen mit Hochschulreife. Eine andere Dimension haben dagegen die Doppeljahrgänge 2011 bis 2013, in denen zunächst Bayern und Niedersachsen, dann Baden-Württemberg, Brandenburg, Berlin und Bremen und schließlich Nordrhein Westfalen und die Mehrheit der hessischen Gymnasien die ersten G 8-Abiturienten entlassen.[38] In diesen Jahren werden jährlich an die 100.000 junge Leute zusätzlich an die Hochschulen oder auf den Arbeitsmarkt drängen. Um die notwendigen Studienplätze zu schaffen, haben Bund und Länder in einem »Hochschulpakt« die Bereitstellung zusätzlicher Mittel beschlossen.[39]

VII. LATEIN – VOM ZENTRALEN ABITURFACH ZUM MITTELSTUFENFACH

(1) DER BEDEUTUNGSVERLUST DES LATEINISCHEN SEIT DEM 19. JAHRHUNDERT

Das Gymnasium des 19. Jahrhunderts war unverwechselbar durch die alten Sprachen geprägt. Griechisch und Latein beanspruchten im preußischen Lehrplan bis 1882 fast die Hälfte, nach der Jahrhundertwende immer noch knapp 40 Prozent aller Unterrichtsstunden (Tabelle 6). Von diesem Stundenkontingent entfielen etwa zwei Drittel auf die Sprache der alten Römer. Im Laufe des 20. Jahrhunderts dagegen sank der Anteil der alten Sprachen in den Stundentafeln des humanistischen Gymnasiums beständig. In den 50er und 60er Jahren lag er in Nordrhein-Westfalen noch bei knapp 30 Prozent, bevor die Oberstufenreform von 1972 und die Enttypisierung der höheren Schulen eine Auflösung der festen Stundentafeln mit sich brachten.

Tabelle 6: Die Sprachen in den Stundentafeln des altsprachlichen Gymnasiums 1816-1966[1]

Jahr	Lateinisch	Griechisch	Deutsch	Moderne Fremd- sprache	Gesamt (ohne Turnen)
1816 (10 J.)	76	50	44	–	320
1837	86	42	22	12	280
1856	86	42	20	17	272
1882	77	40	21	21	272
1892	62	36	26	19	256
1901	68	36	26	20	263
1924	53	36	31	15	257
1931	48	34	29	15	241
1938 (8 J.)	35	30	33	12	239
1950	49	33	38	16	280
1966	44	32	35	17	259

(vor 1938 Preußen, nach 1938 Nordrhein-Westfalen)

Doch für wie viele Schüler galten überhaupt diese Stundentafeln? Bis zum Ende des 19. Jahrhunderts besuchten mindestens sieben von zehn höheren Schülern das altsprachliche Gymnasium und lernten somit Latein und Griechisch bis zum Abitur. Der Verlust des Abiturmonopols im Jahre 1900 ließ den Anteil des humanistischen Gymnasiums an allen Gymnasiasten innerhalb eines Jahrzehnts auf 56 Prozent und bis 1931 weiter auf 31 Prozent sinken (Tabelle 4 in Kapitel II). Nach dem Zweiten Weltkrieg setzte sich diese Entwicklung fort, so dass 1970 nur noch acht Prozent aller Schülerinnen und Schüler der Oberstufe ein altsprachliches Gymnasium besuchten.[2] Es war demnach schon vor der Oberstufenreform zu einer Randerscheinung geworden. Den Griechischunterricht hat dies in eine existenzbedrohende Krise geführt: Im Jahre 2000 lernten nur noch 11.852 Schülerinnen und Schüler diese Sprache – lediglich einer von 200 Gymnasiasten.[3]

Besser steht es um das Lateinische, das ja auch am Real- bzw. neusprachlichen Gymnasium gelehrt wurde und dort bis 1926 obligatorisches Abiturfach war. Daher lernten um 1900 nicht weniger als 88 Prozent und zu Beginn der Weimarer Republik immer noch drei Viertel aller höheren Schüler in der einen oder anderen Form Latein bis zum Abitur. Nach dem Einbruch in der NS-Zeit erreichte der Anteil der Lateinschüler in Nordrhein-Westfalen noch einmal die 70-Prozent-Marke (1964), bevor dieser Wert in den 1970er Jahren bundesweit unter 40 Prozent sank. Der Beitritt der neuen Bundesländer, in denen es kaum altsprachlichen Unterricht gab, trug dazu bei, dass im Jahre 2000 nur noch jeder vierte Gymnasiast Latein lernte.[4] In den letzten Jahren ist allerdings eine Renaissance des Faches festzustellen, so dass 2007 nahezu jeder dritte höhere Schüler diese Fremdsprache betrieb. Damit hat sie ihren dritten Platz hinter Englisch und Französisch gefestigt.

Der Zuwachs der letzten Jahre ändert allerdings nichts daran, dass der Stellenwert des Lateinischen in der gymnasialen Oberstufe drastisch gesunken ist. Lernten 1975 noch 22 Prozent aller Gymnasiasten in der 13. Klasse Latein, so waren es 2000 nur noch 9 Prozent[5] – und von denen hatte es nur ein kleiner Teil als Abiturfach gewählt. Tatsächlich hat sich Latein in den letzten Jahrzehnten zu einem Mittelstufenfach entwickelt, das im neunjährigen Gymnasium überwiegend von der 7. bis zur 11. Klasse unterrichtet wurde. Dass es sich als solches behaupten konnte, liegt nicht zuletzt daran, dass Lateinkenntnisse bis heute in vielen Studiengängen, vor allem in den Geisteswissenschaften, als Voraussetzung für die Aufnahme oder den Abschluss eines Studiums gelten. Ihr Nachweis ist an das Abiturzeugnis gebunden.

Welche Lateinkenntnisse für welches Studienfach notwendig oder wünschenswert sind, ist seit langem umstritten. Nach dem Zweiten Weltkrieg fand eine Unterscheidung zwischen Großem und Kleinem Latinum statt. Die Anforderungen setzte die Kultusministerkonferenz 1952 folgendermaßen fest:

Großes Latinum: »Sicherheit in der Elementargrammatik, ausreichender Wortschatz, Verständnis nicht zu schwieriger Stellen aus Sallust, Livius und Cicero.«

Kleines Latinum: »Kenntnisse in der Elementargrammatik, ausreichender Wortschatz, Verständnis nicht zu schwieriger Stellen aus einem Schriftsteller, mit dem sich der Bewerber nach seiner Angabe beschäftigt hat.«[6]

Bei Staatsprüfungen für das höhere Lehramt in Religion, Philosophie, Deutsch, Geschichte und Fremdsprachen wurde in der Regel das Große, in anderen Fächern das Kleine Latinum verlangt. Die Definition der Anforderungen in Universitätsprüfungen war dagegen Sache der Fakultäten, die ganz unterschiedliche Regelungen trafen.[7] So gab es große Unterschiede von Bundesland zu Bundesland und selbst innerhalb desselben Landes. Allgemein wurden aber die Anforderungen seit den 1970er Jahren gesenkt.

1979 einigte sich dann die Kultusministerkonferenz unter Wegfall der Unterscheidung zwischen Großem und Kleinem Latinum auf eine neue Definition des Begriffs:

»Unter ›Lateinkenntnissen‹ wird die Fähigkeit verstanden, lateinische Originaltexte im sprachlichen Schwierigkeitsgrad inhaltlich anspruchsvollerer Stellen (bezogen auf Autoren wie Cicero, Sallust, Livius) ggf. mit Hilfe eines zweisprachigen Wörterbuchs in Inhalt, Aufbau und Aussage zu erfassen und dieses Verständnis durch eine sachlich richtige und treffende Übersetzung ins Deutsche nachzuweisen. Hierzu werden Sicherheit in der für die Texterschließung notwendigen Formenlehre und Syntax, ein ausreichender Wortschatz und die erforderlichen Kenntnisse aus dem Bereich der römischen Geschichte, Philosophie und Literatur vorausgesetzt.«

Der Nachweis dieser Lateinkenntnisse (Latinum) erfolgt in der Regel frühestens nach vier Jahren aufsteigenden Pflichtunterrichts, der mindestens mit der Note »Ausreichend« abgeschlossen wird.[8] In der Praxis erfolgt die Zuerkennung des Latinums mehr nach diesem formalen Kriterium, das nicht unbedingt Kenntnisse im Sinne der neuen Definition garantiert.

Nach diesem Blick auf die äußere Entwicklung des Lateinunterrichts wenden wir uns im Folgenden den inhaltlichen Anforderungen in der Abiturprüfung am altsprachlichen Gymnasium zu. Hier nahm das Lateinische zwischen 1834 und 1890 eine besondere Stellung ein, denn allein in diesem Fach waren zwei Prüfungsarbeiten abzuliefern: ein fünfstündiger Aufsatz und die Übersetzung eines deutschen Textes ins Lateinische (Scriptum). Dem Nachweis aktiver lateinischer Sprachkompetenz diente zudem die bis 1890 geltende Vorgabe, in der mündlichen Prüfung den Schülern Gelegenheit zu geben, »stellenweise in zusammenhängender Rede ihre erlangte Fertigkeit im mündlichen lateinischen Ausdruck zu zeigen«.[9] Nach dem Wegfall des Aufsatzes blieb nur das Scriptum übrig, an dessen Stelle in der Weimarer Republik die bis heute übliche Herübersetzung lateinischer Originaltexte ins Deutsche trat.

(2) LATEINSCHREIBEN ALS LERNZIEL IM 19. JAHRHUNDERT

Lateinische Abituraufsätze – Themen und Bewertung

Wie wir schon im zweiten Kapitel sahen, forderte die Prüfungsordnung von 1834 für den lateinischen Aufsatz »die freie lateinische Bearbeitung eines dem Examinanden durch den Unterricht hinreichend bekannten Gegenstandes«. Um die dazu nötige Fertigkeit im Lateinschreiben zu erreichen, mussten die Primaner regelmäßig zu Hause lateinische Aufsätze verfassen, die dann vom Lehrer korrigiert wurden. Trotz intensiven Übens waren aber viele Schüler überfordert und suchten nach anderen Mitteln und Wegen, um die Prüfung zu bestehen. Einen Hinweis zu dieser Problematik liefert eine ministerielle Rundverfügung aus dem Jahre 1863. Darin wird bemängelt, die Aufsatzthemen hätten sich »in einzelnen Schulen in einem zu engen Kreise bewegt, so dass die Schüler mit einiger Voraussicht die Wiederkehr bestimmter Aufgaben erwarten konnten und so zum Betruge verführt wurden«. Unter den lateinischen Arbeiten gebe es »nicht wenige, welche dem Inhalte nach dürftig, in der Entwicklung des Themas oberflächlich und in der Darstellung unbeholfen« seien. »Ein bloßes Aneinanderreihen historischer Beispiele, welches der gedankenmäßigen Durcharbeitung entbehrt, ... wozu wohl gar noch eine ganz allgemeine, zuweilen schon fertig mitgebrachte Einleitung kommt, genügt den Anforderungen nicht.«[10]

Doch wie sahen die Aufgaben aus, die in der Abiturprüfung zu bearbeiten waren? Der schon erwähnte lateinische Aufsatz von Karl Marx bietet ein bemerkenswertes Beispiel. Zum Thema »*An principatus Augusti merito inter feliciores reipublicae Romanae aetates numeretur – Wird der Prinzipat des Augustus mit Recht zu den glücklicheren Zeitaltern des Römischen Rei-

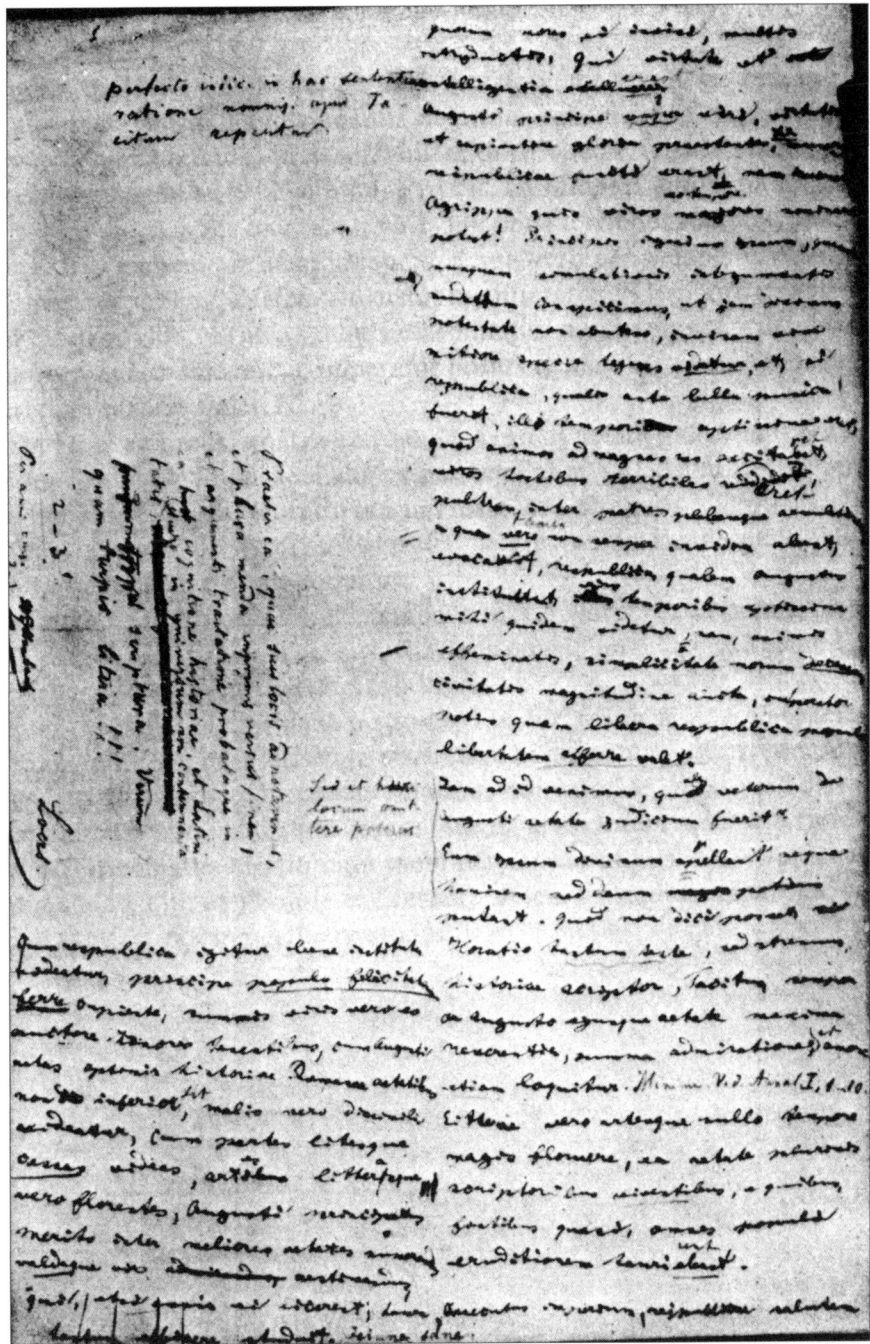

Abb. 10: Letzte Seite des lateinischen Abituraufsatzes von Karl Marx (1835) mit der von Direktor Wyttenbach und Lateinlehrer Loers unterzeichneten Beurteilung

ches gezählt?« brachte er in fünf Stunden nicht weniger als 815 Wörter zu Papier. Zur Beantwortung der Frage holte er weit aus:

> »Demjenigen, der untersucht, wie das Zeitalter des Augustus beschaffen gewesen ist, bieten sich mehrere Dinge an, aus denen dies beurteilt werden kann: zuerst der Vergleich mit anderen Perioden der römischen Geschichte; denn wenn man zeigt, daß das Zeitalter des Augustus den früheren Zeitaltern, die man glücklich nennt, ähnlich, aber jenen unähnlich war, in denen nach dem Urteil der Zeitgenossen und der Modernen sich die Sitten wandelten und verschlechterten, der Staat sich in Parteien spaltete und im Kriege Niederlagen hingenommen werden mußten, kann man aus diesen auf das Zeitalter des Augustus schließen; dann muß man untersuchen, was die Alten selbst darüber sagten, was die ausländischen Völker über das Imperium für Ansichten hatten, ob sie es fürchteten oder verachteten, endlich aber, wie die Künste und Wissenschaften beschaffen waren.«

Dieser Ansatz ging dem Lehrer des jungen Marx zu weit, wie seine im Original ebenfalls lateinische Randbemerkung deutlich macht: »Siehe, welch lange und fast unendliche Mühe du dir selbst schaffst, wenn du dir vornimmst, die Frage auf solche Art zu behandeln.« Insgesamt aber fand der Aufsatz Gnade:

> »Abgesehen von dem, was wir an den jeweiligen Stellen angemerkt haben, und mehreren Fehlern vor allem gegen Ende nach der Behandlung des Stoffes, nach der dabei bewiesenen Kenntnis der Geschichte und nach dem Bemühen um guten lateinischen Ausdruck insgesamt eine beachtliche Arbeit. Aber was für eine schandbare Handschrift!!!«[11]

Die mit der Note »2-3« versehene Arbeit lag über dem Durchschnitt von Marx' Klasse, stellte aber damals nichts Außergewöhnliches dar. Heute ist eine solche aktive Sprachbeherrschung so selten, dass der begeisterte Lateiner Wilfried Stroh zu dem Urteil kommt: »Kaum einer unserer Studenten, die heute in Deutschland ihr Staatsexamen ablegen, um als Lateinlehrer ans Gymnasium zu gehen, hätte die Chance, auf der Schulbank zusammen mit Karl Marx auch nur das Abitur zu bestehen.«[12]

Um von den Themen und der Qualität lateinischer Abituraufsätze eine Vorstellung zu gewinnen, reicht ein einzelnes prominentes Beispiel nicht aus. Hierzu bedarf es der Auswertung größerer Archivbestände aus dem 19. Jahrhundert, wie sie am Herforder Friedrichs-Gymnasiums zu finden sind. Womit sich seine Abiturienten im lateinischen Aufsatz zu befassen hatten, zeigt die folgende Zusammenstellung von Themen in deutscher Übersetzung. Sie wurden vom Provinzial-Schulkollegium aus den drei Themen ausgewählt, welche die Fachlehrer laut Prüfungsordnung vorgeschlagen hatten.

THEMEN LATEINISCHER ABITURAUFSÄTZE
AM FRIEDRICHS-GYMNASIUM HERFORD 1840-1890

1840	Über den Anteil der Spartaner an den Taten der Griechen gegen die Perser
1851	Über die Leiden Griechenlands, die aus dem Peloponnesischen Krieg hervorgegangen sind
1860	Über die Expedition der Athener nach Sizilien
1861	An der griechischen Geschichte soll aufgezeigt werden, dass es viele bedeutende Beispiele von Wechselfällen des menschlichen Lebens gibt
1862	Die Geschichte beweist, dass Völker durch Ungemach mehr gestärkt werden als durch glückliche Umstände
1863	Cn. Pompeius hat Glück und Unglück in besonderem Maße erfahren
1864	Das durch äußere Kriege Erworbene haben die Römer durch eigene Fehler verloren
1865	Viele bedeutende Männer sind gewichtige Zeugen für die Unbeständigkeit der Dinge
1866	Mit welchem Recht der Dichter Ennius über den Diktator Fabius Maximus gesagt hat: »Ein einziger Mann hat uns durch sein Zögern den Staat gerettet.«
1867	Inwiefern Alcibiades den Athenern genützt bzw. geschadet hat, soll kurz dargelegt werden
1868	Ein Porträt Hectors soll im Anschluss an Homer skizziert werden
1869	Mit welchem Recht Scipio gesagt hat, dass die Römer trotz Niederlagen in allen großen Kriegen gewonnen haben, soll an historischen Beispielen dargelegt werden
1870	Durch welche Vorzüge die Athener vor allem berühmt waren
1871	Süß und ehrenvoll ist es, für das Vaterland zu sterben (Horaz III 2, 13)
1872	Der Athener Solon als Beispiel für einen weisen Menschen und vorbildlichen Bürger
	Herbst: Was Tüchtigkeit und Weisheit vermögen, dafür hat Homer als nützliches Beispiel Odysseus dargestellt
1873	Cicero betont zu Recht, dass den Menschen von den unsterblichen Göttern nichts Besseres, nichts Erfreulicheres gegeben ist als die Freundschaft
1874	Aus welchen Gründen ist Cn. Pompeius im Bürgerkrieg, den er mit C. J. Caesar führte, elend zugrunde gegangen?

1875	Wie sehr die Gesetze des Lycurg für die Spartaner vorteilhaft waren
1876	Wie unbeständig das Schicksal ist, soll am Beispiel von Croesus, Alcibiades und Hannibal aufgezeigt werden
1877	Warum sind die Kriege gegen die Griechen für die Könige Dareios und Xerxes schlecht ausgegangen?
1878	Über Caius Julius Caesars Absichten, seine Taten und seinen Untergang
	Herbst: Über Leben und Taten Alexanders des Großen
1879	Lob des Perikles
1880	Vergils Ausspruch »Weiche nicht vor dem Übel, sondern geh' ihm kühner entgegen!« scheint das Motto des ganzen römischen Volkes gewesen zu sein
1881	Wie Cicero Sextus Roscius verteidigt hat
1882	Die Römer haben Gerechtigkeit auch gegenüber ihren Feinden geübt
1883	Die sogenannten ersten Triumvirn haben nach glänzenden Verhältnissen alle einen elenden Tod gefunden
1884	Was Tüchtigkeit und Weisheit vermögen, dafür bietet uns Odysseus ein nützliches Beispiel
1885	Über Regulus, der vom Frieden abriet
1886	Süß und ehrenvoll ist es, für das Vaterland zu sterben
1887	Lob des Sokrates
	Herbst: Die Schlacht von Cannae
1888	Wie unsicher und unbeständig das Schicksal ist, zeigt sich an M. Tullius Cicero
	Herbst: Über Patroklos
1889	Über Maezenas, den Freund des Horaz
	Herbst: Über den Tod des Clodius
1890	Über Oedipus
	Herbst: Über den jüngeren Cato

Die Themen beziehen sich fast ausschließlich auf die griechische und römische Geschichte. Bezüge zur klassischen Poesie und Prosa finden sich nur vereinzelt. Eine solche Schwerpunktsetzung spiegelte nicht den Lektüreplan der Prima wider, sondern dürfte eher darauf zurückzuführen sein, dass eine Behandlung philosophischer oder poetischer Themen in lateinischer Sprache die Schüler überfordert hätte. Eine Wiederkehr bestimmter Aufgaben, wie sie das Ministerium 1863 monierte, kommt nur zweimal im Abstand von mehr als einem Jahrzehnt vor (1871/1886 und 1872/1884).

Der Umfang von neun inhaltlich ausgewerteten Aufsätzen liegt zwischen 333 und 850 Wörtern bei einem Durchschnitt von 583 Wörtern. Es ist nur schwer vorstellbar, dass so umfangreiche lateinische Texte in fünf Stunden ohne gezielte Vorbereitung verfasst wurden. Als Beispiel geben wir einen Aufsatz vom Februar 1871 im Original und in deutscher Übersetzung wieder, dessen Thema einen besonderen zeitgeschichtlichen Bezug besitzt. Während die deutschen Truppen im Krieg von 1870/71 Paris beschossen, erhielten drei Herforder Abiturienten die Gelegenheit, an einem der bekanntesten Horaz-Verse nicht nur ihre sprachlichen Fähigkeiten, sondern auch patriotische Gesinnung unter Beweis zu stellen. »Süß und ehrenvoll ist es, für das Vaterland zu sterben«, lautete ihr Thema, das einer von ihnen in 559 Wörtern abhandelte.

DULCE ET DECORUM EST PRO PATRIA MORI

Horatius, Romanorum ille poeta clarissimus, singulari scribendi genere adeo inter omnes poetas excellebat, ut et omnium Romanorum animos incredibili quadam carminum dulcedine ac suavitate raperet et cum Maecenate, homine amplissimo et doctissimo, familiarissima amicitia coniungeretur et ab ipso imperatore Augusto magni aestimaretur ac diligeretur. Nam cum Alcaei Sapphonisque, poetarum Graecorum, modis usus novam quandam dulcemque varietatem carminibus suis praebuit, tum orationis suavitate ac dulcedine inter omnes maxime excellebat. Ut summo mihi iure tertium carminum suorum librum hoc versu conclusisse videatur: »Exegi monumentum aere perennius.« Quae carmina cum multis et utilissimis vivendi praeceptis sententiisque, tum hac quidem sententia ornavit: »Dulce et decorum est pro patria mori.« Quae quam recte dixerit Horatius cum demonstrare mihi proposuerim, primum, si placet, dulce esse et decorum explicabo, victorem pro patria mori, deinde eum quoque felicem esse praedicandum, qui cum fortiter pugnans vitam exhauserit, hostes vincere, patriam incolumem conservare non potuerit.
Nulla re magis hominum animi delectantur et ad summam laetitiam efferuntur, quam cum id quod et maxime semper cupiverant et summum officium suum esse intellexerant, ita perfecerint et effecerint, ut ipsi inter ceteros hac re excellerent. Quid est autem, quod hominibus magis curae esse possit, quam salus patriae? Nam omnibus hominibus quasi innatum est, ut sicut parentes, ita patriam amarent eiusque libertatem, salutem, gloriam saepissime potiores haberent quam suas quisque res. Quod autem sanctius officium omnibus viris impositum est, quam ut patriam ab hostium superbia ac crudelitate defenderent, quam ut patriae gloriam et decus conservarent? Quis denique est, qui fortius patriam defendisse videatur, quam is qui, cum summa fortitudine hostes fuderit ac fugaverit, vitam pro illa profuderit. Itaque, cum omnes homines mori necesse sit, hic mihi pulchriorem, dulciorem mortem nullam invenire potuisse videtur, qui id, quod maxime semper optavit, assecutus, et ita assecutus, ut sese officio suo maxime satis fecisse persuasum habeat, vitam exhausit. Quem putas maiore voluptate perfusum esse quam tubicinem illum Germanum, qui cum

pectore percusso inter mortuos iaceret, auditis victorum clamoribus canti-
busque se erexit et mortifero vulnere confectus una cum ultimo tubae sonu
animam exhausit? Quid? Epaminondas cum victoria prope Mantineam repor-
tata vita decederet, num hac morte dulciorem unquam invenire potuit? is qui
suo iure ita persuasum habebat, sua tantummodo virtute patriam tantopere
auctam esse, ut moribundus amicis suaderet, ut pacem facerent? Quantis autem
laudibus et honoribus eorum, qui pro patria mortui sunt, nomina ornantur et
efferuntur, quot carminibus, quot lacrimis eorum recens memoria in hominum
oribus animisque retinetur? Atque Epaminondas hoc potissimum, quod victor
animam exhausit, animos nostros movet.
Itaque vidimus, victorem pro patria mori dulce esse et decorum. Sed quae est
causa, cur non idem de eo dicamus, qui cum fortissime pugnaverit et pro patria
morti se dederit, ingentem hostium impetum frangere non potuerit? Nonne
hic quoque sanctissimo illi officio patriae defendendae, quam maxime potuit,
satisfecit? Quod cum persuasum habeat, nonne tranquillo animo vita decedere
potest? Et quali quidem vita hic decedit? Miserrima mehercle illa vita futura
esset, quam eum, qui animam pro patriae salute profundere non veritus esset,
in patria servitute oppressa degere oporteret. Atque denique animi aegritudine
hic confectus acerbam miseramque mortem inveniret. Itaque equidem felicem
illum potius praedicandum esse putaverim, quod tam miseram vitam pulcher-
rima, honestissima, levissima morte effugerit. Atque eiusdem memoria non
minus sancta et cara et suis et ceteris erit, quam illius qui victor mortem occu-
buit, huius quoque nomen magnis honoribus ornabitur, quamquam id, quod
voluit, non perfecit. Nam »in magnis voluisse sat est«.

Die Beurteilung lautete: »Das Thema ist mit Können und Geschick behandelt, die Darstellung läßt die Fähigkeit erkennen, Gedanken zu entwi-
ckeln, die Sprache ist frei von Fehlern gegen die Grammatik und zeugt
von einer hinreichenden Kenntnis des lateinischen Sprachgebrauchs.
Demnach erhält der Aufsatz das Prädikat: ›gut‹.«

SÜSS UND EHRENVOLL IST ES, FÜR DAS VATERLAND ZU STERBEN

Horaz, jener hochberühmte römische Dichter, ragte auf Grund seiner einzigartigen Dichtkunst so sehr unter allen Dichtern hervor, dass er alle Römer
durch den unglaublichen Reiz und die Lieblichkeit seiner Gedichte hinriss, mit
Maecenas, einem sehr angesehenen und hochgebildeten Menschen, in engster
Freundschaft verbunden war und vom Kaiser Augustus selbst hoch geschätzt
und geachtet wurde. Denn indem er die Weisen der griechischen Dichter Alka-
ios und Sappho benutzte, verlieh er seinen Gedichten eine neue und reizvolle

Vielfalt und ragte durch den Reiz und die Lieblichkeit seiner Gedichte unter allen anderen weit hervor. Daher scheint er mir zu Recht das dritte Buch seiner Gedichte mit folgendem Vers geschlossen zu haben: »Ich habe mir ein Denkmal errichtet, das dauerhafter ist als Erz.« Wie er diese Gedichte mit vielen äußerst nützlichen Lebensregeln und Sentenzen schmückte, so auch mit dieser: »Süß und ehrenvoll ist es, für das Vaterland zu sterben.« Wie zutreffend Horaz das gesagt hat, will ich im Folgenden darlegen. Zuerst werde ich erläutern, dass es süß und ehrenvoll ist, als Sieger für das Vaterland zu sterben, dann aber, dass auch der glücklich zu preisen ist, der, obwohl er tapfer kämpfend sein Leben gegeben hat, nicht die Feinde besiegen und das Vaterland unversehrt bewahren konnte.

Durch nichts werden die Menschen mehr ergötzt und in höchste Freude versetzt, als wenn sie das, was sie immer am meisten gewünscht und als ihre höchste Pflicht erkannt hatten, so ausgeführt und vollendet haben, dass sie selbst dadurch unter den übrigen hervorragen. Was aber kann den Menschen mehr am Herzen liegen als das Wohl des Vaterlandes? Denn allen Menschen ist gewissermaßen angeboren, wie ihre Eltern, so auch das Vaterland zu lieben und seine Freiheit, sein Wohl und seinen Ruhm immer wieder höher zu veranschlagen als die eigenen Angelegenheiten. Welche heiligere Pflicht aber ist allen Männern auferlegt, als das Vaterland gegen den Hochmut und die Grausamkeit der Feinde zu verteidigen, als seinen Ruhm und seine Ehre zu bewahren? Wer scheint uns schließlich tapferer das Vaterland verteidigt zu haben als derjenige, der mit größter Tapferkeit die Feinde zerstreut und in die Flucht geschlagen und dabei sein Leben für das Vaterland gegeben hat? Da alle Menschen sterben müssen, hat offensichtlich der keinen schöneren und süßeren Tod finden können, der das, was er sich immer am meisten wünschte, erreicht hat, und zwar so erreicht, das er sein Leben gab in der Überzeugung, bis zum Letzten seine Pflicht getan zu haben. Wer war wohl von größerer Wonne erfüllt als jener deutsche Trompeter, der mit durchbohrter Brust unter den Gefallenen lag und sich in dem Augenblick, als er das Geschrei und die Gesänge der Sieger hörte, aufrichtete und von der tödlichen Wunde gezeichnet mit dem letzten Ton der Trompete sein Leben aushauchte? Wie? Als Epaminondas, nachdem er den Sieg bei Mantinea errungen hatte, aus dem Leben schied, konnte er jemals einen süßeren Tod finden als diesen? Er, der mit vollem Recht so davon überzeugt war, nur durch seine Tüchtigkeit das Vaterland so sehr vergrößert zu haben, dass er sterbend seinen Freunden zum Friedensschluss riet? Mit wie viel Lob und Ehren werden die Namen derer, die für das Vaterland gestorben sind, geschmückt und gerühmt, mit wie vielen Liedern, wie vielen Tränen wird die Erinnerung an sie in den Mündern und Herzen der Menschen wach gehalten? Epaminondas bewegt unsere Gemüter besonders dadurch, dass er als Sieger sein Leben aushauchte.

Wir haben also gesehen, dass es süß und ehrenvoll ist, als Sieger für das Vaterland zu sterben. Aber mit welchem Grund sollen wir nicht dasselbe von dem sagen, der einen gewaltigen Angriff der Feinde nicht aufhalten konnte, obwohl er tapfer gekämpft hat und für sein Vaterland in den Tod gegangen ist? Hat nicht auch dieser jene heiligste Pflicht zur Verteidigung des Vaterlandes erfüllt, so gut er es konnte? Wenn er davon überzeugt ist, kann er nicht ruhigen Herzens aus dem Leben scheiden? Und aus was für einem Leben scheidet er? Fürwahr, äußerst elend würde jenes Leben sein, das der, der das Leben für das Wohl des Vaterlandes aufzuopfern sich nicht gescheut hätte, in einem von Knechtschaft bedrückten Vaterland führen müsste. Und schließlich würde er von Kummer verzehrt einen bitteren und elenden Tod finden. Deshalb glaube ich wohl, dass jener eher glücklich zu preisen ist, weil er einem so elenden Leben durch einen sehr schönen, ehrenvollen und leichten Tod entflohen ist. Und die Erinnerung an ihn wird seinen Angehörigen und den übrigen Menschen nicht weniger heilig und lieb sein als an jenen, der als Sieger den Tod fand, auch der Name dieses Mannes wird in hohen Ehren gehalten werden, obwohl er das, was er wollte, nicht durchsetzen konnte. Denn »in großen Dingen genügt es, sie gewollt zu haben.«

Die Bewertungsvorgaben der Prüfungsordnung waren knapp, aber umso anspruchsvoller. Für die Erteilung des Reifezeugnisses wurde 1834 vom Abiturienten erwartet, dass »im Lateinischen seine schriftlichen Arbeiten ohne Fehler gegen die Grammatik und ohne grobe Germanismen abgefasst sind und einige Gewandtheit im Ausdrucke zeigen«. Erst nach der 1856 erfolgten Modifikation der Prüfungsordnung waren die Prädikate »Vorzüglich – Gut – Befriedigend – Nicht befriedigend« vorgegeben, die seit 1882 »Sehr gut – Gut – Genügend – Nicht genügend« lauteten. So sollten unklare Notenformulierungen vermieden werden, wie sie vorher auch am Friedrichs-Gymnasium vorzufinden waren. Dort wurden von 30 erfassten Aufsätzen aus den Jahren 1860 bis 1890 acht als »Gut«, 17 als »Genügend« und fünf als »Nicht genügend« beurteilt. Bemerkenswert ist, dass die höchste Notenstufe überhaupt nicht vergeben wurde. Offensichtlich war sie gemäß Prüfungsordnung sprachlich fehlerlosen Arbeiten vorbehalten, die stilistisch und inhaltlich nicht abfielen. Der hier wiedergegebenen Arbeit bescheinigte der Lehrer zwar, dass sie »frei von Fehlern gegen die Grammatik« sei, doch gab es einige stilistische Schwächen, so dass das Prädikat nur »Gut« lautete. Im Jahr zuvor hatte ein Schüler für seinen 850 Wörter langen Aufsatz über die Athener nur ein »Befriedigend« erhalten mit der Begründung: »Das Thema ist sachlich mit Geschick und hinreichender Ausführlichkeit behandelt. Sprachlich ist zwar der Aufsatz nicht ganz frei von Fehlern, läßt aber doch ein gutes Sprachgefühl und hinreichende Bekanntschaft mit der Grammatik erkennen.«

Das gleiche Prädikat »Befriedigend« hatte 1840 eine inhaltlich weit schwächere Arbeit über den Anteil der Spartaner an den Perserkriegen erhalten, auf welche die Kritik der Verfügung von 1863 weithin zutrifft. Der korrigierende Direktor bemängelte, die Arbeit sei »ihrem Inhalte nach dürftig, indem weder der hierhergehörige Stoff vollständig umfaßt … noch das Gegebene hinlänglich ausgeführt, auch nicht überall zweckmäßig ausgestellt oder ganz richtig dargestellt« sei, doch hielt er dem Schüler zugute, was »jetzt mehr bloße Andeutung und Anlage geblieben [sei], zeig[e] wenigstens, daß der Verfasser bei mehr Zeit und Muße zum Überlegen die Aufgabe wohl zu fassen und erschöpfender zu behandeln verstanden haben würde.« Das Urteil über die Sprache dagegen – und das war offenbar entscheidend – fiel besser aus, da sie »bis auf wenige – mit Ausnahme eines – nicht allzu hoch anzuschlagende Fehler correct, die Wahl des Ausdrucks größtentheils angemessen, auch die Satzform wenn auch einfach doch lateinisch« sei. Diese Milde mag auch damit zusammenhängen, dass sich 1840 nur zwei Schüler der Reifeprüfung am Friedrichs-Gymnasium stellten, die beide schon 20 Jahre alt waren.

Auffallend schlecht wurden dagegen die Aufsätze des Ostertermins 1890 bewertet. Einem guten und drei genügenden standen gleich vier nicht genügende Aufsätze gegenüber. Der Verfasser einer dieser Arbeiten fiel im Herbst auch im zweiten Versuch durch die Abiturprüfung. Die ursprünglich auf Latein abgefasste Beurteilung seines Aufsatzes über den jüngeren Cato lautete vernichtend: »Die Behandlung des Themas ist misslungen. Was keinerlei Bedeutung hat, erwähnst du, äußerst wichtige Sachverhalte vernachlässigst du. Du scheinst keinerlei Ahnung zu haben von dem, was wir bei der Besprechung des ersten Buches von Ciceros *Gesprächen in Tusculum* oft ausgeführt haben. Hinzu kommt, dass die Arbeit viele und auch noch schwere Fehler enthält. Nicht genügend.«

Das Ende des lateinischen Aufsatzes

Mit dem lateinischen Aufsatz vom Herbst 1890 ging eine Ära zu Ende, denn wenig später fiel die umstrittene Prüfungsleistung nach dem Machtwort Wilhelms II. auf der Dezember-Konferenz. Auch das Lateinsprechen fiel nach deren Votum künftig fort.[13] Da konnte Oskar Jäger als Vorsitzender des konservativen Gymnasialvereins nur noch resignierend feststellen: »Magna pugna victi sumus – Wir sind in einem großen Kampf besiegt worden.« Mit diesen Worten hatte einst ein Prätor den Römern die Niederlage gegen Hannibal am Trasimenischen See verkündet.[14]

Zu den Kritikern der »Lateindressur« am Gymnasium gehörte auch Friedrich Paulsen, dessen *Geschichte des gelehrten Unterrichts* bis heute als Standardwerk gilt. Auf der Schulkonferenz hatte er sich für eine »innere Umformung« des altsprachlichen Unterrichts eingesetzt: Er »darf nicht mehr das Ziel verfolgen, das früher das nothwendige Ziel war, aber jetzt nicht mehr sein kann, nämlich das Lateinschreiben. Der lateinische Aufsatz wird ohne Zweifel verschwinden. Ich hätte gewünscht, dass es schon zwanzig Jahre früher der Fall gewesen wäre; es hätte dem Gymnasium manchen Vorwurf erspart, welcher jetzt ihm höchst lastend entgegentritt.«[15]

In dem von Paulsen genannten Zeitraum machte ein Mann prägende Erfahrungen, der seine durch eine kaufmännische Lehre unterbrochene Schullaufbahn 1886 mit dem Abitur abschloss und nach einem Lehramtsstudium 1890 in den höheren Schuldienst eintrat. Der später als sozialdemokratischer Politiker hervorgetretene Eduard David meinte:

> »Der altsprachliche Betrieb ist eine ganz unverantwortliche Zeitverschwendung. Die mit ihm erzielte ›geistige Gymnastik‹ kann durch die anderen Lehrdisziplinen ebenso gut, wenn nicht besser, erreicht werden. Und trotz der endlosen Quälerei mit Grammatik und Lexikon bleibt die Kenntnis der Schüler von griechisch-römischer Literatur und Kultur eine jämmerlich lückenhafte. Kaum ein Schüler der Oberprima ist imstande, ein griechisches oder lateinisches Literaturwerk ohne Schwierigkeit zu lesen. Eine unendlich reichere und richtigere Kenntnis des griechisch-römischen geistigen und sozialen Lebens könnte aus der Lektüre guter Übersetzungen und Geschichtswerke gewonnen werden. Welche Zeit und Kraft würde dadurch frei für die lange Reihe der Gymnasialjahre! ... Der heutige Abiturient steht als blutiger Ignorant der Wirtschafts- und Kulturorganisation unserer Zeit gegenüber. ... Ganze Gebiete von fundamentaler allgemeinbildender Bedeutung, wie z. B. die Volkswirtschaft, Bevölkerungslehre und Sozialbiologie, sind ihm unbekannt geblieben. Dafür kann er die unregelmäßigen griechischen Verben am Schnürchen hersagen, und auch über den Anlageplan eines römischen Heerlagers weiß er einigermaßen Bescheid. ›Klassische Bildung‹ nennt man das.«[16]

Der lateinische Aufsatz gehörte nicht nur in Preußen, sondern auch in einigen anderen deutschen Staaten wie z. B. Sachsen zu den Abituranforderungen. Bayern und Württemberg dagegen hatten sich von Anfang an mit der Übersetzung eines deutschen Textes ins Lateinische begnügt. Nach seiner Abschaffung in Preußen fiel der Aufsatz bald auch in den übrigen Staaten fort.[17] Er hatte sich längst überlebt, was die preußische Unterrichtsverwaltung schon im Lehrplan von 1882 indirekt einräumte:

> »In den oberen Klassen wurde in früherer Zeit der Zweck verfolgt, daß die Schüler des Gymnasiums die lateinische Sprache zum Organe für den Ausdruck ihrer Gedanken machen könnten. Mag man nach verschiedener Ansicht darin bloß eine Erbschaft aus einem Zeitalter sehen, in welchem das Latein die internationale Sprache der Gebildeten war, oder mag man darin einen Ausdruck des Wertes finden, welchen die selbständige Herrschaft über eine fremde, insbesondere eine von der Muttersprache weit entfernte Sprache für die formale Gedankenbildung besitzt: jedenfalls ist ein solches Ziel, von allen etwaigen Zweifeln an seinem Werthe abgesehen, nicht mehr erreichbar, seitdem selbst unter den Meistern der Philologie diese Virtuosität nicht mehr die Regel ist und daher diesem Theile des Gymnasialunterrichts nicht selten die unerläßliche Bedingung des Erfolges fehlt, das eigene sichere und leichte Können des Lehrers.«[18]

Das lateinische Scriptum im Schatten des Aufsatzes

Nach dem Wegfall des Aufsatzes blieb als schriftliche Abituranforderung nur noch die Hinübersetzung ins Lateinische (»Scriptum« oder »Extemporale« genannt) übrig, die vorher im Schatten des Aufsatzes gestanden hatte. Auf der Schulkonferenz von 1890 hatte Friedrich Paulsen auch für den Wegfall des Scriptums plädiert. Er zeigte sich überzeugt, »daß die Übersetzung aus dem Lateinischen in das Deutsche mindestens ebenso sehr die sprachliche Ausbildung erkennen lässt, als die Übersetzung in das Lateinische.« Doch diese Forderung scheiterte bei Stimmengleichheit denkbar knapp.[19] Die Beibehaltung des Scriptums passte nicht recht zu der neuen Zielsetzung des um 15 Wochenstunden verkürzten Lateinunterrichts. Der Lehrplan von 1892 erhob nämlich »das inhaltliche Verständnis des Gelesenen und die Einführung in das Geistes- und Kulturleben der Römer« zur Hauptsache und stellte eine gute deutsche Übersetzung des jeweiligen Autors in den Mittelpunkt des Unterrichts.[20] Das Festhalten am Lateinschreiben erklärte ein reformorientierter Altphilologe später damit, dass die meisten Lehrer noch alten Anschauungen und Methoden anhingen und man nicht »durch einen zu plötzlichen und unmittelbaren Übergang die sichere grammatische Grundlage des Unterrichts gefährden« wollte.[21]

Für das Scriptum im Abitur standen nach dem Diktat des Textes (ohne Angabe eines Themas) wie schon früher zwei Stunden zur Verfügung, womit jetzt im schriftlichen Abitur auf das Lateinische die kürzeste Arbeitszeit aller Fächer entfiel. Erst in der Prüfungsordnung von 1901 wurde sie auf drei Stunden verlängert, nachdem sich viele Direktoren dafür ausgesprochen hatten.

Die deutschen Texte für die Übersetzung ins Lateinische hatte der Lehrer seit 1892 »im Anschluß an Gelesenes« zu entwerfen; sie waren »einfach zu halten und fast nur als Rückübersetzung ins Lateinische zu behandeln«.[22] Wie das Ministerium einige Jahre später klarstellte, war damit allerdings nicht gemeint, »daß bei der Reifeprüfung lediglich wohlvorbereitete Rückübersetzungen gelesener Abschnitte zu fordern seien«. Von einer selbstständigen Leistung im Sinne der Prüfungsordnung könne nicht die Rede sein, »wenn die Schüler den lateinischen Text mehr oder minder sicher dem Gedächtnisse eingeprägt hatten«.[23] Je enger der deutsche Text der lateinischen Vorlage folgte, desto größer war allerdings auch die Gefahr, dass der korrigierende Lehrer eine vom lateinischen Autor abweichende Ausdrucksweise monierte.

Was für Texte die Schüler des Herforder Friedrichs-Gymnasiums ins Lateinische übersetzen mussten, zeigt die folgende Übersicht, die – soweit es die Quellenlage zulässt – in Zehnjahresschritten vorgeht.

Tabelle 7: Aufgaben für das lateinische Scriptum am Friedrichs-Gymnasium Herford 1840 – 1920

Jahr	Thema	Textvorlage	Umfang der lat. Übersetzung
1840	Simonides als Erfinder der Gedächtniskunst	Quintilian, Institutio oratoria XI, 2, 4 ff.	292
1851	Philoktet	Sophokles, Philoktet	308
1860	Ciceros Selbstdarstellung als Retter Roms	Cicero, Pro Sestio 21, 48-50	326
1866	3. Makedonischer Krieg	Livius 42, 36 u. 38	200
1870	Ciceros Plädoyer für Balbus	Cicero, Pro L. Cornelio Balbo 56-59	231
1890	Der Konflikt zwischen Varro und Paullus vor der Schlacht bei Cannae	Livius 22, 36 ff.	275
1900	Nolas Bündnistreue im 2. Punischen Krieg	Livius 22, 14	141
1910	Hannibals Verhandlungsangebot nach der Schlacht bei Cannae	Livius 22, 58 ff	219
1920	2. Punischer Krieg 207: Belagerung Capuas und Hasdrubals Tod	Livius 27	214

Abb. 11: Rudolf Wilke, Gymnasiallehrer, 1907

Die Textvorlage war nur 1840 angegeben; für die übrigen Jahre wurde sie vom Verfasser ermittelt und ein Thema hinzugefügt. Beim Blick auf die lateinischen Schriftsteller fällt auf, dass seit 1890 Livius als dominierender Autor an die Stelle Ciceros getreten ist. Eine Erklärung hierfür bietet der Gymnasial-Lehrplan von 1892, nach dem Livius in Unter- und Obersekunda als Klassenlektüre betrieben wurde und in den beiden Prima-Jahren bevorzugter Autor der verbindlichen Privatlektüre war.[24] So dürfte sein Werk und Sprachstil den Schülern besonders vertraut gewesen sein.

Weiterhin ist zu sehen, dass der Umfang der lateinischen Scripta deutlich zurückging. Kamen die Übersetzungen der Jahre 1840 bis 1890 auf durchschnittlich 272 Wörter, so war das Scriptum des Jahres 1900 nur noch gut halb so lang. Das hängt offenbar mit der nach der Kürzung der Wochenstundenzahl 1892 aufbrechenden Krise des Lateinunterrichts zusammen, als deren Symptome grammatische Unsicherheit und lückenhafter Wortschatz beklagt wurden. Nach der 1901 vorgenommenen Erhöhung der Wochenstundenzahl und der Verlängerung der Arbeitszeit für das Abitur-Scriptum von zwei auf drei Stunden stieg auch der Umfang der Texte wieder um etwa die Hälfte an, allerdings nicht auf die bis 1890 erreichten Werte.

Wie hart auch bei der Übersetzung ins Lateinische die Bewertungskriterien waren, zeigt die Auswertung von 70 Arbeiten aus den Jahren 1851 bis 1920. Keine einzige von ihnen wurde als »Sehr gut« beurteilt, 23 als »Gut«, 38 als »Genügend« und neun als »Nicht genügend«. Dass die Bestnote nicht einmal fehlerfreien Arbeiten sicher war, belegt eine Beurteilung von 1866: »Das Scriptum ist fehlerfrei und zeugt von einer erfreulichen Fertigkeit im Lateinisch-Schreiben. Dasselbe erhält demnach das Prädikat ›gut‹.« Diese Note erhielt auch eine Übersetzung des Jahres 1920 mit der Begründung: »Unerhebliche, mehr stilistische Ausstellungen hindern wohl die fehlerfreie Arbeit mit ›Sehr gut‹ zu bezeichnen«. Für den Schüler desselben Jahrgangs, dessen Arbeit unter zwei Fehlern einen »bösen« aufwies, blieb nur das Prädikat »Genügend«. Dass das Kultusministerium solchen Urteilen schon ein Jahrzehnt zuvor einen »ganz unangebrachten rigorosen Purismus« attestiert hatte[25], war dem Lehrer offenbar entgangen.

(3) Die Übersetzung ins Deutsche –
Lateinabitur im 20. Jahrhundert

Im Zuge der preußischen Schulreform musste die Übersetzung ins Lateinische als Prüfungsleistung der bis heute üblichen Herübersetzung aus dem Lateinischen weichen. Aus Sicht der Unterrichtsverwaltung wurde »damit die Entwicklung des modernen Gymnasiums, die mit dem Verzicht auf den lateinischen Aufsatz einsetzte, ... folgerichtig zu Ende geführt.«[26] Im Vorgriff auf die neue Reifeprüfungsordnung trat diese Änderung schon für die Prüfungen des Jahres 1926 in Kraft.[27] Von nun an wurde den Abiturienten ein inhaltlich geschlossener lateinischer Originaltext zur Übersetzung vorgelegt, wobei »eine dem Stilcharakter des Schriftstellers möglichst nahekommende Wiedergabe in guter deutscher Sprache« erwartet wurde.

Auch im Gymnasialabitur der anderen deutschen Länder setzte sich nun die lateinisch-deutsche Übersetzung als Prüfungsleistung durch. In Bayern war sie schon 1914 zur Übersetzung ins Lateinische hinzugetreten. Für die schriftliche Prüfung standen insgesamt vier Stunden zur Verfügung: » Hiervon entfallen 2 Stunden auf die Übersetzung eines aus dem Gedankenkreis der griechisch-römischen Kulturwelt entnommenen deutschen Textes in das Lateinische und weitere 2 Stunden auf die Übersetzung einer Stelle aus einem nicht gelesenen lateinischen Prosaiker in das Deutsche. Zwischen der Bearbeitung beider Aufgaben ist eine Pause von 15 Minuten einzulegen.« 1935 fiel dann die Übersetzung ins Lateinische weg, während die Arbeitszeit für die Herübersetzung auf drei Stunden verlängert wurde.[28] In Baden hatte man den ursprünglich (Abiturordnung von 1823) geforderten lateinischen Aufsatz schon 1869 aufgegeben. Hier war bis nach dem Zweiten Weltkrieg eine Übersetzung aus einem lateinischen Schriftsteller sowie eine als »Stil« bezeichnete Übersetzung ins Lateinische zu erbringen. So stand es zuletzt in der Prüfungsordnung von 1913, die noch 1949 in Nordbaden am humanistischen Gymnasium befolgt wurde.[29]

Welche Aufgaben die Abiturienten des Herforder Friedrichs-Gymnasiums ab 1927 zu bearbeiten hatten und wie sie dabei abschnitten, zeigt Tabelle 8, in der für 1980 und 1990 die jeweiligen Leistungskurse zu Grunde gelegt wurden. Von den elf Texten stammten allein sechs von Cicero. Dennoch war die Textauswahl vielseitiger als bei den Übersetzungen ins Lateinische bis 1920. Der Umfang der Texte ist insgesamt rückläufig, während die Arbeitszeit länger wurde. In den Leistungskursen der reformierten Oberstufe trat allerdings als neue Anforderung eine Interpretationsaufgabe hinzu, die nach Umfang und Bewertungsgewicht mit einem Drittel angerechnet wurde. Durch sie lassen sich sprachliche, literarische, philosophische und historische Kenntnisse überprüfen, die durch eine bloße Übersetzung nicht nachzuweisen sind. Auf diesem Wege können Schüler mit schwachen Übersetzungsleistungen oft ihr Ergebnis verbessern.

Tabelle 8: Übersetzungen aus dem Lateinischen am Friedrichs-Gymnasium Herford 1927-1990

Jahr	Text/Thema	Wörter	Std.	Noten					Durch-schnitt
				1	2	3	4	5	
1927	Sallust, Catilina 1-2	323	3	-	2	12	4		3,66
1930	Cicero, De officiis I, 85-89: »Von den Pflichten des Staatsmannes«	293	3	-	8	6	2		2,94
1940	Livius II 10: Römisches Heldentum (Horatius Cocles)	268	3	1	3	1	3	-	2,75
1950	Cicero, De officiis I, 62-65,1: »Wahrheit und Gerechtigkeit, die Grundlage der virtus«	248		-	10	8	1		2,79
1960	Tacitus, Historien IV 73-74: »Von Roms Sendung«	273	4	-	5	2	14	3	3,63
1964	- Cicero, De natura deorum I 2-4	266		-	-	6	9	3	3,83
	- Cicero, Pro Archia poeta 14-16	261	4	1	1	5	8	2	3,53
1970	- Cicero, Pro Marcello 7-10	230	4	1	3	1	6	3	3,5
	- Seneca, Ad Lucilium 80	254		-	3	8	4	1	3,19
1980	Cicero, pro Sestio 137-139: »Wer darf als Optimat gelten?« mit Interpretationsaufgabe	247	5	1	1	2	2	1	3,14
1990	Vergil, Aeneis III 518-550 mit Interpretationsaufgabe	202	5	2	5	3	-	-	2,1

Die Beurteilung der Arbeiten erfolgte zunächst nach den vier Noten-stufen, die in Preußen seit 1882 üblich waren, bis 1938 die heute übliche sechsstufige Notenskala reichsweit eingeführt wurde.[30] Nach vorüber-gehender Rückkehr zur preußischen Skala erhielt sie im Düsseldorfer Län-derabkommen von 1955 bundesweite Geltung. In der Tabelle wurde die alte Note »Genügend«, die eine große Bandbreite besaß, als »Befriedi-gend bis Ausreichend« gedeutet und bei der Berechnung der Durch-schnittsnote mit 3,5 angesetzt.

Nach dem schlechten Ergebnis in der extrem umfangreichen Überset-zungsaufgabe von 1927 lagen die Durchschnittsnoten der betrachteten Arbeiten ab 1930 deutlich unter 3,0. Zwischen 1960 und 1970 war die Bewertung der Arbeiten wieder ähnlich streng wie vor 1930. Die Einführung der reformierten Oberstufe brachte dann eine enorme Verbesserung der Durchschnittsnote auf 2,1 mit sich.

Erstmals taucht bei dem hier gewählten Zugriff 1940 eine mit »Sehr gut« bewertete Arbeit auf, die nicht nur keinen Fehler aufwies, sondern auch als sprachlich besonders gelungen hervorgehoben wurde. 1964 erhielt dann sogar eine Arbeit die Bestnote, die einen geringfügigen Tempus-Fehler enthielt, da sie »eine sehr sichere, ja überlegene, weit überdurchschnittliche Lösung der gestellten Aufgabe« darstellte. Nach den nordrhein-westfälischen Richtlinien von 1981 hätte es einer solchen Begründung gar nicht bedurft, denn selbst mit etwa fünf ganzen Fehlern wäre die Übersetzung eines Textes dieser Länge noch »Sehr gut« zu nennen gewesen.[31] Hier wird deutlich, welch fundamentale Senkung der Anforderungen innerhalb kurzer Zeit wenigstens im altsprachlichen Unterricht stattgefunden hat.

VIII. DEUTSCHE ABITURAUFSÄTZE ALS SPIEGEL DES ZEITGEISTES

(1) ZUM STELLENWERT DES DEUTSCHEN ABITURAUFSATZES

Schulaufsätze als Gegenstand historischer Untersuchungen

»Nichts sagt so viel über eine Gesellschaft wie die Schulaufsätze, die sie schreiben läßt.«[1] Diese Aussage einer Berliner Journalistin aus dem Jahre 1997 macht pointiert deutlich, warum in Wissenschaft und Öffentlichkeit ein besonderes Interesse an deutschen Schulaufsätzen besteht. »Gerade in den Aufgabenstellungen schriftlicher Arbeiten spiegelt sich der jeweilige Zeitgeist unverfälscht wider, erhält die Verflechtung von Staat, Gesellschaft und Schule sichtbare Gestalt, kommt die mögliche Instrumentalisierung des Faches Deutsch als Medium der Gesinnungsbildung zum Ausdruck.«[2] Tatsächlich vermitteln Aufsätze, die unmittelbar aus dem Unterricht hervorgehen, einen besseren Einblick in dessen inhaltliche wie intentionale Ausrichtung als alle Richtlinien, Lehrpläne und fachdidaktischen Werke, die einen oft praxisfernen Sollzustand beschreiben.

Normale Klassenaufsätze, die ja Eigentum der Schülerinnen und Schüler bleiben, werden allerdings nur in seltenen Fällen der Nachwelt überliefert. Anders steht es mit Abituraufsätzen, die als Prüfungsdokumente einer begrenzten Aufbewahrungspflicht unterliegen und in traditionsbewussten Schulen dauerhaft archiviert werden. Auf dieser Quellengrundlage wurden in den letzten Jahrzehnten einige Untersuchungen deutscher Abituraufsätze des 20. Jahrhunderts vorgenommen, die zumeist auf dem Bestand eines einzelnen Gymnasiums beruhen. Im methodischen Zugriff unterscheiden sie sich erheblich voneinander, was an zwei Arbeiten verdeutlicht werden soll.

In der einen wurden 1256 Reifeprüfungsaufsätze eines Frankfurter Gymnasiums zwischen 1917 und 1971 unter der Fragestellung untersucht, wie die Abiturienten sich das Verhältnis von Individuum und kollektiver Macht vorstellten. Der Verfasser wandte mehrere EDV-gestützte inhaltsanalytische Verfahren an und fand heraus, dass im Untersuchungszeitraum drei Einstellungstypen vorherrschten: von 1917 bis 1945 der »autoritäre«, von 1946 bis 1960 der »demokratische« und von 1961 bis 1971 der »utopisch-demokratische« Typ.[3] Für den Leser ist diese generalisierende Aussage freilich kaum nachvollziehbar, zumal nur zwei Aufsätze als Beispiele abgedruckt sind. Immerhin gibt die Zusammenstellung im Anhang einen Eindruck vom Wandel der Aufsatzthemen.

Ein plastisches Bild vom Inhalt deutscher Abituraufsätze vermittelt dagegen eine neuere Publikation, die aus dem Archiv eines ehemaligen Realgymnasiums im niederbergischen Langenberg schöpft. Hier wurden gut hundert Reifeprüfungsaufsätze der Jahre 1911-1971, »die sich nicht auf literarische Vorlagen beziehen und sich auch nicht in der Darstellung geschichtlichen Lernstoffs erschöpfen«, mit zeitgenössischen Paralleltexten zu einem Lesebuch zusammengestellt, in dem sich sechzig Jahre deutscher Geschichte spiegeln.[4]

Der deutsche Aufsatz in den Abiturordnungen

Mehr als anderthalb Jahrhunderte, bis zur Oberstufenreform von 1972, hatte der deutsche Aufsatz im Abitur preußischer Prägung das größte Gewicht. Eine nicht genügende Leistung in diesem Prüfungselement war nicht oder nur schwer auszugleichen, zumal es im Deutschen bis 1926 keine mündliche Prüfung gab. Keinem anderen Fach standen im schriftlichen Abitur durchgängig 5 bis 5 ½ Stunden Arbeitszeit zur Verfügung, und zwar in allen Typen der höheren Schule. Nur die mathematische Arbeit konnte sich in ihrer Bedeutung annähernd mit dem Aufsatz messen. Das Lateinische dagegen, das zunächst im Abitur noch wichtiger war als das Deutsche, schied schon im 19. Jahrhundert als Konkurrent aus.

Über die Anforderungen in dieser zentralen Prüfungsleistung schwieg sich das erste Abiturreglement von 1788 aus und überließ die konkrete Ausgestaltung den Schulen, die offenbar sehr unterschiedliche Anforderungen stellten. Dagegen gab die Prüfungsordnung von 1812 erstmals knappe Hinweise, die 1834 konkretisiert wurden. Hiernach sollte der Aufsatz »die Gesammtbildung des Examinanden, vorzüglich die Bildung des Verstandes und der Phantasie, wie auch den Grad der stilistischen Reife in Hinsicht auf Bestimmtheit und Folgerichtigkeit der Gedanken, so wie auf planmäßige Anordnung und Ausführung des Ganzen in einer natürlichen, fehlerfreien, dem Gegenstande angemessenen Schreibart beurkunden«. Überdies sollte er »einige Bekanntschaft mit den Haupt-Epochen der Litteratur seiner Muttersprache« zeigen.[5] Diese Vorgaben blieben fast ein halbes Jahrhundert in Kraft, wurden aber keineswegs immer befolgt. In der Prüfungsordnung von 1882 trat an ihre Stelle die folgende Formulierung, die nun auch die unterrichtlichen Voraussetzungen näher bezeichnete:

»In der deutschen Sprache muß der Schüler ein in seinem Gedankenkreise liegendes Thema richtig aufzufassen und mit eigenem Urtheile in logischer Ordnung und fehlerfreier Schreibart zu bearbeiten imstande sein. ... Ferner muß er mit den wichtigsten Epochen des Entwicklungsganges der deutschen Litteraturgeschichte und mit einigen klassischen Werken der Nationallitteratur bekannt sein.«[6]

Diese Passage wurde zehn Jahre später nur leicht verändert übernommen, wogegen die Prüfungsordnung von 1901 auf eine Definition der Anforderungen ganz verzichtete.

Für die Stellung der Aufgaben galt seit 1834, dass der Fachlehrer über den Direktor mehrere (seit 1882 drei) Vorschläge einzureichen hatte, aus denen der zuständige Dezernent einen zur Bearbeitung durch die Abiturienten auswählte. Dieses Verfahren erfuhr erst durch die Prüfungsordnung von 1926 eine grundlegende Änderung. Jetzt wurden den Schülern in der Regel vier Aufgaben zur Wahl gestellt, die verschiedenen Gebieten entnommen sein mussten. Die Wahlmöglichkeit war nach einer Erprobungsphase schon im Jahr zuvor eingeführt worden. Auch die inhaltlichen Anforderungen wurden 1926 präziser definiert:

»Die Prüflinge sollen einen nicht zu schwierigen Gedankengang in klarer, anschaulicher und stilistisch einwandfreier Weise darstellen können. Die Aufgaben müssen deshalb in den Gesichtskreis der Prüflinge fallen; sie müssen mehr von ihnen verlangen als die bloße Wiedergabe geläufiger Zusammenhänge; sie müssen aber auch die Gefahr eines ziellosen Umherschweifens ausschließen. Auf keinen Fall darf zu ihrer Bearbeitung eine größere Erfahrung und ein reiferes Urteil erforderlich sein, als man bei dem Alter der Prüflinge voraussetzen kann.«[7]

Diese Formulierung blieb wörtlich erhalten in der Fassung der Prüfungsordnung, die bis 1965 in Nordrhein-Westfalen in Kraft war; in der Sache galt sie bis zur Oberstufenreform.[8] Danach war Deutsch nicht mehr verpflichtendes Abiturfach, und an die Stelle des freien Aufsatzes traten verschiedene Formen einer materialgebundenen Interpretationsaufgabe.

(2) Abituraufsätze im 19. und frühen 20. Jahrhundert

Wandel der Themen im 19. Jahrhundert

Mit welchen Themen hatten sich nun Abiturienten im deutschen Aufsatz zu befassen? Schon eingangs wurde die »Betrachtung eines Jünglings bei der Wahl eines Berufes« erwähnt, die der Klasse von Karl Marx als Aufgabe gestellt worden war.[9] Ein Marx-Biograph hat dieses Thema für eine Verlegenheitslösung gehalten[10], doch trifft seine Annahme nicht zu. Vielmehr waren solche allgemeinen Betrachtungen, die zur Reflexion und Argumentation anregen, in der ersten Hälfte des 19. Jahrhunderts außerordentlich beliebt.[11] Auch Sigmund Freud schrieb vier Jahrzehnte später seinen Abituraufsatz zum Thema Berufswahl.[12] Und noch eine Generation später hielt ein Aufsatzdidaktiker, der ansonsten solche allgemeinen Themen skeptisch beurteilte, eine Aufgabe zur Berufswahl für durchaus sinnvoll.

> »Ein derartiges Thema, einem Primaner gestellt, ist schwerlich als ein Schlag ins Wasser zu betrachten. Denn was heißt es anders, als ihn zum geordneten Nachdenken veranlassen über eine Frage, die ihm um so wichtiger sein muß, als ihre praktische Entscheidung so nahe vor der Tür steht?«[13]

Um die Mitte des Jahrhunderts verloren die allgemeinen bzw. »philosophischen« Themen ihren Bezug zum Leben und wurden zum bloßen Medium der Schulung im logischen Denken. Neben ihnen finden sich nun in wachsender Zahl geschichtliche Aufgabenstellungen, die für einige Zeit die Oberhand gewannen. Darauf lässt eine Übersicht über die Themen aller deutschen Abituraufsätze schließen, die zwischen 1821 und 1900 an den Gymnasien in Königsberg und Lauban (Schlesien) geschrieben wurden.[14]

Nach der Jahrhundertmitte begann dann der Aufstieg einer Aufsatzform, die bis ins 20. Jahrhundert die Vorherrschaft gewinnen sollte: des literarischen Aufsatzes, der sich auf belletristische Texte bezog. Sein Durchbruch muss spätestens in den 1870er Jahren erfolgt sein. Das zeigt eine Auswertung der Aufsatzthemen, die deutsche Primaner im Schuljahr 1878/79 zu bearbeiten hatten. Von insgesamt etwa 4000 Themen bezog sich mehr als die Hälfte (2064) auf Belletristik, davon der größte Teil (1266) auf die neuere deutsche Literatur. An der Spitze lagen Schiller mit 359 und Goethe mit 333 Themen, gefolgt von Lessing mit 263 Themen.[15] Ein ähnliches Bild ergab rund drei Jahrzehnte später die Fleißarbeit eines

Gymnasialdirektors, der fast alle Aufsatzthemen sammelte und kategorisierte, die in den Jahren 1901 bis 1910 bei der Reifeprüfung in Preußen gestellt wurden. Von genau 7198 Themen waren nicht weniger als 4100 bzw. 57 Prozent literarischer Art. Abgeschlagen folgten auf dem zweiten Platz Themen zur Geschichte mit knapp 18 Prozent. Unter den deutschen Klassikern lag jetzt Goethe (1189 Themen) vor Schiller (1059) und Lessing (356). Vor diesen hatte sich mittlerweile Shakespeare (415) geschoben, wogegen französische Dichter keine Rolle spielten. Besonders an humanistischen Gymnasien waren auch Aufsatzthemen zu Homer und Sophokles beliebt.[16] Die Dominanz der Klassiker begründete ein Didaktiker 1859 folgendermaßen:

> »Da aber die vornehmlichste Aufgabe der deutschen Aufsätze darin besteht, den Schüler einen nach Inhalt und Form vollendeten Gegenstand reproduciren und durch eine solche Reproduction eben so sehr eine werthvolle geistige Substanz in seine Seele aufnehmen und an schönen Formen und an gebildeter Darstellung seinen Sinn für schöne Form und Darstellung entwickeln zu lassen, so wird man keinen zweckmäßigeren Stoff für die freien Arbeiten des Schülers finden können als die classischen Erzeugnisse der Sprache. ... Wenn die Ideen der Wahrheit, der Gerechtigkeit, der Liebe, der Heiligkeit den innersten Gehalt eines Werkes bilden, und wenn diese Ideen in einer klaren, anschaulichen, gebildeten Form und Sprache sich verleiblichen, dann ist ein Werk ein classisches zu nennen.«[17]

Das war die Begründung des klassischen Reproduktionsaufsatzes, der im Verlauf des Kaiserreichs mit nationalen Inhalten angereichert wurde. Die Aufsatzform der Abhandlung, die »eine Thesis zum Ausgang nimmt, von der erst das Resultat der Untersuchung ergeben soll, ob sie wahr oder falsch ist, ob sie allgemeine oder beschränkte Gültigkeit habe« – so ein einflussreicher Aufsatzdidaktiker 1871[18] – war immer weniger gefragt. Stattdessen sollten »Wahrheiten« erläutert und begründet werden, die für den Schüler als erwiesen zu gelten hatten, weil hinter ihnen die Autorität eines Dichters oder des »gesunden Menschenverstandes«, oft in Form eines Sprichwortes, stand.

Wie intensiv die nationale Ausrichtung des Deutschunterrichts im Kaiserreich war, lässt sich allerdings nicht mit Bestimmtheit sagen. In seiner Monographie über den deutschen Schulaufsatz vertritt Otto Ludwig die Ansicht, nach dem deutsch-französischen Krieg und der Reichsgründung habe »der wilhelminische Geist ... endgültig Einzug in die Aufsätze der Primaner gehalten«.[19] Dagegen hatte Wilhelm II. als Zeitgenosse beklagt, dass das Gymnasium mit seinem »verknöcherten altphilologischen Lehrplan« keine national denkenden »selbstbewussten Deutschen« hervorbrachte. Dafür machte er vor allem den Geschichtsunterricht verantwortlich, der mit dem Dreißigjährigen Kriege aufhörte und die griechisch-römische Geschichte zum Nachteil der vaterländischen bevorzugte.[20]

Deutsche Abituraufsätze am Herforder Friedrichs-Gymnasium

Nach diesem allgemeinen Überblick wenden wir uns nun den deutschen Abituraufsätzen einer einzelnen Schule zu: des ehemals humanistischen Friedrichs-Gymnasiums in Herford. Die folgende Zusammenstellung enthält die Themen, die dort von der Reichsgründungszeit bis zum Ersten Weltkrieg jeweils zum Ostertermin gestellt wurden. Sie vermitteln einen konkreten Eindruck von den Aufgaben, die Abiturienten dieser Zeit im deutschen Abituraufsatz zu bearbeiten hatten.

THEMEN DER DEUTSCHEN ABITUR-AUFSÄTZE
AM FRIEDRICHS-GYMNASIUMS HERFORD 1861-1914[21]

1861   Wie erklärt sich die rasche Verbreitung des Islam im 7. und 8. Jahrhundert?

1862   Des Lebens Mühe läßt uns allein des Lebens Güter schätzen (Göthe, Tasso).

1863   Worin besteht die Größe des deutschen Königs Heinrich I.?

1864   Vergleichung der beiden Scipionen.

1865   Worin besteht die Bedeutung der Regierung Ottos I.?

1866   Wodurch ist die rasche Verbreitung des Islam in den ersten Jahrhunderten zu erklären?

1867   Der irdischen Dinge Unbestand [Johann Peter Hebel] ein Segen für den Menschen.

1868   Heinrich I. und Alfred der Große.

1869   Die Kreuzzüge als Gegenbild der Völkerwanderung.

1870   Mit welchem Rechte setzt man den Beginn der neueren Zeit in den Anfang des 16. Jahrhunderts?

1871   Hannibal und Mithridates.

1872   Welche Bedeutung hat der Große Kurfürst für Brandenburg gehabt?

1873   Weshalb hat die Ermordung Caesars nicht die davon erwarteten Folgen gehabt?

1874   Warum stehen Columbus und Luther an der Spitze der neueren Zeit?

1875   Die Natur eine Demüthigung und eine Erhebung für den Menschen.

1876   Hannibal und Mithridates.

1877   Der Ruhm der Vorfahren ein Hort der Enkel.

1878   Noth entwickelt Kraft.

1879   Was machte den Griechen möglich, der persischen Übermacht Widerstand zu leisten, und was hinderte sie später, dieselbe zu vernichten?

1880   Worin liegt der Reiz, den die Geschichte der Völkerwanderung für uns hat?

1881   In wiefern bezeichnet die Zeit der Perserkriege den Höhepunkt des Griechentums?

1882   Was macht die Griechen zu einem welthistorischen Volke?

1883   Schön ist der Friede – Aber der Krieg hat auch seine Ehre, der Beweger des Menschengeschicks. [Schiller, Die Braut von Messina]

1884   Achill, ein Bild des griechischen Volkes in seiner Blütezeit.

1885   »Die Götter brauchen manchen guten Mann | Zu ihrem Dienst auf dieser weiten Erde« (Pylades in Göthes Iphigenie).

1886   »Es wächst der Mensch mit seinen größeren Zwecken« (Schiller, Prolog zu Wallenstein).

1887   Ein harter Boden erzieht sein Volk.

1888   Was mag Göthe meinen, wenn er von einer Höflichkeit des Herzens spricht?

1889   Wer Freunde hat, ist sie zu finden wert, wer keinen hat, hat keinen noch begehrt (Lessing).

1890   Was verstanden die Alten unter einem Helden, was verstehen wir darunter?

1891   Der Spruch des Ovid (Philemon und Baucis) *Cura pii dis sunt, et qui coluere, coluntur* [Metamorphosen VIII 724 – deutsch: Für die Frommen sorgen die Götter, und wer sie geehrt hat, wird wieder geehrt] gilt auch für wissenschaftliche Bestrebungen.

1892   Das Wesen der wahren Freiheit (Freiheit ruft die Vernunft, Freiheit die wilde Begierde).

1893   Leicht beieinander wohnen die Gedanken, doch hart im Raume stoßen sich die Sachen.

1894   Die Worte der Antigone [Auch glaubte ich, so viel vermöchte kein Befehl von dir, um ungeschriebne, ewige, göttliche Gesetze zu überrennen als ein Sterblicher. Denn nicht von heut und gestern, sondern immerdar bestehn sie: niemand weiß, woher sie kommen sind[22] – im Original griechisch] sollen übersetzt, kurz erklärt und in ihrer Bedeutung gewürdigt werden.

1895   Wie zeigt sich die Wahrheit des Horazischen »Nil mortalibus ardui est, caelum ipsum petimus stultitia« [Oden I 3, 37 – deutsch: Nichts ist den Sterblichen zu hoch, am Himmel selbst vergreifen wir uns in unserer Dummheit] in diesem Jahrhundert?

1896   Mit welchem Rechte nennt man Rom die ewige Stadt?

1897   Weshalb sind Kenntnisse der beste Reichtum?

1898   Mit welchem Recht sagt Goethe: »Mensch sein heißt ein Kämpfer sein«?

1899 Warum weckt das Zeitalter der Staufen unsere besondere Teilnahme?
1900 Weshalb ist nach Goethes Ausspruche die Kenntnis der klassischen Litteratur die Grundlage jeder höheren Bildung?
1901 Wie schildert uns Plato in seiner Apologie Wesen und Wirken des Sokrates?
1902 Inwiefern heißt der Mensch ein Sohn, ein Herr und ein Raub der Zeit?
1903 Welches Bild von Demosthenes geben uns die olynthischen Reden?
1904 Welche Bedeutung hat das Wort aus Goethes »Tasso«:
«Ich bedenke, wie man wenig ist, | und was man ist, das blieb man andern schuldig« gerade für den Abiturienten?
1905 Warum ist die Geschichte der Jahre 1806-1814 für Kopf und Herz des Jünglings bedeutungsvoll?
1906 Mit welchem Recht schreibt Goethe aus Rom an den Herzog Karl August: »An diesen Ort knüpft sich die ganze Geschichte der Welt an«? (Italienische Reise, Rom den 3. Dezember 1786)
1907 Welches von den beiden klassischen Völkern habe ich auf dem Gymnasium lieber gewonnen und warum?
1908 Schwert und Feder in ihrer Bedeutung für den Neubau des preußischen Staates in den Jahren 1806-1813.
1909 Napoleon und Stein, zwei Gegensätze.
1910 Welches Bild von der Persönlichkeit des Sokrates erhalten wir in der Platolektüre?
1911 Inwiefern ist Herders Wahlspruch »Licht, Liebe, Leben« der eines jeden tüchtigen Menschen?
1912 Die Staatsidee in Preußen Friedrichs des Großen.
1913 Napoleon I., Preußens und Deutschlands unfreiwilliger Wohltäter.
1914 Per aspera ad astra [Über raue Wege zu den Sternen], ein Begleitwort für die Geschichte des deutschen Volkes.

Bei einem Blick auf die bis 1884 gestellten Aufgaben fällt die Dominanz historischer Themen ins Auge, die drei von vier Abiturjahrgängen gestellt wurden. Von diesen 18 Themen bezog sich die Hälfte auf die alte Geschichte, lediglich drei auf die Frühe Neuzeit. Die Geschichte Brandenburg-Preußens kam nur einmal in Gestalt des Großen Kurfürsten vor (1872). Dieser Befund passt zu den Aussagen Wilhelms II. über den Geschichtsunterricht seiner Schulzeit. Da besaß der lateinische Abituraufsatz von 1871 über das Horazische »Dulce et decorum est pro patria mori« (Kapitel VII) schon größere Aktualität.

Seit der Mitte der 1880er Jahre gewannen am Friedrichs-Gymnasium Themen die Oberhand, die eine Auseinandersetzung mit einer allgemeinen Lebensweisheit oder einem Dichterwort verlangten, ohne dass ein Werk der Literatur als solches zu behandeln war. Die historischen Themen verloren ihre frühere Bedeutung, gewannen sie aber nach der Jahrhundertwende teilweise zurück. Von 30 Aufsatzthemen waren noch 13 der Geschichte entnommen, von denen neun in die Zeit nach 1900 fallen. Dabei zog die Neuzeit mit dem Altertum gleich, und zwar auf Kosten des Mittelalters. Einen Schwerpunkt bildete das Zeitalter Napoleons und der Befreiungskriege, dem die Aufsatzthemen von 1905, 1908, 1909 und 1913 zuzuordnen sind. Diese Themen stützen aber nicht die These, der Erste Weltkrieg sei, »lange bevor er begonnen hatte, in den Köpfen und Herzen der Primaner vorbereitet« worden.[23]

In den Themen der Besinnungsaufsätze nach 1890 wird der altsprachliche Charakter des Friedrichs-Gymnasiums besonders deutlich. Mehrmals dienten lateinische Zitate als Ausgangspunkt für die Erörterung (1891, 1895 und 1914), einmal ein längeres griechisches aus Sophokles' *Antigone*, das zunächst übersetzt und dann »gewürdigt« werden sollte (1894). Zu Beginn des 20. Jahrhunderts bildeten dreimal sogar ganze Werke der griechischen Literatur die Grundlage für die Bearbeitung des Themas (1901, 1903 und 1910).

Um eine konkrete Vorstellung davon zu bekommen, wie ein Thema zu bearbeiten war, sei hier ein Aufsatz aus dem Jahre 1898 beispielhaft wiedergegeben. Sein Thema lautete: *Mit welchem Recht sagt Goethe: »Mensch sein heißt ein Kämpfer sein?«* Zur Lösung der Aufgabe gehörte zunächst eine Disposition, die die von der Prüfungsordnung geforderte logische Ordnung der Ausführungen aufweisen sollte. In diesem Falle sah sie so aus:

A. Einleitung: Gedicht, in welchem das Wort Goethes vorkommt.
B. Ausführung: Das Wort hat seine Berechtigung
  1. was den Körper des Menschen anbetrifft.
     a) im Leben des Einzelnen,
     b) im Leben ganzer Völker.
  2. was den Geist des Menschen anbetrifft.
     a) im Leben des Einzelnen
        α) auf dem Gebiete des Verstandes,
        β) auf dem Gebiete des Willens,
        γ) auf dem Gebiete der Phantasie,
     b) im Leben ganzer Völker auf denselben Gebieten.
C. Schluß: Wir müssen unsere Mitmenschen im Kampfe des Lebens unterstützen.

Als nächstes galt es die Herkunft des Dichterwortes zu klären, was Gelegenheit bot, literaturgeschichtliche Kenntnisse unter Beweis zu stellen:

»An den Kriegen des Jahres 1812 und [18]14, in denen die Deutschen das Joch des Korsen von ihrem Rücken schüttelten, nahm der größte Dichter der damaligen Zeit Goethe wenigen oder gar keinen Anteil. Napoleon hatte immer zu großen Eindruck auf ihn gemacht, als daß er, wie andere patriotische Dichter, in begeisterten Liedern zum Kampfe gegen die Fremdherrschaft aufgefordert hätte. Goethe versenkte sich vielmehr, um wenigstens geistig dem Kampfe fern zu sein, in den beschaulichen Mystizismus des Orients, und die Beschäftigung mit den Dichtern der Araber und Perser zeitigte als poetische Frucht den West-Östlichen Diwan, der eine Reihe der schönsten lyrischen Gedichte des Altmeisters enthält. In einem dieser Lieder hören wir eine Unterredung mit an, die der Dichter mit einer am Eingang des Paradieses stehenden Huri hat. Der Poet klopft an der Himmelspforte an und begehrt Einlaß, wird aber von der schönen Türhüterin zweifelnd gefragt, ob er den Muselmanen auch so recht eigentlich verwandt sei, ob sein Kämpfen, sein Verdienen ihm das Paradies gewann. Da antwortet Goethe in den schönen Worten: »Mach nicht soviel Federlesen, laß mich immer nur herein, denn ich bin ein Mensch gewesen und das heißt ein Kämpfer sein.«

Der korrigierende Direktor merkte allerdings am Rande an: »Die Arbeit holt zu weit aus und entwickelt die einleitenden Gedanken zu breit.« Im Hauptteil führte der Abiturient dann die in der Disposition genannten Aspekte aus, wobei er seine Gedanken mit Beispielen aus der Geschichte und Zitaten aus der Literatur anreicherte:

»Eine tiefe Wahrheit liegt in diesem Dichterwort, und im Leben des Menschen läßt sich die Berechtigung dieses Ausspruches leicht nachweisen. Schon der Begriff des Lebens schließt den des Kampfes in sich. Denn zur Erhaltung des Körpers gehören Nahrungsmittel, und diese fallen ohne Kampf dem Menschen nicht zu. Besonders der Mensch aus den unteren Klassen der Arbeiter hat für des Leibes Nahrung und Notdurft hart zu kämpfen, und mancher unterliegt in diesem Kampfe, überwunden von der *dira necessitas*. Aber auch der besser gestellte Mensch hat für die Erhaltung seines Körpers schwer zu kämpfen, da die Bewohner der Erde zahlreich sind und jeder satt werden will. Und ist der Mensch auch wirklich so gestellt, daß ihm das Anschaffen von Lebensmitteln keine Sorge bereitet, so droht seinem Körper doch ein anderer Feind, das ist die Erschlaffung und der Müßiggang. Der Besitzer großer Reichtümer gerät nur zu leicht in die Versuchung, seinen Körper durch Ausschweifungen aller Art zu vernichten, und der Kampf mit diesen Versuchungen ist ebenso schwer wie der, den der wenig Bemittelte um die Erhaltung seines Lebens führt.

Doch diese Kämpfe sind, so hart sie auch sein mögen, nicht ganz aussichtslos. Weit verzweifelter ist der Kampf, den der Mensch mit den kleinen Lebewesen führt, welche die menschliche Gesundheit langsam aber sicher untergraben. Wehren wir uns auch mit allen Mitteln einer weit vorgeschrittenen Technik und Arzneikunde gegen diese Mikroorganismen, so zeigt sich doch nur zu oft unsere völlige Wehrlosigkeit ihnen gegenüber, wofür als Beispiel nur die Cholera-epidemie in Hamburg [1892] angeführt werden mag.

Wie sich der Kampf ums Dasein im Kleinen abspielt, so können wir ihn auch im Großen, im Leben ganzer Völker, beobachten. Auch da sind es nicht zum geringsten Teile Versorgungsfragen, welche die einzelnen Nationen zum Kampfe gegen einander aufstacheln. Man denke nur an die Züge der alten Cimbern und Teutonen, die durch Versorgungsfragen aus ihrem Heimatland vertrieben wurden und sich mit dem Schwerte in der Faust neue Wohnsitze erkämpfen wollten; man denke, um ein Beispiel aus der neueren Geschichte anzuführen, an die erbitterten Kämpfe, welche die Staaten Nordamerikas gegen England führten, als den Amerikanern durch Zölle die Nahrungsmittel verteuert wurden.

Indes nicht nur die Menschen treten uns im Kampfe entgegen, auch gegen die Naturgewalten müssen die Völker oft harten Streit ausfechten. Das haben wir Deutschen erst im vergangenen Jahre erfahren, als in Schlesien die wütenden Wasserfluten ganze Ortschaften verwüsteten und in wenigen Tagen das zerstört wurde, woran die fleißigen Einwohner Jahrzehnte lang gearbeitet hatten. Welche schweren körperlichen Beschwerden haben die armen Bewohner Schlesiens in den Kämpfen mit diesen elementaren Gewalten aushalten müssen!

Was von dem Worte Goethes auf körperlichem Gebiet gilt, das läßt sich auch sehr leicht auf geistigem nachweisen. Auch hier ist der Mensch ein Kämpfer, sowohl jeder Einzelne als auch ganze Völker. Wie hat ein Galilei, ein Kepler kämpfen müssen, um die Gedanken, welche sie gefunden hatten, zur Anerkennung zu bringen. Galilei mußte im Kerker schmachten, weil er seine Ansichten nicht widerrufen wollte, Kepler starb in Hungersnot. »So hoch war noch kein Sterblicher gestiegen wie Kepler stieg – und starb in Hungersnot. Er wußte nur die Geister zu vergnügen, drum ließen ihn die Körper ohne Brot«, sagt von ihm Abraham Kästner[24] in einem Epigramm.

Ebenso groß sind die Kämpfe, die der einzelne Mensch auf einem anderen Gebiet des Geistes, auf dem des Willens, zu bestehen hat. Es liegt ja schon in der Natur des Willens, denn Willen ist nach Kant definiert das Vermögen, sich Ziele zu setzen und für dieselben zu arbeiten. Arbeit ist ja aber immer ein Kampf, der um so verzweifelter wird, je höher sich der Mensch seine Ziele steckt und schwächer er zu ihrer Ausführung ist. Das Schicksal solcher Menschen, die etwas Hohes erstreben und aus Mangel an Kraft zu Grunde gehen, ist meist ein sehr tragisches, wie uns das Leben Schillers schlagend beweist. Der Dichter wollte ein Epos im großen Stile schaffen, aber die Kraft erlahmte ihm bei der Arbeit, und so sehr er auch kämpfte, das Werk gelang ihm nicht. Das Mißlingen seines Planes gab ihm den Todesstoß.

Auch die Phantasie bringt den Menschen oft in schwere Kämpfe. Der Phantast baut nämlich allerhand Luftschlösser, und um diese Trugbilder zu verwirklichen, muß er Kämpfe bestehen, denen er in den meisten Fällen unterliegen wird.

So ist Kampf die Losung im geistigen Leben des Einzelnen, in gleicher Weise aber auch im geistigen Leben ganzer Völker. Jede Nation hat einmal auf intellektuellem Gebiet große Fortschritte gemacht, und die übrigen Nationen suchen es ihr in kämpfendem Wettbewerb gleich zu tun und sie zu übertreffen. In deutlicher Weise zeigen dies die Überbietungen der einzelnen Völker in ihren Kriegsrüstungen. Aber nicht nur gute Rüstungen muß ein Volk im Kriege besitzen, es muß auch starken Willen im Kampfe zeigen. Und zahlreich sind auch die Gefahren, welche ein willensstarkes Volk, wie z. B. die alten Römer, zu bestehen hat, wenn es in tatkräftigem Wollen seine Macht nach außen hin ausdehnt.

Ist nun auf den oben angeführten Gebieten der Kampf der einzelnen Völker mit einander ein blutiger, erbitterter, so finden wir auf dem Gebiete der Phantasie ein mehr friedliches Bild. Hier sehen wir die einzelnen Nationen mit ihren Erzeugnissen der Poesie und plastischen Kunst im Wettstreit, doch ist der Streit ein unblutiger, ungefähr so, wie ihn die alten Griechen in Olympia ausfochten. Am schönsten hat uns diesen friedlichen Wettbewerb wohl Klopstock in einer seiner Oden dargestellt, in der er uns den Wettlauf der Muse Britanniens und der Deutschlands nach dem krönenden Ziele zeigt.

So sehen wir, daß überall, sowohl im Leben des Einzelnen, wie in dem ganzer Völker, ein ewiger Kampf tobt. Die Aufgabe eines jeden Menschen ist es nun, seinem Mitmenschen den Kampf ums Dasein zu erleichtern, indem er das Goethesche Wort befolgt: »Edel sei der Mensch, hilfreich und gut!«

Diese Erörterung mit ihrer etwas unvermittelten moralischen Quintessenz fand beim Lehrer Anklang. Er bescheinigte ihr kurz und knapp: »Ein reifer und guter Inhalt ist in fließender und korrekter Darstellung und fehlerfreier Anordnung gegeben. Zu loben ist ferner die erfreuliche Belesenheit des Schülers.« Das brachte dem Prüfling die Note »Gut« ein, wogegen seine zwölf Mitschüler sich allesamt mit einem »Genügend« zufrieden geben mussten. Voraussetzung für die gute Note war, dass die Arbeit keine Fehler im Bereich der Zeichensetzung, Rechtschreibung oder gar Grammatik aufwies. Nur einige stilistische Verbesserungen schlug der Korrektor am Rande vor. Der Abiturient bekam sie nicht zu sehen, denn Prüfungsarbeiten werden ihren Verfassern ja nicht zurückgegeben.

(3) Vom Ersten zum Zweiten Weltkrieg

Erster Weltkrieg – Aufsätze als patriotische Leitartikel

Bei Kriegsbeginn änderten sich die Aufsatzthemen an manchen Schulen wenig, an anderen grundlegend. Ein eklatantes Beispiel für den Umschwung bieten die Themen, die 1914 bis 1916 in den zahlreichen Notreifeprüfungen an der späteren Lutherschule in Hannover gestellt wurden. Dort hatten sie sich vom ersten Abitur im Jahre 1906 bis 1913 im selben Rahmen wie in Herford bewegt. Jetzt aber wurde der Krieg zum alles beherrschenden Thema.[25]

1914	Wir wollen sein ein einig Volk von Brüdern (Schiller, Wilhelm Tell).
	Der Sturm beginnt.
	Viel Feind, viel Ehr.
	Im Felde, da ist der Mann noch was wert (Schiller, Wallensteins Lager).
	Welche Güter verteidigen wir im Kampfe gegen unsere Feinde?
	Eindrücke und Erlebnisse aus den ersten Kriegswochen.
1915	Der Friede ist des Menschen Traum und Wahn, das Wesen und Gesetz der Welt ist Kampf. [Felix Dahn]
	Wie hat sich unter der Regierung Kaiser Wilhelms II.

die äußere Politik des Deutschen Reiches verwandelt,
und durch welche Veränderungen im Charakter des
deutschen Wirtschaftslebens ist dieser Wandel begründet?
Meine Kriegserlebnisse.
Die deutsche Landwirtschaft im Weltkriege.
1916   Aufgaben und Tätigkeit der Reiterei im Weltkriege.
Die Hauptaufgaben des Feldpionierdienstes.
Es wär' ein eitel und vergeblich Ringen, zu fallen ins
bewegte Rad der Zeit. [Schiller]

Solche Aufsatzthemen hatte wohl Karl Liebknecht vor Augen, als er im
März 1916 im preußischen Landtag zu einer scharfen Kritik ausholte:
»Den Kindern wird zur Pflicht gemacht, patriotische Leitartikel zu
schreiben, statt Aufsätze; es wird ihnen vorgeschrieben, mit welcherlei
Gesinnung und Empfindung sie das Aufsatzthema behandeln müssen;
gewisse Phrasen der Kriegsbegeisterung werden ihnen vorgeschrieben.«[26]

Welche Folgen ein Abweichen von diesen Vorgaben haben konnte,
erfuhr im selben Jahr der Primaner Bertolt Brecht, der in den ersten
Monaten des Krieges unter Pseudonym mehrere patriotische Arbeiten in
Zeitungen veröffentlicht hatte. Seine Klasse am Augsburger Realgymna-
sium musste wie manch andere in dieser Zeit einen Aufsatz über den
Horazvers »Dulce et decorum est pro patria mori« verfassen. Zum Ent-
setzen seiner Lehrer schrieb Brecht mit geradezu provokatorischer
Schärfe:

> »Der Ausspruch, daß es süß und ehrenvoll sei, für das Vaterland zu
> sterben, kann nur als Zweckpropaganda gewertet werden. Der Ab-
> schied vom Leben fällt immer schwer, im Bett wie auf dem Schlacht-
> feld, am meisten gewiß jungen Menschen in der Blüte ihrer Jahre.
> Nur Hohlköpfe können die Eitelkeit so weit treiben, von einem leich-
> ten Sprung durch das dunkle Tor zu reden, und auch dies nur, solan-
> ge sie sich weitab von der letzten Stunde glauben. Tritt der Knochen-
> mann aber an sie selbst heran, dann nehmen sie den Schild auf den
> Rücken und entwetzen, wie des Imperators feister Hofnarr bei Phil-
> ippi, der diesen Spruch ersann.«[27]

Der Lateinlehrer sah darin eine unerhörte Beleidigung des Horaz, während im Kollegium insgesamt der erschreckende Mangel an patriotischer
Gesinnung für Empörung sorgte. Nur die Fürsprache eines jungen Bene-
diktinerpaters im Kollegium bewahrte Brecht vor der drohenden Entfernung von der Schule.

Die hurrapatriotische Ausrichtung des Deutschunterrichts war jedoch nicht überall in gleicher Weise zu spüren. An der Oberrealschule in Remscheid etwa, die 1915 auf dem Weg der Notreifeprüfung erstmals Absolventen entließ, bevorzugten die Lehrer weiterhin traditionelle Themen.[28]

1915	Was du ererbt von deinen Vätern hast | Erwirb es, um es zu besitzen. Straßburg, ein Merkstein in der Entwicklung Goethes.
1916	Inwieweit gelten in Schillers »Wallenstein« Illos Worte »In deiner Brust sind deines Schicksals Sterne« für das Geschick der Friedländer? Heilig sei dir der Tag; doch schätze das Leben nicht höher als ein anderes Gut! Welche Bedeutung hat Luther für die Geschichte des deutschen Volkes gewonnen?
1918	Das Söldnerheer im Dreißigjährigen Kriege (nach Schillers »Wallenstein«). Karl der Große und Otto der Große. Ein Vergleich.

Die Bewertungsmaßstäbe nahmen allerdings auf die besonderen Umstände der Kriegszeit Rücksicht. Nur so konnte ein Aufsatz durchgehen, dessen knapp 18 Jahre alter Verfasser sich für die Prüfung Urlaub von der Front genommen hatte und nun das Goethe-Wort »Was du ererbt von deinen Vätern hast, Erwirb es, um es zu besitzen« zum Anlass nahm, mehr oder weniger passende nationale Phrasen und Zitate aneinander zu reihen. Die Begründung der Note »Genügend« ließ erkennen, dass dem Lehrer die Defizite der Arbeit nicht verborgen geblieben waren.

NOTREIFEPRÜFUNG JUNI 1915

Was du ererbt von deinen Vätern hast, Erwirb es, um es zu besitzen.
»Könnte ein Mensch das Erbe seiner Väter versinken lassen in den Staub? Nein, immer weiter wirken wird er, um sich des Ererbten würdig zu zeigen. Wer möchte sein Haus und seinen Hof nicht beschützen? Wer möchte sein durch mühsame Arbeit seiner Väter erworbenes Gut preisgeben? Durch eigene Arbeit muß es erst erworben werden, um es zu besitzen. »Wer nicht weiterbaut, zerstöret, was euch mühlos heut gehöret«, tönt es aus dem Liede der Freiheitskriege.
Als nach den Freiheitskriegen das Deutschtum wieder aufblühte, haben unsere Vorfahren weitergebaut am Erbe ihrer Väter, und 1871 konnte das mächtige Deutsche Reich entstehen. Die Kraft und die Arbeit unserer Väter haben es zu dem Staate gemacht, als der es jetzt dasteht und einer Welt von Feinden zu trotzen vermag. Nicht für die Gegenwart haben unsere Ahnen gestritten. Nein,

für die Zukunft. »Denn sie schufen und erbauten, Weil der Zukunft sie vertrauten. Ihre Zukunft, das sind wir, Laßt sie nicht zu Schande werden, Was der Väter Kraft auf Erden, Einst begann, Vollbringt es ihr.«

Singt der Dichter der Freiheitskriege. »Was du ererbt von deinen Vätern hast, erwirb es, um es zu besitzen.« Wie könnten wir das Deutschland unserer Väter zu Grunde gehen lassen, wie das so herrlich aufgeblühte Erbe der Willkür frecher und heuchlerischer Feinde preisgeben. Für die Schöpfung unserer Vorfahren treten wir ein und geben unser Bestes, unser Herzblut, um das Erbe zu erwerben, und um es nach endgültigem Siege Deutschlands zu besitzen. Wer möchte nicht eintreten für die deutsche Kultur? Wer möchte sie nicht fördern? Wer möchte dieses heilige Erbe unserer Väter nicht vor falschem Wesen schützen? Wer wird nicht eintreten für die hohen Ziele unserer Väter? Wer wird nicht den deutschen Handel unterstützen und fördern, wenn es in seiner Kraft steht? Jeder wird das Erbe seiner Väter verteidigen und es zu erwerben suchen und sich später an seinem Besitze freuen.

»Was du ererbt von deinen Vätern hast, Erwirb es, um es zu besitzen.«

Beurteilung: Einige Zeichensetzungsfehler brauchen nicht zu sehr beachtet zu werden. Der Ausdruck ist durchweg treffend. In Hinsicht auf den Inhalt hätten die Worte des Themas doch mehr theoretisch erläutert werden sollen. Auch die Beschränkung auf die Gegenwart und unser Vaterland ist gar zu eng. Es hätte das Wort auch auf das Leben des einzelnen angewandt werden können. Doch ist jene Beschränkung in unserer Zeit begreiflich und verzeihlich.

Genügend

Weimarer Republik und Drittes Reich – Zeiten des Umbruchs

Zu Beginn der Weimarer Republik machten die vielfältigen pädagogischen Reformansätze, die schon in der Vorkriegszeit entstanden waren, auch vor den höheren Schulen nicht mehr Halt. Allerdings waren wohl nur wenige Gymnasiallehrer mit dem bisherigen Aufsatzunterricht so unzufrieden wie der Deutschlehrer Martin Havenstein, der 1925 schrieb:

> »Was aber wäre eher geeignet, uns den Beruf eines Deutschlehrers nicht segnen, sondern verwünschen zu lassen als die Marter, immer wieder und wieder, zehnmal, zwanzigmal, dreißigmal das niederträchtige, beinahe in jedem Satz verfehlte, den hohen Gegenstand kläglich mißhandelnde Zeug lesen und verbessern zu müssen, das der Durchschnittsprimaner über ›Wallenstein‹ oder ›Tasso‹ zu Papier zu bringen imstande ist! Auch die reichlichste, kaum noch zulässige

Vorbereitung durch den Lehrer ändert an der fluchwürdigen Beschaffenheit solcher Arbeiten nach meiner Erfahrung nichts.«[29]

In der Aufbruchssituation der frühen zwanziger Jahre kamen neue Formen und Themen auf, die dem an Bedeutung verlierenden literarischen Aufsatz und der Behandlung historisch-politischer Themen zur Seite traten. Sie zeichneten sich durch größere Schülernähe aus, indem sie auf lokale bzw. regionale Gegebenheiten eingingen, persönliche Erlebnisse oder Erfahrungen thematisierten und eine eigene Stellungnahme einforderten. Allerdings blieb diesen Ansätzen wenig Zeit zum Reifen, da sich schon 1933 die politischen Rahmenbedingungen grundlegend änderten.

Den Wandel der Aufgabenstellungen in dieser Zeit sowie das Wahlverhalten der Schüler verdeutlichen die in Tabelle 9 zusammengestellten Abiturthemen der Oberrealschule in Remscheid von 1920 bis 1941. An ihrem Beispiel sollen einige nicht untypische Entwicklungstendenzen aufgezeigt werden, ohne dass sie wirklich repräsentativen Charakter beanspruchen könnten.

Tabelle 9: Themen der deutschen Abituraufsätze und Themenwahl an der Oberrealschule Remscheid 1920-1941[30]

Jahr		Wahl
1920	O Weimar, dir fiel ein besonders Los! Wie Bethlehem in Juda, klein und groß. [Goethe]	
1921	Was verdankte Goethe seinem Aufenthalte in Straßburg?	
1922	1. Was ich von der Erneuerung des Schlosses Burg a. d. Wupper in den letzten Jahrzehnten halte.	9
	2. Meisterwerke deutscher Technik in der Umgebung Remscheids.	5
1923	1. Ein großes Muster weckt Nacheiferung und gibt dem Urteil höhere Gesetze (Wallenstein, Prolog).	6
	2. Welche ästhetischen Empfindungen ruft in uns ein großgewerblicher Betrieb hervor?	7
1924	1. Wie wirken in Schillers »Wallenstein« Charakter und Schicksal zum Untergang des Helden zusammen?	2
	2. Begründung, Geschichte und Ergebnisse der deutschen Kolonialpolitik von 1884-1914.	3
	3. Weimar, Potsdam, Essen – recht verbunden: und das deutsche Volk wird doch gesunden.	10
1925	1. Die sittliche Läuterung der Heldin in Schillers »Maria Stuart«.	7
	2. Die deutschen Einheitsbestrebungen im 19. Jahrhundert.	5
1926	1. Die Schuldfrage in Schillers »Jungfrau von Orleans« und Shaws »Heiliger Johanna«.	6
	2. Technik und Schönheit.	5

Jahr		Wahl
1927	1. Das Virtuosentum in der Musik des 19. Jahrhunderts.	5
	2. Hauptmanns »Weber« als naturalistisches Drama.	7
	3. Die geographischen Grundlagen der deutschen Wirtschaft.	3
	4. Welche sichtbaren Veränderungen sind seit Kriegsende in der Remscheider Industrie vor sich gegangen?	–
1928	1. Entwickelt sich Remscheid zur Großstadt?	6
	2. Mozarts Opernstil, dargestellt an seiner »Zauberflöte«.	2
	3. »Mensch, sei du!« Gedanken in Anlehnung an Ibsens »Peer Gynt«.	4
	4. Entwicklung und Bedeutung des Rundfunks.	1
1929	1. Die soziale Frage in Gerhard Hauptmanns Schauspiel »Die Weber«.	10
	2. a) Wie ich den Wald erlebte. b) Wie ich das Hochgebirge erlebte.	3
	3. Mittel und Wege der Musik der Gegenwart.	5
	4. Bedeutung wirtschaftlicher Fragen für die große Politik der letzten vierzig Jahre.	–
1930	1. Käthe Kollwitz' Weberzug im Vergleich mit Hauptmanns »Webern«.	3
	2. »Kommst du zu mir, kommst du zu dir!« Welchen Sinn hat diese Überschrift einer norddeutschen Bücherei für Sie?	1
	3. Die außenpolitische Lage Preußens vor dem Siebenjährigen Kriege und Deutschlands vor dem Ausbruch des Weltkriegs.	13
	4. Mittel und Formen der musikalischen Spätromantik.	4
1931	1. An Gerhard Hauptmanns »Die Weber« und G[eorg] Kaisers »Mississippi« soll die Wesensverschiedenheit zweier Kunstrichtungen nachgewiesen werden.	6
	2. Von welchen Bildungsmöglichkeiten Ihrer Heimatstadt haben Sie – außerhalb der Schule – am meisten Gebrauch gemacht?	–
	3. Die Naturschilderung in der Musik von Beethoven bis auf Richard Strauß.	1
	4. Das Speicherkraftwerk Herdecke in Westf[alen].	4
1932	1. Ibsens Schauspiel »Ein Volksfeind« als Dichtung aus der Zeit des Naturalismus (Der Text darf benutzt werden).	8
	2. Licht- und Schattenseiten der modernen Technik.	–
	3. Wie leidet unsere Heimatstadt unter der Weltwirtschaftskrise?	3
	4. Spätromantik und Impressionismus in der Musik. Das Wesentliche ist an bestimmten Beispielen zu zeigen.	4
1933	1. Durch welche Stilmittel erreicht Gerhard Hauptmann in seiner novellistischen Studie »Bahnwärter Thiel« die Wirkung der Lebenstreue? (Der Text darf benutzt werden)	11
	2. Die verflachenden Wirkungen von Rundfunk, Kino und Zeitung und ihre Überwindung durch persönliche Lebensgestaltung.	6
	3. Das Verhältnis von Wort und Ton im Kunstlied seit Schubert soll an einigen bezeichnenden Beispielen dargestellt werden.	2

Jahr		Wahl
1934	1. Was sagt uns heute die Hauptgestalt des Dramas	
	– »Die Hermannsschlacht« von Kleist?	–
	– »Der 18. Oktober [1932]« von Walter Erich Schäfer?	3
	– »Schlageter« von Hanns Johst?	–
	2. Wie lernten wir während unseres Schulungsaufenthaltes in Darscheid Land und Leute der Eifel kennen?	4
	3. Die Ausschließlichkeitsforderung, die Grundlage des Nationalsozialismus.	3
	4. Das volkstümliche Lied in der Entwicklung der deutschen Oper, dargestellt an einzelnen Beispielen.	1
1935	1. Was hat Heinrich von Kleist in seinem Schauspiel »Prinz Friedrich von Homburg« der Gegenwart zu sagen? (Der Text darf benutzt werden)	1
	2. Die Bedeutung des Bauerntums im Dritten Reich.	5
	3. Inwiefern ist jeder einzelne durch sein Tun und Lassen Treuhänder der Volksgemeinschaft?	–
	4. Das Volkstum an der Saar ist deutsch.	6
1936	1. Die Läuterung des Goetheschen Faust zum Manne der Tat. (nach Faust 2. Teil, Akt IV und V)	1
	2. Warum kann oder muß eine Wiedererlangung des ehemaligen Schutzgebietes Deutsch-Ostafrika von uns angestrebt werden?	4
	3. Welche Aufgaben hat der zivile Luftschutz?	2
1937	Keine schriftlichen Abiturprüfungen	
1938	1. Preußengeist, wie ich ihn aus der Dichtung kenne.	6
	2. »Der wehrhafte Mann ist das Kernstück der Landesverteidigung« (General von Reinhardt).	3
	3. Volk und Staat (Eine Begriffserklärung).	1
	4. Menschen und Dinge, die mein Leben nachhaltig bestimmt haben.	2
1939	1. Die verschiedene weltanschauliche Einstellung von Marxismus, Liberalismus und Nationalsozialismus soll an zwei Lebensgebieten aufgezeigt werden.	5
	2. Der Opfergeist in der Novelle »Der Meister« von J[osef] Ponten.	3
	3. Charakteristik einer bedeutenden Persönlichkeit (nach freier Wahl, jedoch keine politische Persönlichkeit der Gegenwart).	3
	4. Worin liegt der bildende Wert des Films?	5
1940	1. Wie stehen Sie zu der Gestalt des Herzogs Ernst in Hebbels Trauerspiel »Agnes Bernauer«?	4
	2. Jeder überwache seine Gesundheit und Leistungsfähigkeit!	6
	3. Hindenburg als Vorbild eines deutschen Mannes.	1
	4. Das Goethe-Faust-Wort »Daß sich das größte Werk vollende, genügt ein Geist für tausend Hände« ist zu begründen und an einem Beispiel aus der deutschen Vergangenheit zu erläutern.	1

Jahr		Wahl
1941	1. »Wir befinden uns inmitten einer Auseinandersetzung, bei der es um mehr geht als um den Sieg des einen oder anderen Landes. Es ist ein Kampf zweier Welten.« Diese Worte Adolf Hitlers aus seiner Rede vor den deutschen Rüstungsarbeitern am 16. 11. 1940 sollen erläutert werden.	2
	2. Welchen Inhalt umschließt für mich die Begriffseinheit »meine Heimat«?	–
	3. »Philotas«. Das Drama Lessings ist inhaltlich wiederzugeben und der Held zu würdigen.	3
	4. Worin erblicken Sie den Wert unserer Weimarfahrt?	1

In formaler Hinsicht fällt zunächst auf, dass den Abiturienten in Remscheid schon vor der offiziellen Einführung im Jahre 1926 eine Themenauswahl ermöglicht wurde. Sie kam dadurch zustande, dass einer der drei Vorschläge gemäß alter Prüfungsordnung eine Auswahl unter zwei oder drei Themen bot und dann dieser Vorschlag von der Schulaufsicht ausgewählt wurde. Die Wahlentscheidungen der Schüler gehen aus der rechten Spalte hervor. Wenn ab 1927 gelegentlich nur drei Themen erscheinen, so deshalb, weil eines vom Dezernenten gestrichen wurde. Das widerfuhr beispielsweise dem 1936 vorgeschlagenen Thema »Was kann ich tun, um ein guter Kamerad zu sein?« Der Vorgesetzte kommentierte knapp: »Einer sein!«

Von den insgesamt 67 Themen, die zur Wahl standen, besaß immer noch knapp ein Drittel literarischen Charakter. Allerdings wandelte sich die Auswahl der Autoren deutlich. Bezogen sich anfangs der zwanziger Jahre noch sechs Themen auf Goethe (1920/21) und Schiller (1923-26), so verloren diese danach schlagartig ihre bisherige Bedeutung. Zum populärsten Autor stieg an der Remscheider Oberrealschule nun Gerhard Hauptmann auf, der von 1927 bis 1933 gleich fünf Mal in den Themenvorschlägen erscheint, davon vier Mal mit seinem naturalistischen Drama *Die Weber*. Mit Henrik Ibsen ist 1928 und 1932 ein weiterer Vertreter des Naturalismus vertreten. Nach 1933 tauchen dann mit Walter Erich Schäfer, Hanns Johst (beide 1934) und Josef Ponten (1939) Autoren auf, die dem Nationalsozialismus ideologisch nahe standen. Allerdings wurden diese Themen nur von wenigen Prüflingen bearbeitet. Die nachlassende Akzeptanz der literarischen Themen erklärte ein Lehrer in einem Kommentar von 1935 so: »Es hat sich in der Klasse die Meinung festgesetzt, daß die literarischen Themen schwerer zu bearbeiten sind als andere.«

Außergewöhnlich sind die Themen zur Musik, die von 1927 bis 1934 gestellt wurden. Sie gingen offenbar auf die spezielle Vorliebe eines Lehrers zurück und fanden regelmäßig Bearbeiter. Besonderer Beliebtheit aber erfreuten sich nach 1933 die zahlreicher werdenden historisch-politischen Themen, die von nicht weniger als zwei Dritteln der Abiturienten gewählt wurden. Das erscheint nachvollziehbar, wenn man sieht, welche unkritische Lobhudelei auf Hindenburg 1940 mit einem glatten »Gut« beurteilt wurde. Wir geben diesen Aufsatz leicht gekürzt wieder:

»HINDENBURG ALS VORBILD EINES DEUTSCHEN MANNES

Wir leben heute in einer Zeit, in der es um das Sein oder Nichtsein unseres Staates geht. In Stunden der Gefahr aber schart sich das Volk um seine großen Männer und lenkt den Blick auf die leuchtenden Vorbilder der Vergangenheit. Als vor nunmehr 6 Jahren unser verewigter Reichspräsident Generalfeldmarschall von Hindenburg für immer die Augen schloß, da wurde es wohl auch dem Letzten bewußt, welch großen Mann Deutschland an diesem Tage verlor. Doch, wenn sein Körper auch tot ist, sein Geist und sein Vorbild leben weiter!

Die meisten von uns Jungen kennen ihn nur als Reichspräsident. Er war der ruhende Pol in den Wirren der Nachkriegsjahre. Auf ihn schaute das Volk in gläubigem Vertrauen. Er selbst stand über den Parteien und kannte nur Deutsche.

Dieses Vertrauen, begründet auf seine Aufrichtigkeit und Treue, befähigte ihn zum Führer eines parlamentarisch regierten Staates. In seiner Antrittsbotschaft als Reichspräsident sagt er einmal folgendes aus: ›Der frühere Reichspräsident Ebert hat seine Herkunft aus der sozialdemokratischen Arbeiterschaft nie bestritten, so kann auch von mir niemand verlangen, daß ich meine Herkunft verleugne. Ich reiche aber jedem Deutschen, der zur Wiederaufbauarbeit gewillt ist, über alle Parteiunterschiede und Schranken hinweg die Hand.‹

In den nun folgenden Jahren seiner Präsidentschaft hat sich immer wieder, trotz seines hohen Alters, seine unermüdliche Arbeitskraft gezeigt. Morgens um 7 fand man ihn schon häufig in seinem Arbeitszimmer. Er handelte nach dem Grundsatz Friedrichs des Großen: ›Ich bin der 1. Diener meines Staates.‹

In jenen entscheidenden August- und Novembertagen des Jahres 1914 aber, in denen Ostpreußen unter dem Rollen der Russenwalze zermalmt zu werden drohte, wurde er, der sein ganzes Ich in die Waagschale geworfen hatte und den Russen ein zweites Cannae[31] geliefert hatte, zum Volksheld. Hier zeigte sich, daß in Hindenburg Feldherrenkunst mit Mut und Tapferkeit vereint waren. Denn es gehört schon Mut dazu, auf eigene Verantwortung einen überlegenen Feind mit schwachen eigenen Kräften anzugreifen.

Doch nicht nur als Feldherr, nein, schon als blutjunger Leutnant zeigt sich, aus welchem Holz Hindenburg geschnitzt ist. Im Feldzug 1866 nimmt er mit seiner Kompagnie eine ganze feindliche Batterie.

Seine Kaltblütigkeit und Ruhe verliert er auch nicht, als er im Kriege 1870/71 mitten im feindlichen Kartätschenfeuer Gefechtspläne anfertigt. Später dann, als Feldherr, hatte er noch oft Gelegenheit, seine Kaltblütigkeit zu beweisen.

Hindenburg hat nie gezaudert für das, was er getan hatte, mit voller Verantwortung einzustehen. Als man einmal Ludendorff zur Rechenschaft ziehen wollte, verteidigte ihn Hindenburg glänzend und sagte, daß alles, was von ihm geplant und durchgeführt worden sei, ihr gemeinsames Werk sei. Klage man aber Ludendorff an, so fühle auch er sich betroffen.

Als deutscher Offizier kannte er nur unbedingte Pflichterfüllung. Als ihn im August 1914 das Vaterland rief, da drahtete er nur drei Worte an den Kaiser: »Bin bereit! Hindenburg.« Auch in den Tagen des deutschen Zusammenbruches blieb er auf seinem Posten und führte das ungeschlagene Heer heim. ... Heute aber verehren wir in Hindenburg nicht nur den Helden von Tannenberg, sondern auch ein leuchtendes Vorbild für jeden deutschen Mann. In ihm sehen wir das alte und das junge Deutschland verkörpert. Er berief am 30. Januar 1933 den Führer an die Macht und führte somit Deutschland einer neuen und glanzvollen Zukunft entgegen. Alljährlich aber wandert die deutsche Jugend nach Tannenberg, um dort seiner Größe zu gedenken und zu geloben, seinem Vorbild nachzueifern. Über seinem Leben aber stand die Pflicht!«

In der Begründung der Note hieß es: »Der Aufsatz bringt einen wertvollen und verhältnismäßig reichen Inhalt. Die häufigen Beispiele sind aus dem Leben Hindenburgs glücklich ausgewählt und in die klar gegliederten Ausführungen an richtiger Stelle eingeordnet.«

Die Benotung der 280 erfassten deutschen Abituraufsätze erfolgte bis 1938 nach der überkommenen vierstufigen, seit 1939 nach der heute üblichen sechsstufigen Notenskala. Um Vergleiche zu ermöglichen, empfiehlt es sich, die eine große Bandbreite aufweisende Note »Genügend« als befriedigend bis ausreichend (3,5), das »Nicht genügend« als mangelhaft zu interpretieren. Auf dieser Basis ergibt sich unter beiden Notenskalen eine Durchschnittsnote von 3,1 mit Streuung um eine halbe Note nach oben und unten, wobei keine signifikanten Tendenzen zu erkennen sind. Das Prädikat »Sehr gut« wurde in 21 Jahren nur zehn Mal vergeben, ein »Nicht genügend« bzw. »Mangelhaft« 23 Mal. Dass die Arbeit über Hindenburg eine gute Note erhielt, spricht allerdings für sinkende Anforderungen in der Kriegszeit. Hier liegt eine Parallele zur Entwertung des Abiturs im Ersten Weltkrieg auf der Hand. Der Verfasser dieser Arbeit fand drei Jahre später den Soldatentod.

Kleists »Prinz von Homburg« im Abituraufsatz – ein Beispiel für Gesinnungsbildung

Als beliebter Gegenstand von Abituraufsätzen tritt seit dem Beginn des 20. Jahrhunderts Heinrich von Kleists Drama *Prinz Friedrich von Homburg* auf, das erst 1901 in den Lektürekanon der Oberstufe Eingang fand. Unter den preußischen Abiturthemen der Jahre 1901-1910 erscheint es bereits hundertmal.[32] Das liegt offenbar daran, dass dieses Drama, das zu den Lieblingsstücken Wilhelms II. gehörte[33], im wilhelminischen Obrigkeitsstaat für die vaterländische Erziehung besonders geeignet erschien. In ihm stehen sich der strenge, aber letztlich gerechte Große Kurfürst als Wahrer der Staatsräson und der junge, genial veranlagte Prinz gegenüber, der befehlswidrig mit der Reiterei in die Schlacht von Fehrbellin (1675) eingreift und damit den Sieg der Brandenburger herbeiführt. Trotz des Erfolges wird er wegen Gehorsamsverweigerung vor ein Kriegsgericht gestellt und zum Tode verurteilt, schließlich aber vom Kurfürsten begnadigt.

Eine typische Interpretation dieser Thematik liefert 1908 ein Bonner Abiturient in einem mit »Gut« bewerteten Aufsatz:

> »Dreierlei Mahnungen an das Vaterland enthält also das Drama, zwei allgemeine an jeden, und eine an die Leiter des Volkes. Das Vaterland geht voran, ihm mußt du dich unterordnen und seinen großen Zielen deine kleinen Interessen opfern, wenn es als Ganzes fortbestehen soll. Diese Unterordnung des einzelnen, diese Voranstellung der Pflicht vor die Neigung, besonders in schwierigen Lagen des Vaterlandes, ist eine edle Pflicht, die aus Überzeugung und freiem Willen erfüllt werden will. Und den Führern des Staates ruft der Dichter zu, wie mitunter zu einer solchen Auffassung erst besondere Erziehung und Hinweisung notwendig sei.«[34]

Im selben Jahr ist die Gestalt des Großen Kurfürsten Gegenstand eines Abituraufsatzes in Hannover. Auch hier sieht ein Abiturient im Erziehungsgedanken den zentralen Aspekt. Die Mittel der Erziehung sind Strenge und Strafe, das Ziel der Erziehung der unbedingte Gehorsam. Von der Strenge des Großen Kurfürsten heißt es:

> »Diese Strenge ist seinen Offizieren bekannt. Er verlangt von ihnen nichts weiter, als die unbedingte Pflichterfüllung. Es kommt ihm nicht darauf an, daß der einzelne Offizier besonders viel leistet. Wie ihm selbst Ordnung, Pünktlichkeit, Männlichkeit die Hauptbedingungen sind, so verlangt er dieses auch von seiner Umgebung. ... Wer seinen Befehlen gehorcht, kann nicht fehlen. Und dieses ist das Hauptwort, das jeder Offizier sich fest einprägen muß, der unbedingte Gehorsam«.[35]

In der Weimarer Republik erscheint Kleists Drama weiterhin im Abitur, nun jedoch mit veränderter Aufgabenstellung. »Das Verhältnis von Persönlichkeit und Gemeinschaft in Kleists Prinz von Homburg« lautet ein

Thema, das 1924 an einem Bonner Gymnasium zu bearbeiten ist. In einem der Aufsätze erscheint der Große Kurfürst als

>der Vertreter des preußischen Staatsprinzips, dessen Grundsatz die unbedingte Staatsraison bildete. Hier lag nun aber auch eine große Gefahr für diesen Staat, die so recht gerade im Prinzen von Homburg zum Ausdruck kommt. Wehe dem Staate, dessen Führer dieses Staatsprinzip nur schematisch in Anwendung bringt, ohne sich bewußt zu werden, daß er auch Mensch ist und Menschen regiert.«

Der Prinz dagegen wird als »Vertreter des wandelbaren Gesetzes schöpferischer Lebenskräfte« charakterisiert:

>Er ist der leidenschaftliche junge Himmelsstürmer, der echte Vertreter preußischen Offiziers- und Draufgängertums. Noch frei von drückenden Sorgen hat er seine individuellen Kräfte und Fähigkeiten, genährt von dem beseligenden Gefühl der ersten Liebe, kräftig Wurzeln und Triebe schlagen lassen, und so steht er einem autoritativen Gesellschafts- und Staatsgesetz vollständig fremd gegenüber, gegen das er sich vergangen hat.«[36]

In dieser Arbeit tritt uns eine kritische Sicht des Obrigkeitsstaates entgegen, dem gegenüber die Individualität an Bedeutung gewinnt.

Drei Jahre später schließt ein Abiturient in Frankfurt am Main seine Arbeit über »Individuelle Freiheit und Gesetz in Heinrich von Kleists Drama *Prinz Friedrich von Homburg*« mit einer literaturgeschichtlichen Einordnung: »In diesem Drama ist Kleist ein Vorläufer der Romantiker. Der starken Betonung der individuellen Freiheit durch die Aufklärung stellte er die sittlich hohe Auffassung des Staates gegenüber, die die Romantik auszeichnet. Höher als die Freiheit des Einzelmenschen ist ihm das Gesetz des Staates.«[37]

Nach 1933 waren wieder wie vor 1918 die Unterordnung des Einzelnen unter den Staat und unbedingter Gehorsam gefragt. So erklärte ein nationalsozialistischer »Reichsdramaturg« 1935 Kleists Werk zum »Erziehungsdrama eines Volkes, dessen innere Vielfalt naturgemäß zum Zwiespalt neigt und daher ... der Erziehung zum fruchtbaren Staatsgedanken bedurfte und bedarf«.[38] In diese Richtung ging auch ein Remscheider Aufsatz von 1935 zum Thema »Was hat Heinrich von Kleist in seinem Schauspiel *Prinz Friedrich von Homburg* der Gegenwart zu sagen?« Der Abiturient, der als einziger dieses Thema wählte, stellte den Bezug Kleists zur Gegenwart so her:

>Seiner Zeit will er beweisen, daß das Wohl des Staates und der Gemeinschaft über das eigene, persönliche Wollen und Wünschen zu

stellen ist. So verkündet Kleist schon vor mehr als hundert Jahren seiner Zeit die Idee, die der Nationalsozialismus unter dem Wort zusammenfaßt: ›Gemeinnutz gcht vor Eigennutz.‹ Deshalb ist auch für uns das Werk Kleists nicht etwa veraltet, sondern hat auch der Gegenwart noch viel zu sagen.«

Im Folgenden charakterisierte er den Prinzen und den Großen Kurfürsten in herkömmlicher deutschnationaler Manier, um abschließend ein Bekenntnis zum »Führer« auszusprechen: »Wir sehen in Adolf Hitler unser Vorbild, dem wir in blindem Gehorsam folgen wollen, da wir wissen, daß sein Weitblick und seine Liebe zu Volk und Vaterland schon den richtigen Weg finden werden.«

In der Beurteilung monierte der Lehrer, die Themenstellung hätte stärker beachtet werden sollen. Auch von der sprachlichen Qualität der Arbeit war er nicht recht überzeugt: »B. hat sich bemüht, den Ausdruck sorgfältig zu wählen, er entspricht im wesentlichen den Forderungen einer deutschen Hochsprache.« Obwohl auch noch ein paar Rechtschreibungs- und Zeichensetzungsfehler hinzukamen, nannte er den Aufsatz noch »Gut«. Ob das mit Rücksicht auf das klare politische Bekenntnis des Verfassers geschah, muss offen bleiben.

(4) BILANZ

Der Blick auf deutsche Abituraufsätze bis zur Mitte des 20. Jahrhunderts konnte angesichts des bisherigen Forschungsstandes nur vorläufige Eindrücke vermitteln. Am besten ließ sich noch der Wandel der Aufsatzthemen dokumentieren. Auf breiterer Quellenbasis, als sie hier ausgebreitet werden konnte, werden Unterschiede nach Schultypen, aber auch zwischen höheren Schulen desselben Typs deutlich.[39] Hier bietet sich an Schulen mit entsprechenden Archivbeständen ein lohnendes Betätigungsfeld für historische Projekte.

Schwieriger ist es, die Qualität von Abituraufsätzen und die angewandten Bewertungsmaßstäbe über einen längeren Zeitraum zu ermitteln. Eine augenfällige Entwicklung ist nur im Hinblick auf Form und Sprache festzustellen. Bis über die Mitte des 20. Jahrhunderts hinaus beeindruckten deutsche Abituraufsätze durch eine makellose äußere Form und Beherrschung von Grammatik, Rechtschreibung und Zeichensetzung. Fehler in diesem Bereich waren selten, und schon relativ wenige führten zur

Abwertung der Arbeit auf die Note »Genügend«. Nach heutigen Bestimmungen hat die gleiche Fehlerzahl pro Seite (!) allenfalls den Verlust eines Notenpunktes (Drittelnote) zur Folge. Ohne dieses Entgegenkommen der Richtlinien wären Arbeiten, die mit Orthographie- und Interpunktionsfehlern gespickt sind, schon aus formalen Gründen nicht genügend. Der dramatische Verlust muttersprachlicher Fähigkeiten ist im Übrigen kein spezifisch deutsches Problem, sondern wird in Frankreich ebenso beobachtet.[40]

In inhaltlicher Hinsicht hingegen vermögen deutsche Abituraufsätze früherer Zeiten oft weniger zu beeindrucken. Zeigen die einen gutes sprachliches Darstellungsvermögen, so sind andere mit wohlklingenden, aber hohlen Phrasen angefüllt und lassen wenig eigenständiges Denken erkennen. Die Konzentration auf äußere Form und sprachliche Richtigkeit ließ zudem Raum für sehr unterschiedliche Inhalte und Wertorientierungen. Insbesondere in der Zeit des Nationalsozialismus zeigte sich die Ideologieanfälligkeit des Deutschunterrichts in vielen Abiturthemen und -arbeiten. Heute scheinen phrasenhafte Ausdrücke eher im Bereich des textanalytischen Vokabulars gängig zu sein wie in einem Abituraufsatz von 1998 über Heinrich Manns *Professor Unrat*: »Syntaktisch gesehen, ist der Textauszug hypotaktisch und parataktisch aufgebaut.«[41] Was hätte wohl der Autor zu dieser Erkenntnis gesagt?

SCHLUSSBEMERKUNG

Zum Schluss unseres Rückblicks auf die Geschichte des Abiturs stellt sich noch die Frage, ob diese Prüfung im Laufe der Zeit eigentlich leichter oder schwerer geworden ist. Dass sie schwerer geworden sei, schien im letzten Jahrzehnt vielen Schülern und Eltern unstrittig zu sein, erhielten doch die »harten« Fächer wie Fremdsprachen und Mathematik wieder eine höhere Verbindlichkeit. Dazu kam die flächendeckende Einführung des Zentralabiturs und des achtjährigen Gymnasiums. Diese Sicht erweist sich jedoch bei einem Blick auf die Geschichte des Abiturs als verkürzt. Freilich ist auch keine durchgängig absteigende Tendenz zu erkennen, wie sie kulturpessimistisch gefärbte Einschätzungen oft nahe legen. Die Frage bedarf einer differenzierteren Betrachtung.

Schaut man auf die Anzahl der im Abitur geprüften Fächer, so ist eine deutliche Reduzierung festzustellen. Waren im 19. Jahrhundert anfangs sechs bis sieben schriftliche Prüfungen innerhalb einer Woche die Regel, so sank deren Zahl bis in die Zeit der Weimarer Republik – wenigstens in Preußen – auf vier. Dieses Maß war nach der Saarbrücker Rahmenvereinbarung von 1960 bundesweit verbindlich. Seit der Oberstufenreform von 1972 sind es nur noch drei schriftliche Prüfungen, zwischen denen in der Regel freie Tage liegen, die noch zur Vorbereitung auf die nächste Prüfung genutzt werden können. Die Abiturienten früherer Generationen mussten demnach in einem kurzen Zeitraum in weit mehr Fächern prüfungsrelevantes Wissen präsent haben als heutige. In den letzten Jahren hat jedoch eine Trendwende stattgefunden, denn mit der in einigen Ländern schon vollzogenen, in anderen bevorstehenden Rückkehr zum Fünf-Fächer-Abitur sind künftig wieder vier schriftliche Prüfungsarbeiten zu erbringen.

Auch das Verfahren bei der mündlichen Prüfung ist im Laufe der Zeit deutlich entschärft worden. Vor der Oberstufenreform musste sich ein Abiturient auf ein halbes Dutzend möglicher Fächer einrichten und erfuhr in der Regel erst am Prüfungstag, in welchem er tatsächlich geprüft wurde. Heute kann er sein mündliches Fach lange vorher wählen und sich gezielt darauf vorbereiten. Insofern hat also eine spürbare Erleichterung der Abiturprüfung stattgefunden.

Schwieriger ist es, die Entwicklung der Anforderungen in den einzelnen Fächern einzuschätzen, zumal fundierte Untersuchungen hierzu fehlen. Unser Blick auf das Lateinische hat gezeigt, dass in diesem Fach das Niveau der Sprachbeherrschung ganz erheblich gesunken ist. Das ist vor allem eine Folge des immensen Bedeutungsverlustes der alten Sprachen seit dem 19. Jahrhundert. Ihren Stellenwert haben heute die modernen Fremdsprachen eingenommen, namentlich das Englische als führende Weltsprache. Allerdings beklagen auch Lehrer dieser Sprachen seit längerem rückläufige Kenntnisse und Fähigkeiten im Bereich von Grammatik und Wortschatz, wie sie auch im Deutschen zu beobachten sind. Wegen der grundlegenden Gewichtsverschiebung lässt sich die langfristige Entwicklung der Anforderungen im Bereich der Sprachen nur schwer abschließend beurteilen.

Dem steht gegenüber, dass die fachliche Spezialisierung in den Naturwissenschaften in den letzten Jahrzehnten weit vorangeschritten ist. Ein Aufsatz zum Thema »Der Mensch und das Wasser«, wie er vor hundert Jahren in Chemie geschrieben wurde, würde heutigen Ansprüchen an eine Abiturarbeit sicher nicht genügen. Fundierte Aussagen zu diesem Komplex sind allerdings in Ermangelung entsprechender Untersuchungen nicht möglich.

Insgesamt spricht dennoch einiges dafür, dass die Anforderungen im Abitur nach der Oberstufenreform zumindest zeitweise gesunken sind. Wenn die heutigen Durchschnittsnoten erheblich besser sind als vor der Reform, als sie offiziell gar nicht ermittelt wurden, so bedeutet das keinesfalls eine gestiegene Qualität des Abiturs, sondern ist auf einen grundlegenden Wandel der Bewertungsmaßstäbe zurückzuführen. Nichts berechtigt zu der Annahme, dass bei einer Vervierfachung der Abiturientenquote seit den 1960er Jahren die durchschnittlichen Fähigkeiten deutscher Schülerinnen und Schüler einen derartigen Sprung nach vorn gemacht haben könnten. Die Geschichte des Abiturs kennt im Übrigen massivere Erleichterungen der Prüfungsanforderungen wie die im Ersten Weltkrieg und unter nationalsozialistischer Herrschaft. Die Frage der Zukunft wird sein, ob es gelingt, das Niveau des Abiturs im achtjährigen Gymnasium bei einer politisch gewollten Steigerung der Abiturientenquote zu halten oder gar anzuheben.

ANMERKUNGEN

Einleitung

[1] Vgl. Franz Josef Strauß, Die Erinnerungen, Berlin 1989, S. 32.
[2] Torsten Gass-Bolm, Das Gymnasium 1945-1980, Göttingen 2005, S. 13.
[3] Andrä Wolter, Von der Elitenbildung zur Bildungsexpansion: Zweihundert Jahre Abitur (1788-1988), Oldenburg 1989, S. 3.
[4] Vgl. In alter Gebundenheit zu neuer Freiheit. 425 Jahre Friedrichs-Gymnasium zu Herford, 1540-1965, Herford 1965; Friedrichs-Gymnasium Herford 1540-1990. Festschrift zum 450jährigen Bestehen, Herford 1990.
[5] Rainer Bölling, Das Tor zur Universität – Abitur im Wandel, in: Aus Politik und Zeitgeschichte 49/2008, S. 33-38.

I. Abitur – Das Tor zur Universität

[1] Heinz Monz, Karl Marx. Grundlagen der Entwicklung zu Leben und Werk, Trier 1973, S. 312-314.
[2] Das gesamte Abiturverfahren ist dokumentiert ebd., S. 302-319 u. 392-410; Karl Marx/ Friedrich Engels, Gesamtausgabe (MEGA), 1. Abt., Bd. 1, Berlin 1975, S. 449-473 u. 1185-1219.
[3] Heinz Monz, »Betrachtung eines Jünglings bei der Wahl eines Berufes« – Der Deutschaufsatz von Karl Marx und seinen Mitschülern in der Reifeprüfung, in: Der unbekannte junge Marx, Mainz 1973, S. 9-113, hier S. 28.
[4] Ludwig Wiese, Das höhere Schulwesen in Preußen. Historisch-statistische Darstellung, Berlin 1864, S. 512 f.
[5] Zit. nach: Hartmut Titze, Der Akademikerzyklus. Historische Untersuchungen über die Wiederkehr von Überfüllung und Mangel in akademischen Karrieren, Göttingen 1990, S. 206.
[6] Verhandlungen über Fragen des höheren Unterrichts. Berlin, 4. bis 17. Dezember 1890, Berlin 1891, S. 74.
[7] Detlef K. Müller, Sozialstruktur und Schulsystem. Aspekte zum Strukturwandel des Schulwesens im 19. Jahrhundert. Gekürzte Studienausgabe, Göttingen 1981, S. 192.
[8] Heinz Balschun, Zum schulpolitischen Kampf um die Monopolstellung des humanistischen Gymnasiums in Preußen im letzten Drittel des 19. Jahrhunderts, phil. Diss. Halle 1964, S. 224 ff.
[9] Verhandlungen 1890 (Anm. 6), S. 74; Zentralblatt für die gesamte Unterrichtsverwaltung in Preußen 1892, S. 506 (künftig zitiert: Zentralblatt).
[10] Gerd Hohorst/Jürgen Kocka/Gerhard A. Ritter, Sozialgeschichtliches Arbeitsbuch. Materialien zur Statistik des Kaiserreichs 1870-1914, München 1975, S. 107 u. 110.
[11] Vgl. Titze, Akademikerzyklus (Anm. 5), S. 246 ff.
[12] Dietrich Mülder, Die Einwirkung der Lehrpläne von 1892 auf die Frequenzbewegung der Gymnasien, in: Monatschrift für höhere Schulen 1, 1902, S. 81-91.
[13] Claudia Huerkamp, Bildungsbürgerinnen. Frauen im Studium und in akademischen Berufen 1900 – 1945, Göttingen 1996, S. 53-55.
[14] Norbert Wenning, Das Gesetz gegen die Überfüllung deutscher Schulen und Hochschulen vom 25. April 1933 – ein erfolgreicher Versuch der Bildungsbegrenzung?, in: Die Deutsche Schule 78, 1986, S. 141-160, hier S. 158 (Tab. 3).
[15] Huerkamp, Bildungsbürgerinnen (Anm. 13), S. 56 f.
[16] Vgl. Titze, Akademikerzyklus (Anm. 5), S. 263 ff.
[17] Huerkamp, Bildungsbürgerinnen (Anm. 13), S. 59.

18 Wenning, Das Gesetz (Anm. 14), Tab. 3 (bis 1939); Wissenschaftsrat, Abiturienten und Studenten. Entwicklung und Vorausschätzung der Zahlen 1950 bis 1980, Tübingen 1964, S. 53 (1950-1960); Bundesministerium für Bildung und Forschung, Grund- und Struktur-daten 2005, S. 89 u. 91 (bis 2000); Schüler, Klassen, Lehrer und Absolventen der Schulen 1998 bis 2007. Statistische Veröffentlichungen der Kultusministerkonferenz Nr. 186, 2009, S. XVIII (2005); Frankfurter Allgemeine Zeitung vom 02. 04. 2009, S. 6. – Da die Daten sich auf männliche und weibliche Abiturienten in ganz Deutschland beziehen, liegt deren Quote anfangs niedriger als die bisher nur auf die männlichen Abiturienten in Preußen bezogenen Angaben.

19 Reichsgesetzblatt 1933 I, S. 225.

20 Vgl. hierzu allgemein Wenning, Das Gesetz (Anm. 14). Die Zahlenangaben nach Claudia Huerkamp, Geschlechtsspezifischer Numerus Clausus – Verordnung und Realität, in: Elke Kleinau/Claudia Opitz (Hrsg.), Geschichte der Mädchen- und Frauenbildung, Bd. 2., Frankfurt a. M. 1996, S. 325-341, hier 333. Noch niedrigere Zahlen (7445 bzw. 774) nennt Bernd Zymek, War die nationalsozialistische Schulpolitik sozialrevolutionär? Praxis und Theorie der Auslese im Schulwesen während der nationalsozialistischen Herrschaft in Deutschland, in: Manfred Heinemann (Hrsg.), Erziehung und Schulung im Dritten Reich, Stuttgart 1980, Bd. l, S. 264-274, hier 266.

21 Huerkamp, Numerus Clausus (Anm. 20), S. 333 f.

22 Georg Picht, Die deutsche Bildungskatastrophe, Olten/Freiburg 1964, S. 16.

23 Ralf Dahrendorf, Bildung ist Bürgerrecht. Plädoyer für eine aktive Bildungspolitik, Ham-burg 1965.

24 Hans-Werner Fuchs, Gymnasialbildung im Widerstreit. Die Entwicklung des Gymnasiums seit 1945 und die Rolle der Kultusministerkonferenz, Frankfurt a. M. 2004, S. 311; Peter Lund-green, Sozialgeschichte der deutschen Schule im Überblick, Bd. 2, Göttingen 1981, S. 116.

25 Grund- und Strukturdaten 2005 (Anm. 18), S. 85.

26 Text des Urteil unter: http://www.servat.unibe.ch/law/dfr/bv033303.html (30.06.2009).

27 Vgl. Christoph Führ, Deutsches Bildungswesen seit 1945. Grundzüge und Probleme, Neuwied 1997, S. 194; Max Schmid, Geschichte des Bayerischen Philologenverbandes, Bd. 2: 1914-2000, München 2000, S. 257.

28 Grund- und Strukturdaten 1995/96, S. 140; Führ, Bildungswesen (Anm. 27), S. 193.

29 Grund- und Strukturdaten 2005 (Anm. 18), S. 85.

30 Statistisches Bundesamt, Pressemitteilung Nr.127 vom 27. 03. 2009 – http://www.destatis. de/jetspeed/portal/cms/Sites/destatis/Internet/DE/Presse/pm/2009/03/PD09__127 __211,templateId=renderPrint.psml (11. 08. 2009)

31 Vgl. Schmid, Philologenverband (Anm. 27), S. 258.

32 Beschluss des Bayerischen Landtags vom 18. 07. 2006, Drucksache 15/6168.

II. Das Abitur von den Anfängen bis zum Beginn des 20. Jahrhunderts

1 Text bei Paul Schwartz, Die Gelehrtenschulen Preußens unter dem Oberschulkollegium (1787-1806) und das Abiturientenexamen, Bd. 1, Berlin 1910, S. 122-128; Faksimile bei Norbert Kamp, Das Abiturreglement von 1788. Zur Diskrepanz von Schulverwaltungsan-spruch und Wirklichkeit, phil. Diss. Essen 1988, S. 266-269.

2 Karl-Ernst Jeismann, Das preußische Gymnasium in Staat und Gesellschaft, Bd. 1: Die Entstehung des Gymnasiums als Schule des Staates und der Gebildeten 1787-1817, Stutt-gart 1996, S. 109.

3 Zum Verlauf der Verhandlungen Andrä Wolter, Das Abitur. Eine bildungssoziologische Untersuchung zur Entstehung und Funktion der Reifeprüfung, Oldenburg 1987, S. 149 ff.

4 Jeismann, Gymnasium, Bd. 1 (Anm. 2), S. 120.

5 Vgl. Schwartz, Gelehrtenschulen (Anm. 1), Bd. 1, S. 137-143.

6 Text ebd., S. 128-133; Faksimile bei Kamp, Abiturreglement (Anm. 1), S. 270-273.

7 Berechnungen von Wolter, Abitur (Anm. 3), S. 179 nach den Angaben bei Schwartz, Gelehrtenschulen (Anm. 1), Bd. 3, S. 562 ff.

[8] Jeismann, Gymnasium, Bd. 1 (Anm. 2), S. 212.

[9] Zu Humboldt als Bildungspolitiker siehe u. a. Clemens Menze, Die Bildungsreform Wilhelm von Humboldts, Hannover 1975; Ulrich Hübner, Wilhelm von Humboldt und die Bildungspolitik, München 1983; Dietrich Benner, Wilhelm von Humboldts Bildungstheorie. Eine problemgeschichtliche Studie zum Begründungszusammenhang neuzeitlicher Bildungsreform, 3. Aufl. Weinheim 2003.

[10] Jeismann, Gymnasium, Bd. 1 (Anm. 2), S. 333; Text bei Johann Ferdinand Neigebaur (Hrsg.), Sammlung der auf den Oeffentlichen Unterricht in den Königl. Preußischen Staaten sich beziehenden Gesetze und Verordnungen, Hamm 1826, S. 111-114.

[11] Jeismann, Gymnasium, Bd. 1 (Anm. 2), S. 341.

[12] Vgl. ebd., S. 218-226. Text des Entwurfs von 1805 bei Schwartz, Gelehrtenschulen (Anm. 1), Bd. 1, S. 156-176.

[13] Text bei Neigebaur 1826 (Anm. 10), S. 289-302.

[14] Ebd., S. 305.

[15] Ludwig Wiese, Das höhere Schulwesen in Preußen, Berlin 1864, S. 497.

[16] Lothar Gall, Bismarck. Der weiße Revolutionär, Frankfurt a.M./Berlin 1983 (Taschenbuchausgabe), S. 193.

[17] Jeismann, Gymnasium, Bd. 1 (Anm. 2), S. 381 f.

[18] Ebd., S. 378.

[19] Ebd., Bd. 1, S. 393; Bd. 2: Höhere Bildung zwischen Reform und Reaktion 1817-1859, Stuttgart 1996, S. 708 f.

[20] Otto von Bismarck, Die gesammelten Werke, Bd. 15, Berlin 1932, S. 5.

[21] Jeismann, Gymnasium, Bd. 2 (Anm. 19), S. 212 f.

[22] Ludwig von Rönne, Das Unterrichts-Wesen des Preußischen Staates, Bd. 2: Die höheren Schulen und die Universitäten des Preußischen Staates, Berlin 1855, S. 28; Kamp, Abiturreglement (Anm. 1), S. 252 f.

[23] Text bei J. F. Neigebaur, Die preußischen Gymnasien und höheren Bürgerschulen. Eine Zusammenstellung der Verordnungen, welche den Unterricht in diesen Anstalten umfassen, Berlin 1835, S. 211-228; Rönne, Unterrichts-Wesen (Anm. 22), S. 259-292 (mit Nachträgen).

[24] Jeismann, Bd. 2 (Anm. 19), S. 215.

[25] Vgl. ebd., S. 232 ff.; Friedrich Paulsen, Geschichte des gelehrten Unterrichts auf den deutschen Schulen und Universitäten vom Ausgang des Mittelalters bis zur Gegenwart mit besonderer Rücksicht auf den klassischen Unterricht, 3., erw. Aufl., Bd. 2, Leipzig/Berlin 1921, S. 337-341; danach Lucas Lohbeck, Das höhere Schulwesen in Preußen im 19. Jahrhundert, Marburg 2005, S. 30-35.

[26] Kaiser Wilhelm II., Aus meinem Leben 1859-1888, 2. Aufl., Berlin/Leipzig 1927, S. 128.

[27] Manfred Fuhrmann, Latein und Europa. Geschichte des gelehrten Unterrichts in Deutschland von Karl dem Großen bis Wilhelm II., Köln 2001, S. 157 f.

[28] Text bei Rönne, Unterrichts-Wesen (Anm. 22), Bd. 2, S. 144-156.

[29] So Manfred Landfester, Humanismus und Gesellschaft im 19. Jahrhundert. Untersuchungen zur politischen und gesellschaftlichen Bedeutung der humanistischen Bildung in Deutschland, Darmstadt 1988, S. 71. Vgl. auch Wolter, Abitur (Anm. 3), S. 210 ff.

[30] Wiese, Schulwesen (Anm. 15), S. 23.

[31] Detlef K. Müller, Sozialstruktur und Schulsystem, Göttingen 1981, S. 55 ff.

[32] Peter Lundgreen, Sozialgeschichte der deutschen Schule im Überblick, Bd. 1, Göttingen 1980, S. 68. Ferner Lothar Mertens, Bildungsprivileg und Militärdienst im Kaiserreich. Die gesellschaftliche Bedeutung des Einjährig-Freiwilligen Militärdienstes für das deutsche Bildungsbürgertum, in: Bildung und Erziehung 43, 1990, S. 217-228.

[33] Jeismann, Gymnasium, Bd. 2 (Anm. 19), S. 215.

[34] Wiese, Schulwesen (Anm. 15), S. 496.

[35] Zentralblatt 1892, S. 286.

[36] Vgl. Paul Weymar, Konrad Adenauer, München 1955, S. 26-29; Henning Köhler, Konrad Adenauer, Berlin 1994, S. 33 f.; Gerhard Prause, Genies in der Schule. Legende und Wahrheit über den Erfolg im Leben, Düsseldorf 1987, S. 95 f.; Birgit Lahann, Abitur. Von

Duckmäusern und Rebellen – 150 Jahre Zeitgeschichte in Aufsätzen prominenter Deutscher, Hamburg 1982, S. 76-79.

[37] Vgl. Wiese, Schulwesen (Anm. 15), S. 492-504.

[38] Ebd., S. 497; Zentralblatt 1882, S. 373.

[39] Zit. nach: Herbert Christ/Hans-Joachim Rang (Hrsg.), Fremdsprachenunterricht unter staatlicher Verwaltung 1700 bis 1945. Bd. VI: Prüfungsbestimmungen für den Fremdsprachenunterricht, Tübingen 1985, S. 51.

[40] Zentralblatt 1882, S. 366-414; 1892, S. 281-339; 1901, S. 933-950. Vgl. auch zusammenfassend Max Nath, Lehrpläne und Prüfungs-Ordnungen im höheren Schulwesen Preußens seit der Einführung des Abiturienten-Examens, Berlin 1900.

[41] Paulsen, Geschichte (Anm. 25), S. 475.

[42] Ebd., S. 514.

[43] Verhandlungen über Fragen des höheren Unterrichts. Berlin, 4. bis 17. Dezember 1890, Berlin 1891, S. 72 f.

[44] Ebd., S. 502; Zentralblatt 1891, S. 242 (Erlass vom 27. 12. 1890) u. S. 296.

[45] Ulrich von Wilamowitz-Moellendorff, Philologie und Schulreform (1892), in: Reden und Vorträge, 3. Aufl., Berlin 1913, S. 99 f.

[46] Text bei Neigebaur 1835 (Anm. 23), S. 345 ff.

[47] Jeismann, Gymnasium, Bd. 2 (Anm. 19), S. 490.

[48] Ebd., S. 492 f.

[49] Zit. nach Paul Mellmann, Geschichte des Deutschen Philologen-Verbandes bis zum Weltkrieg, Leipzig 1929, S. 4.

[50] Margret Kraul, Das deutsche Gymnasium 1780-1980, Frankfurt a.M. 1984, S. 80 f.

[51] Unterrichts- und Prüfungsordnung der Realschulen und höheren Bürgerschulen vom 6. 10. 1859, in: Zentralblatt 1859, S. 584-610.

[52] Zentralblatt 1871, S. 13 f.

[53] Paulsen, Geschichte (Anm. 25), S. 585 ff. Vgl. zum Folgenden auch Kraul, Gymnasium (Anm. 50), S. 86 ff.

[54] Wie Anm. 40 sowie Zentralblatt 1926, S. 283-294.

[55] Verhandlungen 1890 (Anm. 43), S. 74.

[56] Datenhandbuch zur deutschen Bildungsgeschichte, Bd. II: Höhere und mittlere Schulen, Teil 1: Detlef K. Müller/Bernd Zymek, Sozialgeschichte und Statistik des Schulsystems in den Staaten des Deutschen Reiches, 1800-1945, Göttingen 1987, S. 200 f., 226 f., 252 f.; eigene Berechnungen.

[57] Zit. nach: Christoph Führ, Die preußischen Schulkonferenzen 1890 und 1900. Ihre bildungspolitische Rolle und bildungsgeschichtliche Bewertung, in: Peter Baumgart (Hrsg.), Bildungspolitik in Preußen zur Zeit des Kaiserreichs, Stuttgart 1980, S. 189-223, hier 205. Zum Gesamtkomplex ferner James C. Albisetti, Secondary School Reform in Imperial Germany, Princeton 1983.

[58] Verhandlungen über Fragen des höheren Unterrichts. Berlin, 6. bis 8. Juni 1900, Halle a. S. 1901; Wilhelm Lexis (Hrsg.), Die Reform des höheren Schulwesens in Preußen, Halle a. S. 1902, S. VII ff.

[59] Schwartz, Gelehrtenschulen (Anm. 1), Bd. 1, S. 65 f.

[60] Reinhard Rürup, Deutschland im 19. Jahrhundert 1815-1871, Göttingen 1984, S. 128.

[61] Text in: Ernst Rudolf Huber (Hrsg.), Dokumente zur deutschen Verfassungsgeschichte, Bd. 1, Stuttgart 1961, S. 137-149.

[62] Wolter, Abitur (Anm. 3), S. 280.

[63] Zur kulturpolitischen Zusammenarbeit der Länder 1868-1918 (KMK-Dokumentation Nr. 16), Bonn 1965, S. 18 ff.

[64] Zentralblatt 1874, S. 476-480.

[65] Zentralblatt 1889, S. 223-226; 1909, S. 768-773.

[66] Max Liedtke (Hrsg.), Handbuch der Geschichte des bayerischen Bildungswesens, Bd. 2, Bad Heilbrunn 1993, S. 91 f.

[67] Ebd., S, 274 f.; Christ, Fremdsprachenunterricht, Bd. 6 (Anm. 39), S. 45 f.

[68] Ebd., S. 73 f.; M. Hoferer, Königreich Bayern, in: August Baumeister, Die Einrichtung und Verwaltung des höheren Schulwesens in den Kulturländern von Europa und in Nordame-

rika, München 1897, S. 78-116, hier 112 f.; Helga Romberg, Staat und höhere Schule. Ein Beitrag zur deutschen Bildungsverfassung vom Anfang des 19. Jahrhunderts bis zum Ersten Weltkrieg, Weinheim 1979, S. 242.

69 Königliche Verordnung vom 30. Mai 1914: Die Schulordnung für die Höheren Lehranstalten im Königreich Bayern, Ansbach 1914.

70 Gernot Breitschuh in: Liedtke, Handbuch, Bd. 2 (Anm. 66), S. 625 f.

71 Zum sächsischen Gymnasialabitur vgl. Otto Kaemmel, Königreich Sachsen, in: Baumeister (Anm. 68), S. 117-136, hier 134 f.; Zur Neuordnung des höheren Schulwesens in Sachsen. Denkschrift des Ministeriums für Volksbildung, Dresden 1926, S. 156. Die Prüfungsordnungen von 1870, 1893 und 1913 im Auszug bei Christ, Fremdsprachenunterricht, Bd. 6 (Anm. 39), S. 68 f., 105 u. 134 f.

72 Ebd., S. 52 f. u. 116 f.; Kaemmel, Sachsen (vorige Anm.), S. 135.

73 Romberg (Anm. 68), S. 247.

74 August Joos, Die Mittelschulen im Großherzogtum Baden. 2. Aufl., Karlsruhe 1898, S. 124 u. 121.

75 Ebd., S. 122; Gustav Wendt, Großherzogtum Baden, in: Baumeister (Anm. 68), S. 161-188, hier 182 f.

76 Ordnung der Prüfungen an den Höheren Lehranstalten vom 21. 4. 1913, in: Schulverordnungsblatt für das Großherzogtum Baden 1913, S. 131-154; Diether Steppuhn/Günter Dietz (Hrsg.), Zwischen den Zeiten. Goldenes Abitur 1999 am Bismarck-Gymnasium Karlsruhe, Würzburg 2001, S. 34 ff.

III. Der Weg der Mädchen zum Abitur

1 James C. Albisetti, Schooling German Girls and Women. Secondary and Higher Education in the Nineteenth Century, Princeton N. J. 1988, S. 36 f.

2 Ebd., S. 54.

3 Zit. nach Ilse Brehmer, Lehrerinnen. Zur Geschichte eines Frauenberufes, München 1980, S. 83.

4 Karin Ehrich, Stationen der Mädchenschulreform, in: Elke Kleinau/Claudia Opitz (Hrsg.): Geschichte der Mädchen- und Frauenbildung, Bd. 2, Frankfurt a. M. 1996, S. 129-148, hier S. 130.

5 Zentralblatt 1894, S. 448.

6 Zit. nach Rainer Bölling, Sozialgeschichte der deutschen Lehrer, Göttingen 1983, S. 97.

7 Zentralblatt 1888, S. 768-773.

8 Albisetti, Schooling (Anm. 1), S. 206-209.

9 Eine Übersicht über die Kurse bei Heidrun Schwind, Bildung für Mädchen und Frauen im Bayern der Kaiserzeit. Die institutionellen Bildungsmöglichkeiten 1871 – 1918, Osnabrück 2004, S. 293-297.

10 Ebd. sowie Sozialgeschichtliches Arbeitsbuch (Anm. 10 zu Kap. I). S. 107.

11 Elke Görgen-Schmickler, Warum nicht auch Mädchen? Die Geschichte des Vereins Mädchengymnasium zu Köln (1887-1902), Siegburg 1994.

12 Zit. nach Hans-Jürgen Apel, Sonderwege der Mädchen zum Abitur im Deutschen Kaiserreich, in: Zeitschrift für Pädagogik 34, 1988, S. 171-189, hier 173.

13 Ebd., S. 179.

14 Zentralblatt 1899, S. 400-404.

15 Vgl. Apel, Sonderwege (Anm. 12), S. 182-184.

16 Zentralblatt 1908, S. 691-717. Die Lehrpläne ebd., S. 886-1002.

17 Zentralblatt 1910, S. 842-855.

18 Bernd Zymek, Der Strukturwandel des Mädchenschulwesens in Preußen, 1908-1941, in: Zeitschrift für Pädagogik 34, 1988, S. 191-203, hier 193.

19 Zentralblatt 1912, S. 213-215.

20 Huerkamp, Bildungsbürgerinnen (Anm. 13 zu Kap. 1), S. 52.

21 Schwind, Bildung (Anm. 9), S. 212.

[22] Hierzu Gertrud Bayer, Gymnasiale Mädchenbildung in Bayern in der Zeit von 1900 bis 1917, in: Anregung 44, 1998, S. 327-336.

[23] Schwind, Bildung (Anm. 9), S. 103.

[24] Martina Käthner, Der weite Weg zum Mädchenabitur. Strukturwandel der höheren Mädchenschulen in Bremen (1854-1916), Frankfurt a.M./New York 1994.

[25] Claudia Huerkamp, Bildungsbürgerinnen, Göttingen 1996, S. 67 f.

[26] K. A. Schmid (Hrsg.), Encyklopädie des gesammten Erziehungs- und Unterrichtswesens, Bd. 2, Gotha 1860, S. 836 (Artikel: Geschlechtertrennung).

[27] Gertrud Lütgemeier, Deutsche Besinnungen 1911-1971. Hundert Reifeprüfungsaufsätze als Spiegel ihrer Zeit, Frankfurt a. M. 2008, S. 73.

[28] Anna Siemsen, Die gemeinsame Erziehung der Geschlechter, in: Die deutsche Schulreform. Ein Handbuch für die Reichsschulkonferenz, Leipzig 1920, S. 195-201, hier 195.

[29] Zentralblatt 1922, S. 337 f.

[30] Zentralblatt 1933, S. 303; Frank Tosch, Gymnasium und Systemdynamik. Regionaler Strukturwandel im höheren Schulwesen der preußischen Provinz Brandenburg 1890-1938, Bad Heilbrunn 2006, S. 313 ff.

[31] Ebd., S. 325.

[32] Mechthild König, Vor 60 Jahren: »Das Mädchen in unserer Klasse!« Nachdenkliche Erinnerungen einer ehemaligen Friederizianerin, in: Friedrichs-Gymnasium Herford 1540-1990, Herford 1990, S. 348-353, hier 350 u. 352.

[33] Datenhandbuch, Bd. 2 (Anm. 56 zu Kap. II), S. 140.

[34] Torsten Gass-Bolm, Das Gymnasium 1945-1980. Bildungsreform und gesellschaftlicher Wandel in Westdeutschland, Göttingen 2005, S. 150.

[35] Vgl. Gisela Bölling, 175 Jahre höhere Schule in Remscheid – ein historischer Rückblick, in: Leibniz-Gymnasium Remscheid, Jahresschrift 2002, S. 21-26, hier 26.

[36] Friedrichs-Gymnasium Herford 1540-1990 (Anm. 32), S. 42 f.

[37] Rita Wirrer, Koedukation im Rückblick. Die Entwicklung der rheinland-pfälzischen Gymnasien vor dem Hintergrund pädagogischer und bildungspolitischer Kontroversen, Essen 1997, S. 206 ff., nach: Gass-Bolm, Gymnasium (Anm. 34), S. 255.

IV. Vom Ersten zum Zweiten Weltkrieg

[1] Gertrud Lütgemeier, Deutsche Besinnungen 1911-1971. Hundert Reifeprüfungsaufsätze als Spiegel ihrer Zeit, Frankfurt a. M. 2008, S. 32-34.

[2] Zentralblatt 1914, S. 496 f.

[3] Carl Zuckmayer, Als wär's ein Stück von mir, Frankfurt a.M. 1966, S. 204.

[4] Die Akten befinden sich heute im Schularchiv des Leibniz-Gymnasiums Remscheid.

[5] Zentralblatt 1916, S. 452 ff.

[6] Zentralblatt 1919, S. 350.

[7] Zentralblatt 1919, S. 438 f.

[8] Die Gurkhas, ein nepalesischer Volksstamm, dienten in der britischen Armee und waren als Nahkämpfer mit ihren Krummdolchen gefürchtet.

[9] Die Reichsschulkonferenz 1920. Ihre Vorgeschichte und Vorbereitung und ihre Verhandlungen. Amtlicher Bericht, Leipzig 1921, S. 927 f.

[10] Ebd., S. 337.

[11] Ebd., S. 350 f.

[12] Ebd., S. 829

[13] Z. B. Kurt Kesseler, Der Sinn der Reifeprüfung, in: Deutsches Philologenblatt 30, 1922, S. 481-485.

[14] Adolf Grimme (Hrsg.), Vom Sinn und Widersinn der Reifeprüfung, Leipzig 1923, S. 79.

[15] Ebd., S. 91 f. u. 106.

[16] Ebd., S. 111.

[17] Vgl. Ingrid Neuner, Der Bund entschiedener Schulreformer 1919-1933. Programmatik und Realisation, Bad Heilbrunn 1980, S. 54-87.

18 Allgemeine Richtlinien für die freiere Gestaltung des Unterrichts auf den höheren Schulen vom 24. 01. 1922, in: Zentralblatt 1922, S. 39.

19 Vgl. Hans Richert, Die deutsche Bildungseinheit und die höhere Schule. Ein Buch von deutscher Nationalerziehung, Tübingen 1920; Dieter Margies, Das höhere Schulwesen zwischen Reform und Restauration. Die Biographie Hans Richerts als Beitrag zur Bildungspolitik in der Weimarer Republik, Rheinstetten 1972.

20 Die Neuordnung des preußischen höheren Schulwesens. Denkschrift des Preußischen Ministeriums für Wissenschaft, Kunst und Volksbildung, Berlin 1924, S. 21.

21 So Hellmut Becker, Reform von Schule und Lehrerbildung im Preußen der Weimarer Zeit, in: Ders./ Gerhard Kluchert, Die Bildung der Nation. Schule, Gesellschaft und Politik vom Kaiserreich zur Weimarer Republik, Stuttgart 1993, S. 365-404, hier 375.

22 Vgl. Rainer Bölling, Sparpolitik im Bildungswesen in historischer Perspektive, in: Recht der Jugend und des Bildungswesens 41, 1993, S. 57-68, hier S. 61.

23 Neuordnung (Anm. 20), S. 22.

24 Zentralblatt 1925, S. 334 f. (Übergangsbestimmungen vom 12. 11. 1925).; 1926, S. 283-294. Danach alle folgenden Zitate aus der Prüfungsordnung.

25 Otto Koch, Erfahrungen mit der neuen Reifeprüfungsordnung, in: Monatsschrift für höhere Schulen 29, 1930, S. 738-749, hier S. 746.

26 Vgl. Ulrich Stille, Citius – fortius – altius am Friedrichs-Gymnasium, in: Friedrichs-Gymnasium Herford 1540-1990, Herford 1990, S. 205-217, hier S. 212.

27 Zentralblatt 1920, S. 202 f. (24. 01. 1920); 1921, S. 399 f. (4. 10. 1921).

28 Die Reichsschulkonferenz 1920 (Anm. 9), S. 306.

29 Koch, Erfahrungen (Anm. 25), S. 741 f.

30 Alfred Huhnhäuser, Die Reform des Prüfungs- und Berechtigungswesens, in: Adolf Grimme (Hrsg.), Wesen und Wege der Schulreform, Berlin 1930, S. 261-270, hier 264.

31 R. Kappe 1930, zit. nach: Monatsschrift für höhere Schulen 29, 1930, S. 812.

32 Eduard Spranger, Gedanken zur Umgestaltung der Reifeprüfung, in: ebd., S. 713-725.

33 Text bei Christoph Führ, Zur Schulpolitik der Weimarer Republik, Weinheim 1970, S. 289-292.

34 Eugen Löffler, Die Neuordnung des höheren Schulwesens in den außerpreußischen deutschen Ländern, in: Grimme, Schulreform (Anm. 30), S. 41-52, hier 51.

35 Schulordnung für die höheren Lehranstalten für die männliche Jugend vom 22. 3. 1928, in: Amtsblatt des Bayerischen Staatsministeriums für Unterricht und Kultus 64, 1928, S. 185-211.

36 Zur Neuordnung des höheren Schulwesens in Sachsen. Denkschrift des Ministeriums für Volksbildung, Dresden 1926, S. 155 u. 158.

37 W. Dibelius, Die Überfüllung der Universität, in: Deutsches Philologenblatt 38, 1930, S. 265-272.

38 W. Dederich, Hart im Raume stoßen sich die Sachen, in: Deutsches Philologenblatt 38, 1930, S. 402-404.

39 Georg Ried, Schrumpfung oder Verfall der höheren Schule? Leipzig 1933, S. 49, zit. nach Hartmut Titze, Der Akademikerzyklus, Göttingen 1990, S. 274.

40 Ried, S. 125, zit. nach Titze, S. 275.

41 Preußische Lehrerzeitung Nr. 129 vom 28. 10. 1933.

42 Deutsche Wissenschaft, Erziehung und Volksbildung. Amtsblatt des Reichsministeriums für Wissenschaft, Erziehung und Volksbildung und der Unterrichtsverwaltungen der Länder (künftig zit. als DWEuV) 1937, S. 155 f. (Erlass vom 20. 03. 1937); Erziehung und Unterricht in der Höheren Schule, Berlin 1938. Vgl. dazu den Entwurf vom August 1933 (Notwendige Reformen im höh. Schulwesen) bei Reinhard Dithmar (Hrsg.), Schule und Unterricht im Dritten Reich, Neuwied 1989, S. 15-20.

43 Claudia Huerkamp, Bildungsbürgerinnen, Göttingen 1996, S. 63 f.

44 Zentralblatt 1933, S. 244.

45 Bärbel Huckenbeck, Lehrer und Schüler im Nationalsozialismus. Konformität und Loyalität am Beispiel zweier höherer Schulen, masch.schr. Staatsexamensarbeit Bochum 1978, S. 55 f.

[46] DWEuV 1938, S. 451 (Erlass vom 21. 9. 1938)
[47] DWEuV 1936, S. 525 (Erlass vom 30. 11. 1936).
[48] Hartmut Soell, Helmut Schmidt 1918-1969. Vernunft und Leidenschaft, München 2003, S. 69 f.
[49] DWEuV 1938, S. 366 ff.
[50] DWEuV 1938, S. 373.
[51] Vgl. Harald Scholtz, Erziehung und Unterricht unterm Hakenkreuz, Göttingen 1985, S. 82.
[52] Zit. nach Delia und Gerd Nixdorf, Politisierung und Neutralisierung der Schule in der NS-Zeit, in: Hans Mommsen/Susanne Willems (Hrsg.), Herrschaftsalltag im Dritten Reich. Studien und Texte, Düsseldorf 1988, S. 225-303, hier S. 275.
[53] DWEuV 1939, S. 484.
[54] DWEuV 1941, S. 79-81.
[55] DWEuV 1941, S. 421.
[56] DWEuV 1944, S. 239 u. 277.
[57] Birgit Lahann, Abitur, Hamburg 1982, S. 193-195.
[58] Vgl. Klaus Goebel, Des Kaisers neuer Geschichtsunterricht. Änderungen des preußischen Lehrplans 1915 und ihre Vorgeschichte, in: Geschichte in Wissenschaft und Unterricht 25, 1974, S. 709-717, hier S. 714.
[59] Johannes Kessler (Hrsg.), Sehr geehrter Herr Direktor! Feldpostbriefe ehemaliger Schüler der Hindenburg-Schule in Remscheid (1944/45), Remscheid o. J. (2004), S. 59.

V. Abitur in der zweiten Hälfte des 20. Jahrhunderts

[1] Hans-Werner Fuchs, Gymnasialbildung im Widerstreit. Die Entwicklung des Gymnasiums seit 1945 und die Rolle der Kultusministerkonferenz, Frankfurt a. M. 2004, S. 31.
[2] Ebd., S. 44 u. 48 f.
[3] Ebd., S. 41 u. 43.
[4] Erich Weniger, Die Epoche der Umerziehung 1945-1949, in: Westermanns pädagogische Beiträge 11, 1959, S. 403 ff.
[5] Fuchs, Gymnasialbildung (Anm. 1), S. 45 f. u. 57.
[6] Josef Schnippenkötter, Zum Nordwestdeutschen Plan für höhere Schulen. Geschichtliches und Grundsätzliches vom Kriegsende bis zur ersten Landtagswahl, Bonn 1947, S. 6.
[7] Ebd., S. 20.
[8] Klaus-Peter Eich, Schulpolitik in Nordrhein-Westfalen 1945-1954, Düsseldorf 1987, S. 59 ff. u. 140-149.
[9] Text u. a. bei Hans-Werner Fuchs (Hrsg.), Das Gymnasium als Gegenstand pädagogischer Zeitgeschichte. Dokumente zur Gymnasialentwicklung seit 1945, Hamburg 2003, S. 36-42.
[10] DWEuV 1941, S. 29 f.
[11] Text des Hamburger Abkommens bei Fuchs, Dokumente (Anm. 9), S. 67-74.
[12] Hans-Georg Herrlitz/Wulf Hopf/Hartmut Titze/Ernst Cloer, Deutsche Schulgeschichte von 1800 bis zur Gegenwart, 4. Aufl., Weinheim 2005, S. 203.
[13] Ebd, S. 202 f.
[14] Andreas Fischer, Das Bildungssystem der DDR. Entwicklung, Umbruch und Neugestaltung seit 1989, Darmstadt 1992, S. 37.
[15] Oskar Anweiler, Schulpolitik und Schulsystem in der DDR, Opladen 1988, S. 97.
[16] Das Bildungswesen der Deutschen Demokratischen Republik, 2. Aufl., Berlin (Ost) 1983, S. 82.
[17] Fischer, DDR (Anm. 14), S. 64.
[18] Anweiler, DDR (Anm. 15), S. 131 f.
[19] Heike Solga, Bildungschancen in der DDR, in: Sonja Häder/Heinz-Elmar Tenorth (Hrsg.), Bildungsgeschichte einer Diktatur. Bildung und Erziehung in SBZ und DDR im historisch-gesellschaftlichen Kontext, Weinheim 1997, S. 275-294, hier 277 u. 293 f.
[20] Siehe die Neufassung vom 12 11. 1956 als Beilage zum Amtsblatt des Kultusministerium NRW 1957, H. 1, S. 1-10.

21 Fuchs, Gymnasialbildung (Anm.1), S. 281.
22 Hans Scheuerl (Hrsg.), Probleme der Hochschulreife, Heidelberg 1962, S. 152.
23 Fuchs Gymnasialbildung (Anm.1), S. 306; Heinz-Elmar Tenorth, Hochschulzugang und gymnasiale Oberstufe in der Bildungspolitik von 1945-1973. Zur Genese und pädagogischen Kritik der ‚Gymnasialen Oberstufe in der Sekundarstufe II', Bad Heilbrunn 1975, S. 91.
24 Fuchs Gymnasialbildung (Anm.1), S. 310.
25 Fuchs, Dokumente (Anm. 9), S. 44 f.; Scheuerl (Anm. 22), S. 155-157.
26 Fuchs, Gymnasialbildung (Anm. 1), S. 312 u. 314.
27 Text bei Fuchs, Dokumente (Anm. 9), S. 49-52.
28 Lundgreen, Sozialgeschichte der deutschen Schule im Überblick, Bd. 2, Göttingen 1981, S. 95 f.
29 Fuchs, Gymnasialbildung (Anm. 1), S. 334.
30 Ebd., S. 327.
31 Hans Scheuerl, Kriterien der Hochschulreife. Eine neue Diskussionsgrundlage aus dem Schulausschuss der Westdeutschen Rektorenkonferenz, in: Zeitschrift für Pädagogik 15, 1969, S. 21-35.
32 Oskar Anweiler (Hrsg.), Bildungspolitik in Deutschland 1945-1990. Ein historisch-vergleichender Quellenband, Bonn 1992, S. 166 f.
33 Text bei Werner Zimmermann/Jörg Hoffmann, Die gymnasiale Oberstufe. Grundzüge – Reformkonzepte – Problemfelder, Stuttgart 1985, S. 189-197. Letzte Fassung vom 24. 10. 2008 unter http: //www.kmk.org/ fileadmin/veroeffentlichungen_beschluesse/2008/ 2008_10_24-VB-Sek-II.pdf (04. 09. 2009).
34 So Klaus Westphalen, Gymnasialbildung und Oberstufenreform, Donauwörth 1979, S. 51.
35 Vereinbarung über die Abiturprüfung der neugestalteten gymnasialen Oberstufe in der Sekundarstufe II. Beschluss der KMK vom 13. 12. 1973, in: Arno Schmidt, Das Gymnasium im Aufwind. Entwicklung, Struktur, Probleme seiner Oberstufe, 2. Aufl., Aachen 1994, S. 464-468. Letzte Fassung vom 24. 10. 2008 unter http://www.kmk.org/fileadmin/veroeffentlichungen_beschluesse/2008/2008_10_24-Abitur-Gymn-Oberstufe.pdf (04. 09. 2009).
36 Vereinbarung über Einheitliche Prüfungsanforderungen in der Abiturprüfung. Beschluss der KMK vom 01. 06. 1979 i. d. F. vom 01. 12. 1989 bei Schmidt, Gymnasium im Aufwind, S. 469-471. Letzte Fassung vom 24. 10. 2008 und EPA für 41 Fächer unter http://www. kmk.org/dokumentation/veroeffentlichungen-beschluesse/bildung-schule/allgemeine-bildung.html#c7783 (04. 09. 2009).
37 Reinhard Kahl, Sieg des taktischen Lernens. Was Zentralabitur und Abiturstandards in Deutschland bewirken, in: ZEIT online vom 17. 10. 2007 (http://www.zeit.de/on-line/2007/43/zentralabitur-bildungskolumne).
38 Siehe dazu die KMK-Empfehlungen zur Arbeit in der gymnasialen Oberstufe vom 2. 12. 1977, in: Zimmermann, Oberstufe (Anm. 33), S. 202-219.
39 Josef Hitpaß, Reformierte Oberstufe – besser als ihr Ruf? Sankt Augustin 1985, S. 56 f. u. 69.
40 Rainer Bölling, Richtlinieninflation im 20. Jahrhundert, in: Geschichte in Wissenschaft und Unterricht 57, 2006, S. 534-539.
41 Landtag Nordrhein-Westfalen – 11. Wahlperiode, Drucksache 11/5883 vom 16. 08. 1993.
42 Zahlen nach: Bundesministerium für Bildung und Wissenschaft, Grund- und Strukturdaten 1983/84, S. 154.
43 Vgl. Rainer Bölling, Lehrerarbeitslosigkeit in Deutschland im 19. und 20. Jahrhundert, in: Archiv für Sozialgeschichte 27, 1987, S. 229–258.
44 Fuchs, Gymnasialbildung (Anm. 1), S. 381 ff.; http://www.hrk.de/de/beschluesse/109_575.php?datum= 472.+Pr%26auml%3Bsidium+am+16.+Oktober+1995 (25. 06. 2009).
45 Hitpaß, Reformierte Oberstufe (Anm. 39), S. 8. u 115.
46 Annelie Hummer, Auswirkungen der neugestalteten gymnasialen Oberstufen auf Jugendliche in Schule und Studium, phil. Diss. Frankfurt a.M. 1983, S. 246 f.

[47] Thesen des Philologenverbandes zur Novellierung der Oberstufenreform vom Mai 1982, in: Zimmermann (Anm. 33), S. 272 f.; Ilse-Marie Oppermann, Stellungnahme für den Bundeselternrat, in: GEW (Hrsg.), Der Abiturstreit. Was soll die Oberstufe leisten? Frankfurt a.m. 1987, S. 13-16.

[48] Text bei Zimmermann (Anm. 33), S. 198-201.

[49] Text bei Schmidt, Gymnasium im Aufwind (Anm. 35), S. 425-441.

[50] Text bei Fuchs, Dokumente (Anm. 9), S. 156-159.

[51] Fuchs, Gymnasialbildung (Anm. 1), S. 388.

[52] Vereinbarung zur Gestaltung der gymnasialen Oberstufe in der Sekundarstufe II. Beschluss der Kultusministerkonferenz vom 07. 07. 1972 i. d. F. vom 16. 06. 2000.

[53] Leitfaden für die gymnasiale Oberstufe – Abitur 2008, S. 11 f., in: http://www.km-bw.de/servlet/PB/ s/1h1jfgi1iq31u2an9iyy19i8c4a1hjuo56/show/1183199/Leitfaden08Internet.pdf (25.06.2009).

[54] Vereinbarung zur Gestaltung der gymnasialen Oberstufe in der Sekundarstufe II. i. d. F. vom 02. 06. 2006 unter http://www.kmk.org/fileadmin/pdf/PresseUndAktuelles/1999/Vereinb-z-Gestalt-d-gymOb-i-d-SekII. pdf (04. 09. 2009); Schule NRW. Amtsblatt des Ministeriums für Schule und Weiterbildung, Jg. 2009, S. 189-191.

[55] Gemeinsames Amtsblatt des Kultusministeriums und des Ministeriums für Wissenschaft und Forschung des Landes Nordrhein-Westfalen (GABl.), Jg. 1979. S. 174-184.

[56] Die Zahlen nach Hitpaß, Reformierte Oberstufe (Anm. 39), S. 78 f.

[57] Alle Daten stammen aus dem Schularchiv des Gymnasiums Hochdahl.

[58] GABl. NRW (Anm. 55) 1989, S. 278-283; 1998, S. 223-242.

VI. Zentralabitur und Schulzeitverkürzung

[1] Zit. nach: Frankfurter Rundschau vom 15. 12. 1993.

[2] Max Schmid, Die bayerische Form des Zentralabiturs, in: Die höhere Schule 38, 1985, S. 86-88.

[3] Ebd., S. 88.

[4] August Joos, Die Mittelschulen im Großherzogtum Baden, 2. Aufl., Karlsruhe 1898, S. 125 f.

[5] P. Weizsäcker, Königreich Württemberg, in: Baumeister, Höheres Schulwesen (Anm. 58 zu Kap. II), S. 137-160, hier 158.

[6] Die folgende Darstellung nach Rolf Wittenbrock, Frankreich im »Bac«-Fieber, in: Die Zeit Nr. 25 vom 18. 06. 1993; Bernard Trouillet, Länderstudie Frankreich, in: Wolfgang Mitter (Hrsg.), Wege zur Hochschulbildung in Europa. Vergleichsstudie zum Verhältnis von Sekundarabschluß und Hochschulzugang in Frankreich, England und Wales, Schweden und Deutschland, Köln 1996, S. 1-140, hier S. 82 ff.; Tobias Hoymann, Umdenken nach dem Pisa-Schock. Das gesamtdeutsche Zentralabitur als Motor für den Wettbewerb im Bildungsföderalismus, Marburg 2005, S. 19-22.

[7] Bac 2007. Dossier de presse, S. 63-65 u. 44, unter http://media.education.gouv.fr/file/48/6/5486.pdf (24. 03. 2009)

[8] Stefan Zauner, Erziehung und Kulturmission. Frankreichs Bildungspolitik in Deutschland 1945-1949, München 1994, S. 99.

[9] Wie Anm. 7, S. 67 f.

[10] Zauner (Anm. 8), S. 149.

[11] Ebd., S. 91.

[12] Heinrich Küppers, Bildungspolitik im Saarland 1945-1955, Saarbrücken 1984, S. 175.

[13] Die Darstellung der Entwicklung in Baden-Württemberg nach Franz Strasser, Auf dem Weg zur Hochschule: Zentralabitur? in: Die höhere Schule 38, 1985, S. 89-96.

[14] Zum aktuellen Verfahren vgl. Isabell van Ackeren, Evaluation, Rückmeldung und Schulentwicklung. Erfahrungen mit zentralen Tests, Prüfungen und Inspektionen in England, Frankreich und den Niederlanden, Münster 2004, S. 45.

[15] Hoymann, Zentralabitur (Anm. 6), S. 40.

[16] Frankfurter Allgemeine Sonntagszeitung vom 11. 08. 2002, S. 23.

[17] Ministerium für Schule und Weiterbildung des Landes Nordrhein-Westfalen, Schule in Nordrhein-Westfalen. Bildungsbericht 2009, Düsseldorf 2009, S. 67.

[18] http://www.gew.de/Binaries/Binary29527/5KMK-Abiturnoten_2005%20(2).pdf (20. 06. 2009):

[19] NRW-Bildungsbericht 2009 (Anm. 17), S. 68.

[20] Landesinstitut für Schulentwicklung/Statistisches Landesamt Baden-Württemberg, Bildungsberichterstattung 2007, Stuttgart 2007, S. 153.

[21] NRW-Bildungsbericht 2009 (Anm. 17), S. 68.

[22] Rheinische Post vom 10. 06. 2008. Vgl. auch Frankfurter Allgemeine Zeitung vom selben Tage.

[23] Eingabe vom 19. 10. 1922, in: Deutsches Philologenblatt 30, 1922, S. 569 f.

[24] Vgl. ebd. Jg. 38, 1930, S. 721 u. 737; Max Schmid, Geschichte des Bayerischen Philologenverbandes, Bd. 2: 1914-2000, München 2000, S. 46 f.

[25] Zentralblatt 1931, S. 265.

[26] Erziehung und Unterricht in der Höheren Schule, Berlin 1938, S. 28.

[27] Amtsblatt des Kultusministeriums NRW 1950, S. 75.

[28] Schmid, Philologenverband (Anm. 24), S. 173; Hitpaß, Reformierte Oberstufe (Anm.39 zu Kap. V), S. 11.

[29] Text des Beschlusses bei Hans-Werner Fuchs/Lutz R. Reuter (Hrsg.), Bildungspolitik seit der Wende. Dokumente zum Umbau des ostdeutschen Bildungssystems (1989-1994), Opladen 1995, S. 183-185.

[30] GEW Nordrhein-Westfalen (Hrsg.), Schulzeitverkürzung, Essen 1993, S. 9.

[31] Schmidt, Gymnasium im Aufwind (Anm. 35 zu Kap. V), S. 528 f.

[32] Zit. nach: Frankfurter Rundschau vom 28. 04. 1997, S. 13.

[33] Schmid, Philologenverband (Anm. 24), S. 377.

[34] Siehe z. B. die 109 Seiten starke Broschüre des Ministeriums für Schule in Nordrhein-Westfalen, Schneller ans Ziel: Das Abitur in zwölf Jahren. Profilklassen an Gymnasien in Nordrhein-Westfalen, 2001.

[35] Christian Geyer, Kinder an die Macht! in: Frankfurter Allgemeine Zeitung vom 19. 01. 2008, S. 31.

[36] Reinhold Beckmann, Nachhilfe soll's dann richten, in: FAZ vom 16. 02. 2008, S. 35.

[37] http://www.kmk.org/fileadmin/pdf/Bildung/AllgBildung/2008-03-06-PM-G8.pdf (08. 09. 2009).

[38] http://www.kmk.org/bildung-schule/allgemeine-bildung/sekundarstufe-ii-gymnasiale-oberstufe.html (08. 09. 2009)

[39] Ministerium für Schule und Weiterbildung, Die gymnasiale Oberstufe an Gymnasien und Gesamtschulen in Nordrhein-Westfalen. Informationen für Schülerinnen und Schüler, die im Jahr 2010 in die gymnasiale Oberstufe eintreten, Düsseldorf 2009, S. 6.

VII. Latein – Vom Zentralen Abiturfach zum Mittelstufenfach

[1] Stundentafeln bei Karl-Ernst Jeismann, Das preußische Gymnasium in Staat und Gesellschaft, Bd. 1, Stuttgart 1996, S. 393 (1816); Ludwig Wiese, Das höhere Schulwesen in Preußen, Berlin 1864, S. 23 f. (1837/1856); Zentralblatt 1882, S. 244; 1892, S. 203; 1901, S. 473; 1924, S. 285; 1931, S. 265; Erziehung und Unterricht in der Höheren Schule, Berlin 1938, S. 28; Amtsblatt des Kultusministeriums Nordrhein-Westfalen 1950, S. 75; 1966, S. 124. – Die moderne Fremdsprache war bis 1924 Französisch, dann wahlweise Französisch oder Englisch, seit 1938 Englisch.

[2] Berechnet nach Peter Lundgreen, Sozialgeschichte der deutschen Schule im Überblick, Bd. 2, Göttingen 1981, S. 81 u. 104.

[3] Stefan Kipf, Altsprachlicher Unterricht in der Bundesrepublik Deutschland. Historische Entwicklung, didaktische Konzepte und methodische Grundfragen von der Nachkriegszeit bis zum Ende des 20. Jahrhunderts, Bamberg 2006, S. 224.

[4] Kultusministerium NRW; Statistik des Bildungswesens 1950-1985, 3. Aufl., Köln 1974, S. 43; Kipf (Anm. 3), S. 222.

[5] Ebd., S. 223.

[6] Zum Umfang des Lateinunterrichts (KMK-Dokumentation Nr. 8), Bonn 1963, S. 51 f.

[7] Vgl. Joachim Domnick/Peter Krope, Student und Latinum. Untersuchung zum Bestand und Bedarf an Lateinkenntnissen bei Studenten, Weinheim 1972.

[8] Udo Frings/Hermann Keulen/Rainer Nickel, Lexikon zum Lateinunterricht, Freiburg/ Würzburg 1981, S. 155.

[9] J. F. Neigebaur, Die preußischen Gymnasien und höheren Bürgerschulen, Berlin 1835, S. 216. Ähnlich in der Prüfungsordnung von 1882 (Zentralblatt 1882, S. 375).

[10] Zentralblatt 1863, S. 481 f. (Verfügung vom 8. 6. 1863)

[11] Marx-Engels, Gesamtausgabe (MEGA), 1. Abt., Bd. 1, Berlin 1975, S. 1210 u. 1212. Lateinischer Text des Aufsatzes ebd, S. 465-469, sowie unter http://www.thelatinlibrary.com/ marx.html (25. 09. 2009)

[12] Wilfried Stroh, Latein ist tot, es lebe Latein! Kleine Geschichte einer großen Sprache, München 2007, S. 251. Er fügt aber auch hinzu:»Natürlich wüsste ein solcher zeitlich zurückversetzter Student in vielem mehr als der damalige Schulabgänger.«

[13] Verhandlungen über Fragen des höheren Unterrichts. 4. bis 17. Dezember 1890, Berlin 1891, S. 670.

[14] Paulsen, Geschichte des gelehrten Unterrichts (Anm. 25 zu Kap. II), Bd. 2, S. 616; Livius XXII 7.

[15] Verhandlungen 1890 (Anm. 13), S. 231.

[16] Alfred Graf (Hrsg.), Schülerjahre. Erlebnisse und Urteile namhafter Zeitgenossen, Berlin 1912, S. 22 f.

[17] Vgl. Herbert Christ/Hans-Joachim Rang (Hrsg.), Fremdsprachenunterricht unter staatlicher Verwaltung 1700 bis 1945, Bd. 1, Tübingen 1985, S. 42.

[18] Zentralblatt 1882, S. 251.

[19] Verhandlungen 1890 (Anm. 13), S. 231 u. 669.

[20] Zentralblatt 1892, S. 224.

[21] August Waldeck, Der Unterricht im Lateinischen, in: Wilhelm Lexis (Hrsg.), Die Reform des höheren Schulwesens in Preußen, Halle 1902, S. 138-156, hier S. 146.

[22] Zentralblatt 1892, S. 224.

[23] Zentralblatt 1897, S. 432.

[24] Zentralblatt 1892, S. 220 f. – Auch an den Realgymnasien, die seit 1882 im Abitur eine Übersetzung aus dem Lateinischen verlangten, war Livius der bevorzugte Autor. Zur Rolle von Livius als Schulautor auch Kipf (Anm. 3), S. 150 ff.

[25] Zentralblatt 1909, S. 364.

[26] Die Neuordnung des preußischen höheren Schulwesens. Denkschrift des Preußischen Ministeriums für Wissenschaft, Kunst und Volksbildung, Berlin 1924, S. 41.

[27] Erlass vom 12. 11. 1925, in: Zentralblatt 1925, S. 334 f.

[28] Christ, Fremdsprachenunterricht (Anm. 17), Bd. 6, S. 136 f. u. 161. – Themen der in Bayern gestellten Übersetzungsaufgaben bei Otto Thaler, Lateinische Reifeprüfungen an Humanistischen Gymnasien in Bayern (1915-1968), 6. Aufl., Bamberg 1969.

[29] Die genannten Prüfungsordnungen im Auszug bei Christ, Fremdsprachenunterricht (Anm. 17), Bd. 6, S. 21 f., 67 f. u. 132-134.

[30] DWEuV 1938, S. 377 f.

[31] Vgl. Richtlinien für die gymnasiale Oberstufe in Nordrhein-Westfalen. Lateinisch, Köln 1981, S. 158 f.

VIII. Deutsche Abituraufsätze als Spiegel des Zeitgeistes

[1] Der Tagesspiegel vom 23. 12. 1997, S. 27, zit. nach Wolfgang F. W. Schmitz, Deutschunterricht zwischen Beharrung und Veränderung. Aufsatzthemen Berliner Höherer Schulen in der Weimarer Republik, Berlin 1999, S. 14.

2   Ebd.
3   Peter Ph Mohler, Abitur 1917-1971. Reflektionen des Verhältnisses zwischen Individuum und kollektiver Macht in Abituraufsätzen, Frankfurt a. M. 1978, S. 127 f.
4   Gertrud Lütgemeier, Deutsche Besinnungen 1911-1971. Hundert Reifeprüfungsaufsätze als Spiegel ihrer Zeit, Frankfurt a. M. 2008, Zitat S. 7.
5   J. F. Neigebaur, Die preußischen Gymnasien und höheren Bürgerschulen, Berlin 1835, S. 214 u. 219.
6   Zentralblatt 1882, S. 366.
7   Zentralblatt 1926, S. 287.
8   Ordnung der Reifeprüfung von 1926 in Neufassung in: Beilage zum Amtsblatt des KM NRW 1957, H. 1, S. 1-10; Ordnung der Reifeprüfung vom 21. 7. 1965 in: ABl. des KM NRW 1965, S. 177-188.
9   Marx/ Engels, Gesamtausgabe (MEGA), 1. Abt., Bd. 1, Berlin 1975, S. 454-457.
10 Heinz Monz,»Betrachtung eines Jünglings bei der Wahl eines Berufes« – Der Deutschaufsatz von Karl Marx und seinen Mitschülern in der Reifeprüfung, in: Der unbekannte junge Marx, Mainz 1973, S. 9-113, hier S. 20.
11 Vgl. Otto Ludwig, Der Schulaufsatz. Seine Geschichte in Deutschland, Berlin 1988, S. 227.
12 Birgit Lahann, Abitur, Hamburg 1982, S. 58 f.
13 Otto Apelt, Der deutsche Aufsatz in der Prima des Gymnasiums. Ein historisch-kritischer Versuch, Leipzig ²1907, S. 234.
14 Heinrich Seidel, Der deutsche Aufsatz in der Reifeprüfung 1901-1910. Ein Beitrag zur Geschichte des deutschen Aufsatzes bei der Reifeprüfung an den höheren Lehranstalten Preußens, Berlin 1912, S. 2-8.
15 Apelt (Anm. 13).
16 Seidel (Anm. 14), S. 10 f.
17 Ludwig, Schulaufsatz (Anm. 11), S. 243 f.
18 Franz Linnig, Der deutsche Aufsatz in Lehre und Beispiel für die mittleren und oberen Klassen höherer Lehranstalten, Paderborn 1871, S. 191, zit. nach: Claus Conrad, Krieg und Aufsatzunterricht. Eine Untersuchung von Abituraufsätzen vor und während des Ersten Weltkrieges, Frankfurt a.M. 1986, S. 191. In der 10. Auflage von Linnigs Buch (1905) findet sich diese Formulierung nicht mehr.
19 Ludwig (Anm. 11), S. 260.
20 Kaiser Wilhelm II., Aus meinem Leben 1859-1888, 2. Aufl., Berlin/Leipzig 1927, S. 132 f..
21 Zusammengestellt nach den Jahresberichten im Schularchiv des Friedrichs-Gymnasiums. Ergänzungen in eckigen Klammern wurden vom Verfasser hinzugefügt.
22 Sophokles, Antigone. Griechisch-deutsch, übersetzt von Wilhelm Willige, Düsseldorf 1999, S. 37.
23 So Ludwig, Schulaufsatz (Anm. 11), S. 263.
24 Abraham Gotthelf Kästner (1719-1800), deutscher Mathematiker und Epigrammdichter.
25 Conrad (Anm. 18), S. 344 f.
26 Karl Liebknecht, Reden und Aufsätze, Hamburg 1921, S. 24.
27 Werner Mittenzwei, Das Leben des Bertolt Brecht oder der Umgang mit den Welträtseln, Bd. 1, Frankfurt a. M. 1987, S. 42 f.; Werner Frisch/K. W. Obermeier, Brecht in Augsburg, Frankfurt a. M. 1976, S. 86 ff.
28 Abiturakten im Schularchiv des Leibniz-Gymnasiums Remscheid.
29 Martin Havenstein, Die Dichtung in der Schule, Frankfurt a. M. 1925, S. 19.
30 Schularchiv des Leibniz-Gymnasiums Remscheid. Ergänzungen in eckigen Klammern wurden vom Verfasser hinzugefügt.
31 Zur Erläuterung vgl. S. 92.
32 Zentralblatt 1901, S. 488; Seidel (Anm. 14), S. 431-439.
33 Vgl. Klaus Kanzog, Heinrich von Kleist. Prinz Friedrich von Homburg, München 1977, S. 255.
34 Hans Jürgen Apel, Abituraufsätze als Spiegel des Zeitgeistes, in Archiv für Kulturgeschichte 73, 1991, S. 453-468, hier 456.
35 Ludwig (Anm. 11), S. 264.

[36] Apel (Anm. 34), S. 460.

[37] Mohler (Anm. 3), S. 45.

[38] Rainer Schlösser, Politik und Drama, Berlin 1935, S. 12.

[39] Dem Verfasser lagen für die 1920er und 1930er Jahre zusätzlich die Aufsatzthemen des Friedrichs-Gymnasiums in Herford, des Realgymnasiums in Düsseldorf-Benrath und der Oberrealschule in Hilden vor, die der beiden letzten Schulen bei Huckenbeck, Lehrer und Schüler im Nationalsozialismus (Anm. 45 zu. Kap. IV), S. 159-167.

[40] Vgl. Marie-Estelle Pech, En trente ans, la valeur du bac s'est effondrée, in: Le Figaro vom 15. 07. 2009.

[41] Jens Voss, Geschichte des Deutsch-Abis, in: Rheinische Post vom 20. 04. 2009.

ZEITTAFEL

1788   Erstes Abiturreglement in Preußen.

1809   Erste Ordnung der Absolutorialprüfung in Bayern.

1810/12   Erste Prüfungsordnung für das höhere Lehramt und neues Abiturreglement in Preußen (Wilhelm von Humboldt)

1834   Die neue Prüfungsordnung in Preußen macht das Abitur zur zwingenden Voraussetzung für ein Studium. Diese Regelung beschließt auch der Deutsche Bund.

1836   Öffentliche Diskussion über die »Überbürdung« der Gymnasiasten.

1837   Erster preußischer »Normallehrplan« für das neunjährige Gymnasium.

1856   Revision des preußischen Gymnasiallehrplans und der Abiturordnung.

1859   Normierung der (höheren) Realschulen in Preußen.

1874   Erste Vereinbarung über die gegenseitige Anerkennung der Abiturzeugnisse zwischen den Staaten des Deutschen Reiches. Verlängerung des Gymnasiums in Bayern auf neun Jahre.

1882   Neue Lehrpläne und Prüfungsordnungen für die höheren Schulen in Preußen.

1890   Preußische Schulkonferenz über das höhere Schulwesen.

1892   Neue Lehrpläne und Prüfungsordnungen in Preußen.

1900   Preußische Schulkonferenz: Gleichberechtigung der drei Formen höherer Schulen.

1901   Neue Lehrpläne und erste einheitliche Abiturordnung in Preußen.

1908   Neuordnung des höheren Mädchenschulwesens: Abitur für Mädchen.

1916   Reichsweite Ordnung der Reifeprüfung für die Kriegsteilnehmer.

1920   Diskussionen über das Abitur auf der Reichsschulkonferenz.

1925/26   Neuordnung des höheren Schulwesens in Preußen und neue Reifeprüfungsordnung.

1937   Verkürzung der höheren Schule auf acht Jahre; Abiturprüfungen entfallen.

1955   Düsseldorfer Abkommen »zur Vereinheitlichung auf dem Gebiete des Schulwesens«.

1958   Tutzinger Maturitätskatalog.

1960   Saarbrücker Rahmenvereinbarung zur Ordnung des Unterrichts auf der Oberstufe des Gymnasiums.

1964   Hamburger Abkommen (Neufassung des Düsseldorfer Abkommens von 1955).

1972   KMK-Vereinbarung zur Neugestaltung der gymnasialen Oberstufe in der Sekundarstufe II.

nach 2000   Bundesweite Einführung von Zentralabitur und achtjährigem Gymnasium.

GLOSSAR

Absolutorium: Bezeichnung für die bayerische Abiturprüfung im 19. Jahrhundert.

Baccalauréat: Französische Form des Abiturs.

Edikt: Offizielle Verkündigung eines Gesetzes durch einen Monarchen.

Einjähriges: Schulabschluss, der zur Absolvierung des einjährig-freiwilligen Militärdienstes berechtigte. Er setzte seit 1877 die Versetzung in die Obersekunda einer höheren Schule voraus. Obwohl die Berechtigung 1920 entfiel, war der Begriff noch lange als Synonym für die mittlere Reife verbreitet.

Extemporale, Exercitium: Eine unvorbereitet anzufertigende schriftliche Klassenarbeit, besonders als Übersetzung in eine Fremdsprache.

Externe, Extraneer: Auswärtige Schüler, welche die Abschlussprüfung an einer Schule ablegen, ohne diese zuvor besucht zu haben.

Fachgebundene Hochschulreife: Höherer Schulabschluss mit nur einer Fremdsprache, der zum Studium bestimmter Fachrichtungen bzw. Fächer an Hochschulen berechtigt. Vor der Einführung von Fachhochschulen auch als »Fachabitur« bezeichnet.

Fachhochschulreife: Schulabschluss unterhalb des Abiturs. Die Fachhochschulreife besteht aus einem schulischen Teil, der an einer Fachoberschule oder mit Abschluss der 12. Klasse einer höheren Schule erworben werden kann, und einer Berufsausbildung.

Gymnasium: Ursprünglich nur das humanistische Gymnasium mit Latein und Griechisch als Schwerpunkt, das seit 1955 offiziell altsprachliches Gymnasium hieß. Heute wird als Gymnasium jede zum Abitur führende höhere Schule bezeichnet.

Höhere Bürgerschule: Kurzform der Realschule I. Ordnung bzw. der Oberrealschule mit in der Regel sechs Jahrgangsklassen.

Höhere Mädchenschule: Im 19. Jahrhundert übliche Bezeichnung für alle Mädchenschulen, die über die Volksschule hinausführten und für die »höheren Töchter« des Bürgertums bestimmt waren.

Klassenbezeichnungen: Im preußischen Gymnasium des 19. und 20. Jahrhunderts wurden die Klassen von oben nach unten gezählt, wobei die drei oberen Klassen jeweils zwei Jahrgangsklassen (Ober- und Unterklasse) umfassten: Prima, Sekunda, Tertia, Quinta, Quarta, Sexta.

Kultusministerkonferenz (KMK): Ständige Konferenz der Kultusminister der Länder in der Bundesrepublik Deutschland, 1948 gegründet.

Lyzeum bzw. Oberlyzeum: Formen der höheren Mädchenschule.

Matura, Maturität: In Österreich und der Schweiz übliche Bezeichnung für das Abitur.

Mittelschule: In Preußen eine 1872 geschaffene, über die Volksschule hinausführende Schulform, die jedoch nicht zum höheren Schulwesen gehörte. Nach dem Hamburger Abkommen von 1964 wird diese Schulform »Realschule« genannt. In Süddeutschland (Bayern, Baden), Österreich und der Schweiz dagegen wurden im 19. Jahrhundert als Mittelschulen die zwischen Elementarschulen und Hochschulen stehenden (höheren) Schulen bezeichnet.

Oberrealschule: Neunjährige höhere Schule mit Naturwissenschaften und einer modernen Fremdsprache, seit 1955 mathematisch-naturwissenschaftliches Gymnasium genannt.

PISA (Programme for International Student Assessment): Von der OECD seit 2000 durchgeführte internationale Schulleistungsuntersuchung.

Prima: → Klassenbezeichnungen.

Progymnasium, Prorealgymnasium: Kurzformen der entsprechenden Schulformen mit zumeist sechs Jahrgangsklassen.

Provinzialschulkollegium: Die Verwaltungsinstanz auf der Ebene der preußischen Provinzen, der die höheren Schulen unmittelbar unterstellt waren.

Quarta: → Klassenbezeichnungen.

Quinta: → Klassenbezeichnungen.

Realgymnasium: Neunjährige höhere Schule mit Latein und modernen Fremdsprachen, seit 1955 als neusprachliches Gymnasium bezeichnet.

Realschule: Im 19. Jahrhundert eine höhere Schule mit neusprachlich-naturwissenschaftlichem Schwerpunkt, die nicht zur Hochschulreife führte. 1859 wurde in Preußen die Realschule I. Ordnung normiert, die seit 1882 amtlich Realgymnasium hieß.

Reformrealgymnasium: Realgymnasium mit lateinlosem Unterbau (Sexta bis Quarta), der die Kombination mit einer Realschule ermöglichte.

Scriptum: → Extemporale.

Sekunda: → Klassenbezeichnungen.

Sexta: → Klassenbezeichnungen.

Studienanstalt: Seit 1908 in Preußen die zum Abitur führende höhere Schule für Mädchen.

Tertia: → Klassenbezeichnungen.

Vorschule: Zu einer mittleren oder höheren Schule gehörende, in der Regel dreijährige Schule für den Elementarunterricht.

Zentralabitur: Abiturprüfung mit zentraler Aufgabenstellung, in der Regel verbunden mit anonymer Korrektur.

QUELLEN UND LITERATUR

QUELLEN

Zentralblatt für die gesamte Unterrichtsverwaltung in Preußen, Berlin 1859-1934 (http://www.bbf.dipf.de/cgi-opac/catalog.pl?t_digishow=x&zid=2a1811).

Deutsche Wissenschaft, Erziehung und Volksbildung. Amtsblatt des Reichsministeriums für Wissenschaft, Erziehung und Volksbildung und der Unterrichtsverwaltungen der Länder, Berlin 1935-1945 (http://www.bbf.dipf.de/cgi-opac/catalog.pl?t_digishow=x&zid=2a2547).

Anweiler, Oskar u. a. (Hrsg.): Bildungspolitik in Deutschland 1945-1990. Ein historisch-vergleichender Quellenband, Bonn 1992.

Christ, Herbert/Rang, Hans-Joachim (Hrsg.): Fremdsprachenunterricht unter staatlicher Verwaltung 1700 bis 1945. Eine Dokumentation amtlicher Richtlinien und Verordnungen, Bd. VI: Prüfungsbestimmungen für den Fremdsprachenunterricht, Tübingen 1985.

Fuchs, Hans-Werner (Hrsg.): Das Gymnasium als Gegenstand pädagogischer Zeitgeschichte. Dokumente zur Gymnasialentwicklung seit 1945, Hamburg 2003 (http://opus.unibw-hamburg.de/opus/volltexte/2007/1091).

Michael, Berthold/Schepp, Heinz-Hermann (Hrsg.): Die Schule in Staat und Gesellschaft. Dokumente zur deutschen Schulgeschichte im 19. und 20. Jahrhundert, Göttingen 1993.

HANDBÜCHER UND ÜBERBLICKSDARSTELLUNGEN ZUR DEUTSCHEN BILDUNGSGESCHICHTE

Handbuch der deutschen Bildungsgeschichte, 6 Bde, München 1987-2005.

Handbuch der Geschichte des bayerischen Bildungswesens, hrsg. von Max Liedtke und Hans-Jürgen Apel, 4 Bde, Bad Heilbrunn 1991-1997.

Bölling, Rainer: Sozialgeschichte der deutschen Lehrer. Ein Überblick von 1800 bis zur Gegenwart, Göttingen 1983.

Herrlitz, Hans-Georg/Hopf, Wulf/Titze, Hartmut/Cloer, Ernst: Deutsche Schulgeschichte von 1800 bis zur Gegenwart. Eine Einführung, 5. Aufl., Weinheim 2008.

Lundgreen, Peter: Sozialgeschichte der deutschen Schule im Überblick, 2 Bde, Göttingen 1980-81.

Neugebauer, Wolfgang: Das Bildungswesen in Preußen seit der Mitte des 17. Jahrhunderts, in: Handbuch der preußischen Geschichte, hrsg. von Otto Büsch, Bd. II: Das 19. Jahrhundert und große Themen der Geschichte Preußens, Berlin 1992, S. 605-798.

GESCHICHTE DES GYMNASIUMS UND DES ABITURS

Albisetti, James C.: Secondary School Reform in Imperial Germany, Princeton 1983.

Blättner, Fritz: Das Gymnasium. Aufgaben der höheren Schule in Geschichte und Gegenwart, Heidelberg 1960.

Fuchs, Hans-Werner: Gymnasialbildung im Widerstreit. Die Entwicklung des Gymnasiums seit 1945 und die Rolle der Kultusministerkonferenz, Frankfurt a.M. 2004.

Gass-Bolm, Torsten: Das Gymnasium 1945-1980. Bildungsreform und gesellschaftlicher Wandel in Westdeutschland, Göttingen 2005.

Herdegen, Peter: Schulische Prüfungen: Entstehung – Entwicklung – Funktion. Prüfungen am bayerischen Gymnasium vom 18. bis zum 20. Jahrhundert, Bad Heilbrunn 2009.

Herrlitz, Hans-Georg: Studium als Standesprivileg. Die Entstehung des Maturitätsproblems im 18. Jahrhundert; Lehrplan- und gesellschaftsgeschichtliche Untersuchungen, Frankfurt a.M. 1973.

Hoymann, Tobias: Umdenken nach dem Pisa-Schock. Das gesamtdeutsche Zentralabitur als Motor für den Wettbewerb im Bildungsföderalismus, Marburg 2005.

Jeismann Karl-Ernst: Das preußische Gymnasium in Staat und Gesellschaft, Bd 1: Die Entstehung des Gymnasiums als Schule des Staates und der Gebildeten 1787-1817; Bd. 2: Höhere Bildung zwischen Reform und Reaktion 1817-1859, Stuttgart 1996.

Kamp, Norbert: Das Abiturreglement von 1788. Zur Diskrepanz von Schulverwaltungsanspruch und Wirklichkeit, phil. Diss. Essen 1988.

Kraul, Margret: Das deutsche Gymnasium 1780-1980, Frankfurt a. M. 1984.

Lohbeck, Lucas: Das höhere Schulwesen in Preußen im 19. Jahrhundert, Marburg 2005.

Mitter, Wolfgang (Hrsg.): Wege zur Hochschulbildung in Europa. Vergleichsstudie zum Verhältnis von Sekundarabschluß und Hochschulzugang in Frankreich, England und Wales, Schweden und Deutschland, Köln 1996.

Müller, Detlef K.: Sozialstruktur und Schulsystem. Aspekte zum Strukturwandel des Schulwesens im 19. Jahrhundert. Gekürzte Studienausgabe, Göttingen 1981.

– /Bernd Zymek: Sozialgeschichte und Statistik des Schulsystems in den Staaten des Deutschen Reiches, 1800-1945, Göttingen 1987 (Datenhandbuch zur deutschen Bildungsgeschichte, Bd. II: Höhere und mittlere Schulen, Teil 1).

Oyen, Stefan A.: Zeitgeist und Bildung. Das Nachkriegsabitur an Gymnasien in Hildesheim, Weimar und Erfurt (1947-1950), Köln 2005.

Paulsen, Friedrich: Geschichte des gelehrten Unterrichts auf den deutschen Schulen und Universitäten vom Ausgang des Mittelalters bis zur Gegenwart mit besonderer Rücksicht auf den klassischen Unterricht, 3., erw. Aufl., Bd. 2, Leipzig/ Berlin 1921.

Schmidt, Arno: Das Gymnasium im Aufwind. Entwicklung, Struktur, Probleme seiner Oberstufe, Aachen-Hahn ²1994.

Schneider, Barbara: Die höhere Schule im Nationalsozialismus. Zur Ideologisierung von Bildung und Erziehung, Köln 2000.

Schwartz, Paul: Die Gelehrtenschulen Preußens unter dem Oberschulkollegium (1787-1806) und das Abiturientenexamen, 3 Bde, Berlin 1910-1912.

Tenorth, Heinz-Elmar: Hochschulzugang und gymnasiale Oberstufe in der Bildungspolitik von 1945-1973. Zur Genese und pädagogischen Kritik der ›Gymnasialen Oberstufe in der Sekundarstufe II‹, Bad Heilbrunn 1975.

Titze, Hartmut: Der Akademikerzyklus. Historische Untersuchungen über die Wiederkehr von Überfüllung und Mangel in akademischen Karrieren, Göttingen 1990.

Wolter, Andrä: Das Abitur. Eine bildungssoziologische Untersuchung zur Entstehung und Funktion der Reifeprüfung, Oldenburg 1987.

ABITUR FÜR MÄDCHEN

Albisetti, James C.: Schooling German Girls and Women. Secondary and Higher Education in the Nineteenth Century, Princeton N. J. 1988.

Apel, Hans-Jürgen: Sonderwege der Mädchen zum Abitur im Deutschen Kaiserreich, in: Zeitschrift für Pädagogik 34, 1988, S. 171-189.

Huerkamp, Claudia: Bildungsbürgerinnen. Frauen im Studium und in akademischen Berufen 1900 – 1945, Göttingen 1996.

Kleinau, Elke/Opitz, Claudia (Hrsg.): Geschichte der Mädchen- und Frauenbildung, 2 Bde, Frankfurt a. M. 1996.

Käthner, Martina: Der weite Weg zum Mädchenabitur. Strukturwandel der höheren Mädchenschulen in Bremen (1854-1916), Frankfurt/New York 1994.

Schwind, Heidrun: Bildung für Mädchen und Frauen im Bayern der Kaiserzeit. Die institutionellen Bildungsmöglichkeiten 1871 – 1918, Osnabrück 2004.

Zymek, Bernd: Der Strukturwandel des Mädchenschulwesens in Preußen, 1908-1941, in: Zeitschrift für Pädagogik 34, 1988, S. 191-203.

– Ursachen und Konsequenzen der Verkopplung des Mädchenschulwesens mit dem höheren Schulsystem in Preußen zu Beginn des 20. Jahrhunderts, in: Karl-Ernst Jeismann (Hrsg.), Bildung, Staat, Gesellschaft im 19. Jahrhundert. Mobilisierung und Disziplinierung, Stuttgart 1989, S. 232-244.

– /Neghabian, Gabriele: Sozialgeschichte und Statistik des Mädchenschulwesens in den deutschen Staaten 1800-1945 (Datenhandbuch zur deutschen Bildungsgeschichte, Bd. II: Höhere und mittlere Schulen, 3. Teil), Göttingen 2005.

LATEIN ALS ABITURFACH

Apel, Hans Jürgen/Bittner, Stefan: Humanistische Schulbildung 1890-1945. Anspruch und Wirklichkeit der altertumskundlichen Unterrichtsfächer, Köln 1994.

Bölling, Rainer: Lateinische Abiturarbeiten am altsprachlichen Gymnasium von 1840-1990, in: Pegasus-Onlinezeitschrift IX/2, 2009, S. 1-28.

Fuhrmann, Manfred: Latein und Europa. Geschichte des gelehrten Unterrichts in Deutschland von Karl dem Großen bis Wilhelm II., Köln 2001.

Kipf, Stefan: Altsprachlicher Unterricht in der Bundesrepublik Deutschland. Historische Entwicklung, didaktische Konzepte und methodische Grundfragen von der Nachkriegszeit bis zum Ende des 20. Jahrhunderts, Bamberg 2006.

Landfester, Manfred: Humanismus und Gesellschaft im 19. Jahrhundert. Untersuchungen zur politischen und gesellschaftlichen Bedeutung der humanistischen Bildung in Deutschland, Darmstadt 1988.

Preuße, Ute: Humanismus und Gesellschaft. Zur Geschichte des altsprachlichen Unterrichts in Deutschland von 1890 bis 1933, Frankfurt a.M. u.a. 1988.

Stroh, Wilfried: Latein ist tot, es lebe Latein! Kleine Geschichte einer großen Sprache, München 2007.

DEUTSCHE ABITURAUFSÄTZE

Apel, Hans Jürgen: Abituraufsätze als Spiegel des Zeitgeistes, in Archiv für Kulturgeschichte 73, 1991, S. 453-468.

Conrad, Claus: Krieg und Aufsatzunterricht. Eine Untersuchung von Abituraufsätzen vor und während des Ersten Weltkrieges, Frankfurt a.M. 1986.

Frank, Horst Joachim: Geschichte des Deutschunterrichts. Von den Anfängen bis 1945, München 1973.

Lahann, Birgit: Abitur. Von Duckmäusern und Rebellen – 150 Jahre Zeitgeschichte in Aufsätzen prominenter Deutscher, Hamburg 1982.

Ludwig, Otto: Der Schulaufsatz. Seine Geschichte in Deutschland, Berlin 1988.

Lütgemeier, Gertrud: Deutsche Besinnungen 1911-1971. Hundert Reifeprüfungsaufsätze als Spiegel ihrer Zeit, Frankfurt a. M. 2008.

Mohler, Peter Ph.: Abitur 1917-1971. Reflektionen des Verhältnisses zwischen Individuum und kollektiver Macht in Abituraufsätzen, Frankfurt a. M. 1978.

Oyen, Stefan A.: Deutsch-Abituraufsätze der Nachkriegszeit als Quellen im Geschichtsunterricht, in: Geschichte in Wissenschaft und Unterricht 57, 2006, S. 510-518.

Schmitz, Wolfgang F. W.: Deutschunterricht zwischen Beharrung und Veränderung. Aufsatzthemen Berliner Höherer Schulen in der Weimarer Republik, Berlin 1999.

VERZEICHNIS DER TABELLEN
UND ABBILDUNGEN

TABELLEN

ABBILDUNGEN

BILDNACHWEIS

Abb. 1: Karl Marx/Friedrich Engels, Gesamtausgabe (MEGA), 1. Abt., Bd. 1, Berlin: Akademie-Verlag 1975, S. 471; Abb. 2: Friedrichs-Gymnasium Herford 1540-1990. Festschrift zum 450jährigen Bestehen, Herford: Busse + Seewald 1990, S. 396; Abb. 3: Klaus Fey, Remscheid; Abb. 4: Karl-Ernst Jeismann, Das preußische Gymnasium in Staat und Gesellschaft, Bd. 2. Stuttgart: Klett 1996, S. 687; Abb. 5: Datenhandbuch zur deutschen Bildungsgeschichte, Bd. II: Höhere und mittlere Schulen, Teil 1: Detlef K. Müller/Bernd Zymek, Sozialgeschichte und Statistik des Schulsystems in den Staaten des Deutschen Reiches, 1800-1945, Göttingen: V&R 1987, S. 161; Abb. 6: Elke Kleinau/Claudia Opitz (Hrsg.), Geschichte der Mädchen- und Frauenbildung, Bd. 2., Frankfurt a. M.: Campus 1996, S. 133; Abb. 7: Erasmus-Gymnasium Grevenbroich 1861-1986. Festschrift zur 125-Jahr-Feier 1986, Grevenbroich 1986, S. 173; Abb. 8: Schularchiv Leibniz-Gymnasium Remscheid; Abb. 9: Schularchiv Gymnasium Hochdahl, Erkrath; Abb. 10: Karl Marx/Friedrich Engels, Gesamtausgabe (MEGA), 1. Abt., Bd. 1, Berlin: Akademie-Verlag 1975, S. 467; Abb. 11: Herbert Reinoß (Hrsg.), Bilder aus dem »Simplicissimus«, Hannover: Fackelträger 1970, S. 73

REGISTER

PERSONENREGISTER

ORTS- UND SACHREGISTER